Don Richard Riso ist Schriftsteller, Dozent und Präsident der »Enneagram
Personality Types Inc.«, eines Instituts für psychologische Beratung in New
York City. Mehr als zwölf Jahre lang hat sich Don Richard Riso mit der
Entwicklung der Theorie des Enneagramms und der neun Persönlichkeits-
typen beschäftigt; seit 1977 veranstaltet er Workshops zu diesem Thema.
Er war dreizehn Jahre lang Jesuit und hält einen Lehrauftrag für Kommu-
nikationswissenschaft (Sozialpsychologie) an der Stanford Universität.

Don Richard Riso

Das Enneagramm-Handbuch

Mit ausführlichem Testteil

Aus dem Amerikanischen
von Erika Ifang

Von Don Richard Riso ist außerdem erschienen:

Die neun Typen der Persönlichkeit und das Enneagramm (Band 04213)

Vollständige Taschenbuchausgabe Januar 1998
Droemersche Verlagsanstalt Th. Knaur Nachf., München
Dieses Taschenbuch ist auch unter der Bandnummer 86031 erhältlich
Copyright ©1993 für die deutschsprachige Ausgabe
Droemersche Verlagsanstalt Th. Knaur Nachf., München
Titel der Originalausgabe: »Understanding the Enneagram«
und »Discovering Your Personality Type«
Copyright © 1990 und 1992 by Don Richard Riso
Originalverlag: Houghton Mifflin Company, Boston
Umschlaggestaltung: Vision Creativ, München
Umschlagfoto: FGP/BAVARIA, Gauting
Druck und Bindung: Ebner Ulm
Printed in Germany
ISBN 3-426-77341-4

5   4   3   2   1

Für
C.S.A., R.St.G., G.E., B.L.T., M.M.,
B.P.M. und A.M.D.G.

Das, wovon wir reden,
ist durch Suchen nicht zu finden,
und doch finden es nur Sucher.

Sufi-Weisheit

Inhalt

Dank

In meinem Buch *Die neun Typen der Persönlichkeit* habe ich erwähnt, daß ich vielen Menschen zu Dank verpflichtet bin für das, was sie mir bis zu jenem Zeitpunkt in meinem Leben gegeben haben, und es war mir eine Freude, ihrer zu gedenken. Auch jetzt sollen sie nicht vergessen werden, denn sie spielen immer noch eine bedeutende Rolle in meinem Leben und Wirken.

In gewissem Sinne sind es diesmal jedoch einerseits mehr, andererseits weniger Leute, die ich lobend erwähnen muß. Die mir wegen der *Neun Typen der Persönlichkeit* geschrieben und an meinen Workshops und Seminaren teilgenommen haben, haben mehr Einfluß auf die Entstehung dieses Buches genommen, als ihnen bewußt sein dürfte, denn es ist zu einem großen Teil in Reaktion auf sie entstanden. Das Enneagramm hat mich mit vielen wunderbaren Menschen in Berührung gebracht; ich betrachte es als Privileg, in ihr Leben aufgenommen worden zu sein, und freue mich, daß meine Arbeit sie so tief bewegt hat.

Ich stehe weiterhin tief in der Schuld des Houghton Mifflin Verlages und aller seiner Mitarbeiter für die Unterstützung, die er der amerikanischen Originalausgabe meines Werkes hat zukommen lassen.

Danken möchte ich auch Mark Desveaux für die Zeichnungen und die neuen Darstellungen der Persönlichkeitstypen, Gene Bagnato für das Foto von mir, Brian Taylor für seine unermüdliche Hilfe und Beratung sowie Maux und Buster für alles, was sie beigetragen haben.

Vor allem aber bin ich dem Schöpfer selbst dankbar, dessen Wort alles geschaffen und erhalten hat und der mich weitergeführt hat in meinem Verständnis der menschlichen Natur. Ohne sich dessen bewußt zu sein, ahmt jeder Schriftsteller letztlich diesen Urwortschöpfer nach, indem er sozusagen aus dem Nichts etwas erschafft. Der Weg von der ersten Idee eines Buches bis zum Augenblick seiner tatsächlichen Entstehung hat vieles gemeinsam mit dem Unbegreiflichen des ersten Schöpfungsaktes. Möge dieses Buch zum Verständnis der Menschen beitragen und zum Ruhm jenes uranfänglichen Wortes und seines Schöpfers!

I NEUENTWICKLUNGEN

1 Praktischer Leitfaden zu den Persönlichkeitstypen

Wir sind wie Gefangene in einer unbewachten Zelle. Niemand hält uns gegen unseren Willen fest, und man hat uns gesagt, daß der Schlüssel zur Freiheit mit uns eingeschlossen ist. Wenn wir den Schlüssel finden würden, könnten wir die Tür öffnen und wären frei. Aber wir wissen nicht, wo er versteckt ist, und selbst wenn wir es wüßten, hätte doch ein Teil von uns Angst, aus dem Gefängnis auszubrechen. Einmal draußen, wohin sollten wir uns wenden, und was würden wir mit unserer neugewonnenen Freiheit anfangen?

Das ist kein Gleichnis, das uns nichts angeht. Wir sind wirklich Gefangene unseres Egos, von unseren Ängsten in Ketten gelegt, in unserer Freiheit beschränkt, und wir leiden unter unserem Zustand. Niemand hält uns davon ab, nach dem Schlüssel zu suchen, der uns befreien kann. Wir müssen allerdings wissen, wo wir danach suchen sollten, und willens sein, ihn auch zu benutzen, sobald wir ihn entdeckt haben.

Im Enneagramm haben wir einen Hauptschlüssel, einen Schlüssel, der viele Türen aufschließt. Er verschafft uns Zugang zu der

Weisheit, die wir brauchen, um aus unserem eingebildeten Gefängnis zu fliehen, damit wir endlich ein erfüllteres Leben führen können.

Dieses Buch wird uns mit dem Enneagramm weiter voranbringen, als wir je gekommen sind. Es wird uns helfen, mit Hilfe dieses alten Systems zum Verständnis des Menschen verborgene Teile unserer selbst aufzuschließen, so daß wir freiere Menschen werden, die ihr Potential besser ausschöpfen. Doch wie wir das Enneagramm in unserem Leben benutzen – und ob wir es überhaupt benutzen oder nicht –, hängt allein von uns selbst ab. Wenn wir es benutzen wollen, müssen wir bereit sein, das zu erforschen, was das Enneagramm in uns aufschließt. Und im Laufe des Befreiungsprozesses werden wir immer freier von Ängsten und Konflikten, von unseren unberechenbaren Leidenschaften und Zwängen, von zügellosen Begierden und innerer Verwirrung.

Allerdings läuft dieser Prozeß nicht automatisch ab. Selbst wenn wir unseren Persönlichkeitstyp festgestellt haben, ist uns vielleicht immer noch nicht klar, was mit den Einsichten, die wir gewonnen haben, anfangen sollen. Die Leute fragen oft: "Jetzt kenne ich zwar meinen Typ, aber was *mache* ich damit? Wohin gehe ich jetzt damit?" Oder wie jemand in einem Enneagramm-Workshop einmal fragte: "Warum sind wir eigentlich hier?"

Die Antwort auf diese beunruhigende Frage lautet: "Weil wir nicht ganz da sind." Irgendein Teil von uns weiß, daß wir "nicht ganz da sind" – wir sind nicht vollständig, haben uns nicht vollkommen unter Kontrolle, sind keine "perfekten" Menschen. Wir haben manchmal Angst und sind unsicher, welche Richtung wir in unserem Leben einschlagen sollen. Manchmal sind wir unglücklich, ohne zu wissen warum, und selbst wenn wir die meiste Zeit über relativ glücklich sind, fällt es uns doch schwer, dieses Glücksgefühl immer aufrechtzuerhalten. Manchmal fühlen wir uns verlassen und empfinden mit aller Schärfe unser Alleinsein im Leben, obwohl wir von Angehörigen und Freunden umgeben sind. Manchmal geraten wir mit anderen aneinander und versuchen vergeblich, wieder mit ihnen ins Lot zu kommen und die Beziehung zu heilen. Kurz: Wir wenden uns dem Enneagramm wie anderen Formen der Psychologie zu, *weil wir nicht ganz da sind*. Das Enneagramm kann uns wie ein Mandala des Selbst bei unserer persönlichen Entwicklung als Führer dienen. Es führt uns ein Bild der Ganzheit vor Augen, nach der wir uns unbewußt sehnen.

Das Enneagramm verstehen heißt, tiefgreifende Einblicke in die menschliche Natur zu gewinnen. Doch obgleich es eine wahre Fülle zu bieten hat, wenden wir uns dem Enneagramm nicht einfach deshalb zu, weil es ein so interessantes psychologisches System ist, sondern weil wir durch die Einsichten in uns selbst und andere hoffen, ein glücklicheres, produktiveres Leben führen zu können. Ich wollte mit diesem Buch nicht nur mehr über das Enneagramm vermitteln, ich wollte auch aufzeigen, wie unser Leben durch dieses bemerkenswerte Hilfsmittel eine Bereicherung erfährt.

Um uns im Enneagramm richtig zu orientieren, sollten wir einige wichtige Punkte im Auge behalten. Wir müssen Geduld haben, denn wir versuchen, das eigentlich Unerklärliche zu erklären – die menschliche Natur und die Vielzahl von verschiedenen Ausdrucksformen der menschlichen Natur. Auch im besten Fall gelangen wir nur zu einem bruchstückhaften, unvollständigen Verständnis unserer selbst und anderer – und nicht etwa zu vollem Durchblick oder absoluter Erleuchtung. Es bleibt etwas Geheimnisvolles an der menschlichen Natur, und so werden uns auch die Schlüsse, zu denen wir kommen, nicht vollständig befriedigen.

Zur Selbsterkenntnis zu kommen ist von Natur aus eine schwierige Sache, die viel Einfühlungsvermögen erfordert. Wie wir aus den *Neun Typen der Persönlichkeit* wissen, werden wir genau in dem Maße überrascht, belohnt und bereichert – oder durch das, was das Enneagramm in uns aufrührt, auch aufgeschreckt –, in dem wir uns dem Prozeß der Selbstfindung öffnen. Uns selbst objektiver zu verstehen ist belebend *und* beängstigend, wir müssen uns also des Ernstes der Sache, auf die wir uns da einlassen, bewußt sein. (Anders gesagt: Je stärker wir gefühlsmäßig vom Enneagramm angesprochen werden, um so wertvoller wird unsere Erfahrung sein.) Wenn wir zulassen, daß wir beeinflußt werden, kann das Enneagramm zum Katalysator für das persönliche Wachstum und die Befreiung werden. Ehe wir jedoch das Enneagramm benutzen können, müssen wir es erst eingehend und einsichtig verstanden haben, um nicht irregeführt zu werden oder mehr Schaden als Nutzen anzurichten. Wie jedes Werkzeug kann auch das Enneagramm mißbraucht werden. Es kann wie ein Schlüssel eine Tür aufschließen, von der wir später vielleicht wünschen, wir hätten sie nie geöffnet.

Die zwei Grundbereiche, für die wir das Enneagramm benutzen, sind erstens *das Selbstverständnis* (um in Erfahrung zu bringen, was wir in uns selbst verändern müssen) und zweitens *das Verständnis anderer* (um besser mit anderen umgehen zu können). Bei weitem am besten angewendet ist das Enneagramm in unserem eigenen Leben. Die alten Sufimeister, die die Persönlichkeitstypen entdeckten, haben sie vermutlich ihren Schülern vermittelt, um ihnen zu helfen, sich selbst zu verstehen und dadurch auf dem Weg zur psychologischen und spirituellen Befreiung besser voranzukommen. Im Grunde machen wir heute noch den gleichen Gebrauch vom Enneagramm, da sich an der menschlichen Natur (wie auch an dem Bedürfnis, unsere typischen Probleme zu lösen) nichts verändert hat. Das Enneagramm kann uns zum Verständnis unserer Ängste und Wünsche, Stärken und Schwächen, Abwehrmechanismen und Sorgen sowie unserer Reaktionen auf Frustration und Enttäuschung verhelfen – und uns, positiver ausgedrückt, begreiflich machen, wo unsere wahren Fähigkeiten und stärksten Seiten liegen, so daß wir lieber darauf aufbauen statt auf Fehlurteile und Illusionen.

Unsere Arbeit vollzieht sich in drei Stufen. Zuerst müssen wir *Selbstbeobachtung* lernen, damit wir mehr Abstand von uns selbst gewinnen und unser Verhalten so objektiv wie möglich sehen können. Zum zweiten müssen wir zu einer tieferen *Selbsterkenntnis* kommen, um die wahren Motive unseres Verhaltens zu erkennen. Und drittens müssen wir die Notwendigkeit zur *Selbstverwandlung* einsehen, um auch wirklich das zu verändern, was geändert werden muß. Selbstbeobachtung und Selbsterkenntnis bringen uns lediglich zur Einsicht und damit auf die Schwelle zur Selbstveränderung. Wir bemühen uns letztlich nicht nur um Selbstveränderung, um dadurch selbst glücklicher zu werden, sondern auch, um anderen und der Welt etwas mitzugeben und das Menschheitsunternehmen voranzutreiben und positiv zu befruchten.

Obgleich das Enneagramm am besten mit dem Ziel der Selbsterkenntnis angewendet wird, wollen wir es natürlich auch dazu benutzen, andere zu verstehen. Das Enneagramm ist so interessant und machtvoll, daß die Versuchung zu groß ist, es auch für andere zu Rate zu ziehen (wobei es sich übrigens als erheblich vielschichtiger erweist und man leicht auf unsicheren Grund gerät).

Wir wollen das Enneagramm gern für den Umgang mit anderen benutzen, eben weil es uns soviel Einblick in sie gewährt. Unser

Verständnis für andere erlaubt uns in verstärktem Maße, das Gute an ihnen zu schätzen, aber auch, die Dinge objektiver zu betrachten, die wir an ihnen nicht mögen. Da wir zu der Vorstellung neigen, andere Leute seien im Grunde genauso wie wir selbst, ist es hilfreich, sich klarzumachen, daß unterschiedliche Typen auch ganz anders denken, fühlen und reagieren. Durch die Kenntnis der Persönlichkeitstypen können wir andere objektiver sehen, uns tiefer mit ihnen verbinden und dennoch unsere Mitte nicht verlieren und uns selbst treu bleiben. Indem wir das Enneagramm verstehen, erlangen wir paradoxerweise zum einen mehr Autonomie und zum anderen verstärkt die Fähigkeit, uns zu anderen hinzuwenden.

Die Benutzung des Enneagramms für all unsere Beziehungen ist unendlich faszinierend und komplex, weil es so viele Menschen auf der Welt gibt und so viele verschiedene Möglichkeiten im Umgang mit ihnen. Im Grunde ist es zu unserem Besten, wenn wir das Enneagramm auf unsere Beziehungen anwenden, da es ebenso wichtig ist, andere zu verstehen, wie sich selbst. Wir können einfach nicht durchs Leben gehen ohne einen Anhaltspunkt, "warum es bei anderen klickt" – zu welchen Reaktionen sie unter verschiedenen Umständen neigen, welches ihre Motive sind, wie wahrhaftig, aufrichtig oder gut sie sind. Ob wir uns dessen bewußt sind oder nicht, jeder macht unentwegt von einer Art "Persönlichkeitstheorie" Gebrauch. Darum ist es außerordentlich hilfreich, selbst eine solche Theorie zu haben und sicherzustellen, daß sie möglichst genau und umfassend ist.

Ein weiterer Grund, das Enneagramm zu verstehen, ist der, daß es vorteilhaft für uns ist, unsere negativen Neigungen schon zu erkennen, ehe sie zu schlechten Gewohnheiten geworden sind, *damit wir den tragischen Folgen dieser Gewohnheiten entgegenwirken können*. Das Enneagramm kann eine Art "Frühwarnsystem" vor möglicherweise schädlichen Verhaltensweisen sein, das uns gestattet, etwas dagegen zu tun, bevor wir krank werden. Wenn unsere Einstellungen und Verhaltensweisen keine potentiell tragischen Folgen hätten, könnten wir denken: "Was schert mich eigentlich die Selbsterkenntnis? Welchen Unterschied macht es schon, ob ich mehr über mich selbst und meinen Persönlichkeitstyp weiß?"

Die Antwort lautet, daß unsere Einstellungen und Handlungen *immer Folgen haben*, von denen manche unser ganzes Leben beeinflussen. Im Hinblick darauf ist es im Sinne der praktischen Vernunft notwendig, Selbsterkenntnis und Einsicht in andere zu gewinnen. Ohne Selbsterkenntnis treffen wir unter Umständen oftmals eine Entscheidung mit katastrophalem Ausgang. Wenn wir unsere eigenen Motive nicht kennen und keine Kontrolle über unser Verhalten haben, können wir uns selbst, unseren Partnern, unseren Kindern, unseren Freunden und Bekannten schaden – selbst Leuten, denen wir nie begegnet sind.

Außerdem können wir, falls wir nicht fähig sind, den Charakter anderer zu beurteilen, zutiefst verletzt und mißbraucht werden. Viele Ehen enden in Bitterkeit und Scheidung, weil die Partner weder sich selbst noch den anderen kennen. Wie oft habe ich schon Sätze gehört wie: "Wenn ich nur vor meiner Heirat gewußt hätte, wie mein Mann wirklich ist, hätte ich ihn nie geheiratet." Oder: "Wenn ich das Enneagramm schon zwanzig Jahre früher gekannt hätte, wäre mein Leben ganz anders verlaufen …" Wir können uns mit dem Gedanken trösten, daß wir das Enneagramm inzwischen sehr wohl kennen und daß uns dank seiner Hilfe sehr wahrscheinlich die Leiden erspart bleiben, deren Ursache die mangelnde Selbsterkenntnis und die daraus folgenden unklugen Handlungen sind. Mit Einsicht haben wir eine viel bessere Chance, Tragödien zu vermeiden und glücklicher zu sein.

Die großen spirituellen Traditionen drücken das, was sie an der menschlichen Natur entdeckt wie auch als Ausweg aus unserer mißlichen Lage erkannt haben, durch unterschiedliche Metaphern aus. In seiner ganzen Tiefe ist das Enneagramm nicht nur Grundlagenpsychologie, sondern auch ein spiritueller Weg, denn die Selbsttranszendenz ist der erste Schritt zur Spiritualität. Trotz seines Ursprungs in der Sufitradition des Islam ist das Enneagramm nicht religiös im engeren Sinn. Es kann vielen Religionen und religiösen Ausdrucksformen angepaßt werden, weil das Wichtigste, was es bewirkt, die Widerspiegelung der Muster ist, die in der menschlichen Natur anzutreffen sind. Indem es uns hilft, die menschliche Seite der Beziehung zwischen Gott und Mensch klarer zu verstehen, kann das Enneagramm zu einem integralen Bestandteil jeglicher Spiritualität werden.

Das Enneagramm sagt zwar kaum etwas über die offenbarten Wahrheiten einer Religion aus, aber es sagt eine Menge über die Formen, die das menschliche Ego annimmt – eines der Grundhindernisse zwischen dem Menschen und dem Göttlichen. Es zeigt sowohl unser Bedürfnis auf, über uns selbst hinauszugehen, als auch die Richtung an, die wir in diesem Fall einschlagen müssen. Das Enneagramm ist ein Werkzeug, das uns bei richtiger Anwendung zur Selbsttranszendenz hinführt. Mehr nicht. Aber in Anbetracht der Großartigkeit dieser Wirkungsweise ist das Enneagramm ein wahrer Schatz – mehr wert als alles, was wir uns je erhofft haben könnten.

Selbst unter rein psychologischen, nicht-theologischen Gesichtspunkten werden wir das Enneagramm so anwenden, daß wir *freier werden* – losgelöst – von allem, was blockiert, negativ und zerstörerisch ist, von allem, was unfrei, konfliktbeladen, angstvoll und verwundet ist in uns. Das Enneagramm kann unsere Heilung unterstützen, so daß wir von unserer wachsenden Frei-

heit auf erhebende, konstruktive Weise Gebrauch machen können.

Sobald wir beginnen, von unseren Egofesseln und -konflikten frei
zu werden – von der inneren Dunkelheit und Furcht –, gewinnen
wir mit jedem Schritt zum Licht hin mehr Freiheit und begründen
neue Fähigkeiten in uns. Aus Kraft kommt noch mehr Kraft, aus
Anmut noch mehr Anmut, aus Tugend noch mehr Tugend, und
jede neue Fähigkeit ruft wieder eine andere hervor, während wir
uns zu denjenigen entwickeln, die wir sein sollten.

Letztlich wird uns das Enneagramm jedoch nur soviel nützen und
einbringen, wie *wir* herausholen. Das Enneagramm wird uns in
dem Maße bereichern, in dem wir es richtig verstehen und korrekt
auf unser Leben anwenden. Wir können sicher sein, daß wir
ungezählte Einsichten und große Schätze darin finden.

Es war unmöglich, in mein erstes Buch das gesamte Material
einzuarbeiten, das ich über die Jahre gesammelt hatte. Womöglich wäre es auch nicht unbedingt eine gute Idee gewesen, all
meine Entdeckungen auf einmal preiszugeben, selbst wenn ich
die Absicht gehabt hätte. Das Buch wäre doppelt so dick geworden – und vermutlich nur halb so verständlich.

Das Enneagramm-Handbuch ist ein praktischer Folgeband zu
jenem ersten Buch und soll, darauf fußend, weiterführen. Wir
befassen uns hier also nicht mehr mit der Grundstruktur und
Theorie des Enneagramms oder mit umfassenden Beschreibungen der neun Persönlichkeitstypen wie im ersten Werk. Obschon
es nicht unbedingt nötig ist, *Die neun Typen der Persönlichkeit*
vorher zu lesen, wird der Sinn des vorliegenden Buches klarer,
wenn man schon mit dem anderen vertraut ist.

Aus den *Neun Typen der Persönlichkeit* habe ich nur wenig
Material übernommen, und das wenige, was wiederholt werden

mußte, ist vollständig revidiert und erweitert worden. Zum Beispiel sind die Persönlichkeitsprofile, die am Anfang jeder Typenbeschreibung im ersten Buch stehen, hier stark erweitert worden. Im vorliegenden Buch werden außerdem viele Querverweise zu den *Neun Typen der Persönlichkeit* gemacht, so daß Sie jederzeit zu den ausführlicheren Typenbeschreibungen dort überwechseln können, falls Sie Genaueres wissen wollen. Aber vieles von dem neuen Material ist völlig unabhängig von dem vorigen Werk, zum Beispiel die erweiterten Persönlichkeitsprofile, der ganze zweite Teil ("Ein neues Testinstrument") und die Empfehlungen für das persönliche Wachstum.

Das Enneagramm-Handbuch will vor allem zweierlei sein: sowohl ein *praktisches Ratgeber* als auch eine *Erweiterung des vorigen Buches*. Trotzdem ist es auch mit diesem Buch nicht gelungen, beispielsweise alle abstrakten, theoretischen Aspekte des Enneagramms zu berücksichtigen (sie gehören in ein eigenes Buch über die Theorie) oder die Anwendung des Enneagramms in jeder Hinsicht für jeden Leser zu ermöglichen – ein solches Werk, das ausschließlich den Beziehungen gewidmet ist, ist ebenfalls geplant. Das vorliegende Buch befaßt sich vielmehr mit Anwendungsmöglichkeiten, die den meisten Menschen im Alltagsleben eine Hilfe sein können. Diese Möglichkeiten wachsen unaufhörlich, da das Enneagramm ständig von Psychologen, Trainern, Lehrern und Autoren weiterentwickelt wird.

Insofern als dieses Werk auch eine Erweiterung der *Neun Typen der Persönlichkeit* ist, sollten die neuen Fakten und Erkenntnisse immer auf der Grundlage der traditionellen Lehren gesehen werden, die ich dort eingehend erklärt habe. Zugleich habe ich dort auch aufgezeigt, wie das Enneagramm mit den Forschungsergebnissen der heutigen Psychologie korrespondiert. Meines Erachtens war es am wichtigsten, zunächst genaue Beschreibungen der neun grundlegenden Persönlichkeitstypen zu liefern, so daß die künftige Arbeit an dieser Typologie größere Sicherheit gewährleistete. In diesem zweiten Buch nun will ich dem Leser ein klareres Bild von den vielen Aspekten des Enneagramms vermitteln, die ich vorher nur kurz berühren konnte. Ein Großteil der Informationen im vorigen Buch mußte sozusagen "zwischen den Zeilen" herausgelesen werden, und vieles war einfach nur angegeben, ohne ausdrücklich begründet zu werden. Inzwischen ist es Zeit für genauere Ausführungen, was die Typen, ihre innere Struktur und Dynamik sowie das Enneagramm als Ganzes betrifft.

Bei den Überlegungen, was in dieses Buch mitaufgenommen werden sollte, habe ich Leservorschläge berücksichtigt. Manche wollten mehr Informationen zur Bestimmung der Typen und darüber, wie sie sich der gestellten Diagnose sicher sein konnten. Einige baten um Anleitung, wie sie die Einsichten, die sie gewonnen hatten, für ihre psychische und spirituelle Entwicklung einsetzen könnten, andere um Richtlinien, wie sie gesünder werden könnten. Wieder andere wollten gern wissen, wie sie klarer zwischen verschiedenen Persönlichkeitstypen unterscheiden könnten; Personen eines Typs gleichen manchmal denen eines anderen Typs (zumindest oberflächlich), und Anfänger haben oft Schwierigkeiten, die zahlreichen Untertypen auseinanderzuhalten.

Diesen Bitten habe ich entsprochen, indem ich ein ganz neues Testinstrument, den Riso-Enneagramm-Typ-Indikator (RETI) entwickelt habe, der als zuverlässiges Hilfsmittel für die Selbst-, Fremd- und Differentialdiagnose dienen kann (Kapitel 4 bis 6), ferner gibt es ein Kapitel mit Empfehlungen für jeden Persönlichkeitstyp, wie das persönliche Wachstum gefördert werden kann

(Kapitel 8), und ein Kapitel über "Persönlichkeit, wahres Wesen und Spiritualität".

So erfolgreich das Buch *Die neun Typen der Persönlichkeit* auch war, sollte doch erwähnt werden, daß es unmöglich ist, alle Charakteristika der menschlichen Natur adäquat zu beschreiben. Darum wird es stets notwendig sein, über die Persönlichkeitstypen nachzudenken, um im eigenen Leben mehr darüber in Erfahrung zu bringen. Wenn ein Buch alles bezüglich einer Person beschreiben könnte, wäre diese Beschreibung ebensolang wie das Leben dieser Person – und auch das Lesen würde genauso lange dauern wie das Leben des Betreffenden. Dann gäbe es auf der Welt ebenso viele Bücher dieser Art wie Menschen. Absolute Genauigkeit ist in diesem Fall ein Ding der Unmöglichkeit; Verallgemeinerungen und infolgedessen Ungenauigkeiten sind unvermeidlich.

Obwohl ich versucht habe, den Bitten der meisten Leser nachzukommen, war es natürlich unmöglich, allen gerecht zu werden. Zum Beispiel wäre es Unsinn, eherne Regeln für die Diagnose von Leuten aufzustellen oder narrensichere Ratschläge für jeden Typ zu erteilen. Es ist nur natürlich, daß uns an einfachen Antworten gelegen ist, aber eins ist auf dieser Welt auf keinen Fall einfach und kann es auch nicht sein: das menschliche Wesen.

Bei aller Klarheit, die das Ennegramm mit sich bringt, gibt es keine simplen Antworten auf viele der wesentlichen Schwierigkeiten, vor denen wir stehen. Es ist nicht nur unmöglich, sondern es wäre auch unaufrichtig, zu sehr zu vereinfachen und leere Versprechungen abzugeben. Leider bieten Selbsthilfebücher (einschließlich mancher über das Enneagramm) einfache Lösungen an, die auf den ersten Blick hilfreich zu sein scheinen, später jedoch, wenn sich die Komplexität der Wirklichkeit wieder geltend macht, untauglich sind.

Es sollte nicht mehr versprochen werden, als das Enneagramm halten kann, um keine falschen Hoffnungen auf eine "Erleuchtung" oder die schließliche persönliche Integration zu wecken, da niemand zu Erfüllung und Glück gelangt ohne Weisheit, Mut, Seelenstärke, Selbstdisziplin und Geduld – Eigenschaften, die heute ebensowenig auf der Straße zu finden sind wie in der Vergangenheit. Die einfache Tatsache ist die, daß es Zeit und Mühe erfordert, Probleme, die ihren Ursprung in unserer Vergangenheit haben, durch Lernen zu lösen und dadurch voll und ganz in der Gegenwart zu leben.

Am Ende merken wir, daß das Enneagramm von größtem Wert ist, ganz gleich, welche Wahrheiten es uns offenbaren mag oder welche praktischen Zwecke wir mit ihm verbinden. Nichtsdestoweniger liegt es per Definition jenseits des menschlichen Vermögens, zur vollständigen Selbsterkenntnis zu kommen, da man in diesem Fall außerhalb seiner selbst stehen müßte, um sich als Ganzes sehen und verstehen zu können. Das aber ist unmöglich, weil die beobachtende Person dieselbe ist wie die beobachtete. Wir können uns nicht im Ganzen sehen, weil unser Leben zu keinem Zeitpunkt als Ganzes existiert. Wir sehen nur Bruchstücke unserer selbst, erhaschen nur flüchtige Blicke auf uns, ahnen nur, wer wir sind.

Das, worauf wir am ehesten hoffen dürfen, ist, loszukommen von allem, was uns daran hindert, der Ganzheit, Offenheit und Freiheit näherzukommen – und letztlich der Fähigkeit, über uns selbst hinauszuwachsen und alles anzunehmen, was jenseits von uns ist.

Trotz verschiedener Veröffentlichungen zum Thema bleibt vieles vom Enneagramm noch im dunkeln. Etliche "Schulen" sind entstanden, die sich in Form und Ausrichtung unterscheiden, darunter die in den zwanziger Jahren begründete Gurdjieff-Schule, das in den siebziger Jahren von Oscar Ichazo ins Leben gerufene (und von dem Psychiater Claudio Naranjo erweiterte) Arica-Institut, die religiösen Schulen diverser Jesuitenpater in Nordamerika sowie eine fromm-spirituelle Richtung, die sich seit kurzem großer Beliebtheit erfreut (nach Meinung vieler aber weit abgeschweift ist von den streng psychologischen und spirituellen Wurzeln des Enneagramms) und schließlich meine eigene Interpretationsform des Enneagramms (eine geläuterte, erweiterte Fassung des psychologischen und implizit spirituellen Enneagramms von Ichazo und Naranjo in der von den Jesuiten verfeinerten Form).

Die fortgesetzte Veröffentlichung von Büchern über dieses System hat eine Diskussion darüber entfacht, welches Buch die ursprünglich mündlich überlieferte echte Tradition am besten wiedergebe, welcher Autor bei welchem Enneagrammeister in die Schule gegangen ist, welche Veränderungen seit der Frühzeit des Arica-Instituts (das als "grundlegend" betrachtet wird) in der Darstellung des Enneagramms vollzogen worden sind, ja sogar über die Frage, ob das Enneagramm in erster Linie ein psychologisches oder ein spirituelles System ist, da in den Büchern entweder der eine oder der andere Aspekt betont wird. Leser mit unterschiedlichen Interessen, die sich von verschiedenen Blickwinkeln her mit dem Enneagramm befassen, sind zu Recht verwirrt angesichts des Durcheinanders von Behauptungen und Gegenbehauptungen über die "traditionelle Lehre". Es besteht jedoch keine Notwendigkeit, eine Barriere zwischen den psychologischen und den spirituellen Aspekten zu errichten, da beide im Enneagramm vertreten sind, ebenso wie beide auch in der menschlichen Natur vorkommen – die das Enneagramm ja letztlich so elegant und genau widerspiegelt.

Die Debatte über Psychologie kontra Spiritualität ist müßig, da das Enneagramm nachweislich der mystischen Sufitradition des Islam angehört und von Generationen von Suchern in geheimen Bruderschaften entdeckt und weiterentwickelt wurde, um ihnen in ihrem Bemühen zu helfen, sich mit Gott zu vereinigen. Uns selbst zu ergründen, um über uns hinauswachsen zu können, ins Gleichgewicht zu kommen und die Integration zu erreichen, ist die psychologische Komponente, während die spirituelle Komponente gegeben ist, wenn wir über uns hinauswachsen und Raum für das Göttliche schaffen. Beides geht Hand in Hand, ohne sich zu widersprechen.

Trotzdem sollten zuerst die psychologischen Aspekte des Enneagramms untersucht werden, da erst unsere Psychologie unserer Spiritualität Farbe und Form gibt. So gesehen ist das Enneagramm einfach ein System von Persönlichkeitstypen, eine alte psychologische Typenlehre, ein Schlüssel zum Verständnis der menschlichen Persönlichkeit. Doch sollten wir klar sehen, daß Psychologie nicht gleich Spiritualität ist und umgekehrt. Sie sind miteinander verwandt, aber sicherlich nicht das gleiche. Die Psychologie ist ein wichtiger Vorläufer und Begleiter der Spiritualität, und unter diesem Gesichtspunkt habe ich *Die neun Typen der Persönlichkeit* geschrieben: um durch ein klareres Verständnis für jeden Persönlichkeitstyp das Fundament für eine reifere Spiritualität zu legen. Die Beschreibungen waren eine Art Führung durch die Egofesseln, die unweigerlich zum Abstieg in die Hölle der Neurose führen. Jede Beschreibung war ein ungeschminkter Rechenschaftsbericht über den gesamten Persönlichkeitsspielraum, beginnend auf der Ebene der Integration und Transzendenz und absteigend über normale, gesunde Ichbefindlichkeiten sowie Alltagszustände, bei denen die Inflation des Egos sowie verschiedene Konflikte auftreten, bis hin zu ungesunden Zuständen, unter denen die Leute leiden und anderen Leid zufügen. Die Beschreibungen sollten keineswegs allumfassend sein, aber doch jeden Typ so begründen, daß auf diesem soliden Fundament aufgebaut werden konnte.

Ebenso wie die kontroverse Diskussion über Psychologie und Spiritualität fehl am Platz ist, so auch die Frage, welche Enneagrammschule die echte ist. Selbst bei den verschiedenen konkurrierenden Richtungen, die heute existieren, ist schwer zu sagen, welche die authentischste ist. Beispielsweise läßt sich überhaupt nicht feststellen, ob die Arica-Darstellung des Enneagramms genau dem alten Sufiverständnis entspricht. Um das nachweisen zu können, müßten wir die alten Sufiquellen entdecken – vermutlich sogar noch ältere Quellen – und die Anfänge der Lehre finden. Aber wäre denn eine Tradition, die auf Babylon und damit nahezu 5000 Jahre zurückgeht, notwendigerweise auch die letzte Wahrheit, die unveränderliche Lehre, die jeder zu akzeptieren hat? Da es wahrscheinlich unmöglich ist, die Originalquelle des Enneagramms aufzuspüren, steht es uns frei, jede moderne Auslegung als einen eigenen Gesichtspunkt zu betrachten, unter dem dieses bemerkenswert vielseitige Symbol gesehen werden kann. Nicht alle Schulen mögen gleichermaßen Gültigkeit besitzen, aber alle haben ein Recht darauf, angehört zu werden.

Wir sollten zwar die historischen Ursprünge nicht außer acht lassen, aber viel entscheidender sind die essentiellen Wahrheiten des Enneagramms gleich welcher Schule. Wir dürfen nicht vergessen, daß das eigentlich Bedeutende am Enneagramm die Widerspiegelung der menschlichen Natur ist – der objektiven Naturgesetze der Psyche. Seine erstaunliche Fähigkeit, Einsichten zu vermitteln und zu vertiefen, die unabhängig davon auch in der heutigen Psychologie gewonnen wurden, ist ebenfalls eine seiner wertvollsten und spannendsten Eigenschaften. Die Übereinstimmung des Enneagramms mit zeitgenössischen psychologischen Kategorien kommt fast einem Beweis für seine objektive Gültigkeit gleich. Es besteht keinerlei Notwendigkeit, sich dogmatisch an eine Tradition zu klammern, die in sich vielleicht unvollständig oder irreführend ist oder gar auf Lehren beruht, die von ihren Begründern absichtlich nur teilweise offenbart worden sind.

Überdies habe ich nie den Anspruch erhoben, mit den *Neun Typen der Persönlichkeit* eine "traditionelle" Interpretation vorzulegen, da keine der damaligen Schulen eine angemessene Beschreibung jedes Persönlichkeitstyps anbot, geschweige denn eine befriedigende Erklärung der Theorie des Enneagramms als Ganzes. Mit den Jahren bin ich zu der Überzeugung gekommen, daß eine umfassende, genaue Beschreibung jedes Persönlichkeitstyps das *sine qua non* für die Zukunft dieses Systems ist. Genaue Beschreibungen sind wichtig, denn sie bilden den Kern der Lehre vom Enneagramm, und jede Lehre, die die neun Typen falsch beschreibt, ist in diesem Sinne keine echte Erkenntnisquelle, was das Enneagramm betrifft. Die Persönlichkeitsbeschreibungen sind es, durch die die meisten Leute zuerst auf das Enneagramm aufmerksam werden, und wenn sie falsch oder unvollständig sind, hat das, wofür das Enneagramm steht, letztlich seinen Sinn verloren.

Während der Jahre, in denen ich meine Auslegungen des Enneagramms entwickelt habe, habe ich nichts als selbstverständlich hingenommen und nichts einfach geglaubt, sondern jede "traditionelle" Lehrmeinung in Frage gestellt, jede Behauptung kritisch betrachtet. In gewissem Sinne habe ich das Enneagramm für mich neu entdeckt und meine Einsichten in die Alltagssprache oder nötigenfalls auch in die Sprache der modernen Psychologie übertragen. Ich habe das Wesentliche der verschiedenen Schulen, die entstanden sind, verständlich gemacht, so daß die Leute etwas damit anfangen konnten.

Nicht immer ist klar, wo die älteren Lehren zurücktreten und mein eigener Beitrag beginnt, und da ich mich nicht lang und breit über meine Erkenntnisse auslassen will, hier eine Faustregel, die immer angewendet werden kann. Es ist im Grunde einfach, zwischen der "traditionellen" Lehrmeinung und der meinigen zu unterscheiden: Alles in den *Neun Typen der Persönlichkeit* und dem vorliegenden Buch, was nicht ausdrücklich einer anderen oder einer bestimmten traditionellen Quelle zugeschrieben wurde, ist das Ergebnis meiner eigenen Arbeit, vor allem natürlich das hier erstmals veröffentlichte neue Testinstrument, der Riso-Enneagramm-Typ-Indikator (RETI). Daneben aber zum Beispiel auch die neun Entwicklungsstufen eines jeden Typs und deren Namen, die Methode, die Persönlichkeitstypen innerhalb eines Kontinuums von gesunden, durchschnittlichen und ungesunden (gestörten) Charakterzügen zu beschreiben, die Rückführung eines jeden Typs auf die Kindheit, die zusammenfassenden Typenbenennungen und dergleichen mehr: All das ist von mir. Gebraucht wird bald einmal eine Geschichte des Enneagramms für diesen rasch wachsenden Forschungsbereich, in der die vielen, die ihr Teil beigetragen haben, gewürdigt werden. Bis eine solche Geschichte erscheint, werden leider noch eine Menge Fehlinformationen kursieren.

Doch trotz der Irrtümer und Fehler aller Art spricht die eigentliche Wahrheit des Enneagramms für sich selbst, weil sie das menschliche Herz anrührt. Solange sich Menschen mit dem

Enneagramm befassen, wird es auch unweigerlich neue Entdeckungen und Ausführungen geben – und noch mehr Verzerrungen und Fehler.

Das läßt sich nicht vermeiden und ist im Grunde sogar ein wesentlicher Bestandteil des Prozesses der Verbreitung und Verfeinerung von Wissen. Wir sollten es nicht darauf anlegen, das Enneagramm in einem Zustand doktrinärer Reinheit zu erhalten, selbst dann nicht, wenn wir wüßten, wie dieser beschaffen ist (denn täten wir das, blieben wir auf die Erkenntnisse der Altvorderen beschränkt, denen die ersten Aufzeichnungen vermutlich zu verdanken sind). Vielmehr sollten wir darauf vertrauen, daß uns das Enneagramm, während seine Entwicklung und Verfeinerung fortschreitet, auch weiterhin seine essentiellen Wahrheiten mitteilen wird. Verzerrungen werden mit der Zeit von selbst verschwinden.

VERÄNDERUNGEN UND NEUE BEGRIFFE

Im Interesse der Genauigkeit möchte ich gern im vorliegenden Buch einige Korrekturen an den *Neun Typen der Persönlichkeit* anbringen. Meine Interpretation des Enneagramms ist ein fortschreitender Arbeitsprozeß und wird durch jedes weitere Buch modifiziert und ergänzt. Glücklicherweise muß sehr wenig von dem, was bereits erschienen ist, revidiert und noch weniger gar zurückgenommen werden. Trotzdem möchte ich einige Änderungen vornehmen.

Es stellte sich heraus, daß es von Nutzen sein würde, jeden Typ mit einem Oberbegriff zu kennzeichnen, um ihn dem Leser schnell vor Augen zu führen. Die Unterschiede und Feinheiten konnten später in der Beschreibung herausgearbeitet werden.

Deshalb habe ich mich bemüht, das *mot juste* für jeden Typ zu finden, ein einziges Hauptwort, das etwas über das Wesentliche aussagt. Meiner Idealvorstellung entsprechend sollte jede Typenbezeichnung einen gesunden Charakterzug wiedergeben. So wurde aus Typ acht "der Führer", aus der Neun "der Friedliebende", aus der Zwei "der Helfer", aus der Fünf "der Denker", aus der Sechs "der Loyale" und aus der Sieben "der Vielseitige".

Aber ich war manchmal genötigt, ein "durchschnittlicheres" Wort zu gebrauchen, wenn mir kein Gesundheit ausstrahlendes, positiveres Wort einfiel oder angemessen erschien. Infolgedessen wählte ich für die Eins "der Reformer", für die Drei "der Statusmensch" und für die Vier "der Künstler". Diese Benennungen schienen nicht nur dem Wesen der betreffenden Typen recht nahe zu kommen, sondern waren zu diesem Zeitpunkt auch besser als andere, die mir vorschwebten.

Mit Ausnahme des Begriffs für die Drei werde ich die früheren Typennamen beibehalten, möchte jedoch betonen, daß ebensogut andere Bezeichnungen hätten gewählt werden können. Beispielsweise habe ich die Vier "der Künstler" genannt, was zwar zutreffend ist, bei manchen Leuten, die zu einem anderen Typ gehören, aber zu Verwirrung geführt hat, weil sie sich ebenfalls für künstlerisch halten (genauere Informationen über Fehldiagnosen siehe Kapitel 6). Besser wäre für die Vier womöglich die Bezeichnung "der Ästhet" oder "der Individualist" gewesen. Erstere erschien mir jedoch zu negativ, wenn auch richtig, während die zweite zwar stimmig, aber irreführend wirkte. Eigentlich hätte es "der Individualist mit Sinn für Ästhetik" heißen müssen, da damit genau die Qualität der Vier abgedeckt ist. Aber in dieser Form hätte der Name nicht zu den anderen Bezeichnungen gepaßt, und so bin ich konsequenterweise bei dem "Künstler" für die Vier geblieben. Es besteht keine Notwendigkeit, daran etwas zu ändern, solange Sie nicht vergessen, daß dieser Oberbegriff nur ein erster Anhaltspunkt zum Verständnis dieses Typs ist.

Aus ähnlichen Gründen habe ich die Bezeichnung "der Reformer" für die Eins beibehalten. Ebenso richtig wäre es gewesen, "der Lehrer" zu sagen, aber diese Bezeichnung schien ähnliche Probleme wie "der Künstler" heraufzubeschwören, das heißt, Leute mehr als eines Typs zu beschreiben. Ich hätte die gesunde Eins auch "der prinzipientreue Lehrer" nennen können, doch damit hätte ich vor dem gleichen stilistischen Problem gestanden wie beim "Künstler mit Sinn für Ästhetik", und deshalb habe ich diese Benennung verworfen. Nur "der Reformer" war meines Erachtens auf Anhieb treffend, und so bin ich dabei geblieben.

Was die Drei angeht, habe ich kurz nach Abschluß des Manuskripts, als *Die neun Typen der Persönlichkeit* bereits im Druck waren, eine bessere, weniger negative Formulierung gefunden als "Statusmensch". Dieses Wort ist zwar im allgemeinen zutreffend für Dreien (auf Stufe 4), hat aber einen abschätzigen Beiklang, über den manche Leute zu Recht verärgert waren. Ein positiverer Ausdruck für die Drei ist "der Macher" und wird deshalb im vorliegenden Buch durchgehend als Oberbegriff für die Drei verwendet. Bei einer Neuauflage der *Neun Typen der Persönlichkeit* werde ich meine Beschreibung dahingehend revidieren.

Es dürfte außerdem hilfreich sein, in bezug auf das Enneagramm eine neue Terminologie einzuführen. Zum Beispiel wäre es gut, eine kürzere Formulierung zu finden für einen Typ mit Tendenz zu einem anderen Typ. Statt nun zu schreiben "Typ vier mit einer Tendenz zu Typ drei", könnten wir einfach "4T3" sagen und uns beim Lesen die ausgeschriebene Form denken. Unter "5T6" verstehen wir dann richtig "Typ fünf mit einer Tendenz zu Typ 6", und ebenso verfahren wir bei allen 18 Subtypen.

Wichtig ist noch der folgende Punkt: In den *Neun Typen der Persönlichkeit* habe ich aus der Jesuitentradition stammende Formulierungen umgeändert. Unter anderem habe ich die Begriffe "Kopf-, Herz- und Bauchzentren" in "Gefühls-, Handlungs- und Beziehungstriaden" umgewandelt. Diese Ausdrücke sind nicht nur eleganter, sie beschreiben auch – und das ist der springende Punkt – präziser und akkurater, was die drei Typen jeder Gruppe miteinander verbindet. (Überdies waren die von den Jesuiten eingeführten Begriffe auch schon Abwandlungen der älteren Arica-Formulierungen "Lebens-, Handlungs- und Existenzgruppen", die in der Jesuitentradition gebräuchliche Sprache kann also kaum den Anspruch auf historische Authentizität erheben.)

Auf jeden Fall haben Achten, Neunen und Einsen eins nicht gemeinsam: Sie agieren nicht aus dem "Bauch" heraus oder instinktiv, sondern haben anscheinend eine unausgewogene Beziehung zur Welt, sich selbst und anderen Menschen. Die Art und Weise, wie sie einen Bezug herstellen (besonders im Denken und Urteilen) ist charakteristisch für diese Typen, nicht der "Bauch". Das Wort "Zentrum" klingt außerdem so, als bezöge es sich auf einen bestimmten physischen Punkt. Ein abstrakter Begriff wie "Triade" wird nicht so leicht auf eine tatsächliche Körperstelle bezogen. Das Wort "Triade" stellt auch klar, daß die drei Persönlichkeitstypen deshalb jeweils eine Untergruppe des Enneagramms bilden, weil sie auf eine spezielle Weise mit den anderen verbunden sind, wie die drei Töne einer Saite. Die Triaden sind das, was sie sind, durch ihre *Wechselbeziehungen* – die Typen stehen in einer dialektischen Beziehung zueinander. Sie sind also keineswegs so etwas wie "Zentren". (Im nächsten Abschnitt dieses Kapitels gebe ich einen kurzen Überblick über die Triaden.) Sowohl die Arica-Schule als auch die Jesuiten sind in ihren Beschreibungen ziemlich negativ. Hervorgehoben wird die negative Seite der Persönlichkeitstypen, auf der unser aufgeblähtes Ich Probleme in unserem Leben verursacht. Sobald unser Ego aufgebläht ist, muß es verteidigt werden, und dann geraten wir in Konflikte mit anderen Menschen, mit der Wirklichkeit und mit uns selbst. Kurz: Die negativen Aspekte der Typen sind bis heute ausschlaggebend, denn in vieler Hinsicht sind wir selbst unser schlimmster Feind, und wenn überhaupt psychologische oder spirituelle Fortschritte erzielt werden sollen, müssen wir unser Ego und seine Illusionen abstreifen.

So richtig das ist, hat jeder Typ doch auch seine positiven Seiten, wie ich in den *Neun Typen der Persönlichkeit* deutlich gemacht habe. Wir sind keine körperlosen Geister; wir leben in der realen Welt mit anderen zusammen, mit denen wir kommunizieren müssen. Unsere gesunden Wesenszüge (die in den ersten drei Entwicklungsstufen zu finden sind) sind eine Reflexion des menschlichen Verlangens nach einer eigenen Identität sowie des Bedürfnisses, mit anderen Menschen Beziehungen zu knüpfen. Nach der Arica-Darstellung des Enneagramms sind alle Ichstadien als negativ zu betrachten, so daß die Möglichkeit, sich ein gesundes, ausgeglichenes Ego zu erhalten, unrealistisch ist. Die Jesuitentradition tendiert dazu, die Ichstadien falsch zu interpretieren, indem sie "durchschnittliche" Charakterzüge als gesund einstuft und ferner Züge von einer Ebene fälschlich auf eine andere überträgt. Beide Schulen sollten diese und andere Aspekte der Persönlichkeitstypen noch einmal gründlich überdenken.

Die Persönlichkeitstypen verstehen heißt, allgemeine Muster zu verstehen. Dieses Verständnis ist überaus nützlich, aber wir dürfen nicht vergessen, daß die Typen Verallgemeinerungen sind und kein Mensch genau der Beschreibung seines Typs entspricht. Allgemeingültige Beschreibungen sind sozusagen eine Gratwanderung zwischen dem präzisen Informieren über jeden Typ und dem Verallgemeinern, so daß sich die einzelnen Menschen im jeweiligen Typ wiederfinden können. Die Regel lautet folgendermaßen: Die Typen sind Grundmuster, und die einzelnen Menschen sind die individuellen Variationen zu diesen Grundthemen. Vielleicht hilft ein Vergleich weiter: Ebenso wie wir alle wissen, was gemeint ist, wenn etwas als "rot" bezeichnet wird, wissen wir, sobald wir uns einigermaßen in den Persönlichkeitstypen auskennen, was wir unter "Typ fünf" zu verstehen haben. Die Worte "rot" und "Typ fünf" geben uns jeweils eine allgemeine Vorstellung von der Kategorie, die gemeint ist, aber in beiden Fällen gibt es Hunderte von Einzelvarianten. Zum Beispiel sind karmesinrot, ziegelrot, scharlachrot, fuchsrot, rosa und noch viele andere Tönungen Variationen von "rot", aber trotzdem wissen wir sicher, was jemand meint, wenn er von "rot" spricht. Selbst wenn wir nicht ganz genau wissen, welche Rottönung gemeint ist, wissen wir doch genug, um einen roten Gegenstand von einem schwarzen oder gelben unterscheiden zu können. Rot ist eindeutig nicht schwarz, und gelb ist mit Sicherheit nicht rot – ebenso wie Typ fünf kein Typ acht oder Typ acht kein Typ eins ist. Die Kategorien unterscheiden sich eben deutlich voneinander. Um bei diesem Vergleich zu bleiben: Ebenso wie wir zwischen den Typen unterscheiden können, können wir auch zwischen den Personen eines Typs unterscheiden. Ich bin vielleicht kobaltblau, während jemand anders aquamarinblau ist, und dennoch gehören wir beide zur "Blau-Familie" und haben deshalb eine ganze Reihe von Charakterzügen gemeinsam. Aber wir sind trotzdem unterschiedlich, immer noch wir selbst, immer noch einzigartig. Wenn wir das Enneagramm einmal kennen, wissen wir, daß von Grundmustern die Rede ist, wenn die Sprache auf verschiedene Typen kommt.

Aus diesem Blickwinkel betrachtet, sind die Persönlichkeitstypen des Enneagramms ebenso verschiedenartig und ausgeprägt wie die Farben des Regenbogens, nur viel komplizierter. Jeder von uns ist eine individuelle, einzigartige Person, und doch offenbaren sich schon nach kurzem Überlegen einige unserer vielen Gemeinsamkeiten. Im Grunde ist ja auch zu erwarten, daß sich die Menschen in vieler Beziehung ähnlich sind. Schließlich hat die menschliche Natur, die uns gemeinsam ist, die gleiche biologische Grundlage. Wir sind alle aus Fleisch und Blut, haben den gleichen männlichen oder weiblichen Körperbau, bedienen uns alle einer Sprache und können alle mit abstrakten Ideen umgehen. Wir haben alle Eltern und haben alle lernen müssen, uns mit uns selbst, der Welt und anderen Menschen auseinanderzusetzen. Obwohl kulturelle Unterschiede einen starken Einfluß auf uns haben, gibt es gewisse Grundeigenschaften, die allen Menschen gemeinsam sind.

Das Ennegramm leugnet die Einzigartigkeit auch gar nicht ab. Einzigartigkeit spiegelt sich in den verschiedenen Fakten unseres Lebens wider: Nie sind zwei Menschen in der Geschichte der Menschheit im gleichen Augenblick von der gleichen Mutter in die gleiche Familie und Kultur geboren worden, nie besitzen sie die gleichen genetischen Anlagen, werden sie gleich erzogen oder sind sie den gleichen Einflüssen unterworfen. Was uns einzigartig macht, ist unsere einzigartige Geschichte. Daß wir einem Persönlichkeitstyp angehören, folgt aus der Tatsache, daß wir bestimmte Charakterzüge mit anderen Menschen teilen. Obgleich wir einzigartig sind, unterscheiden wir uns nicht total voneinander. Die Welt wäre unmöglich, wenn jeder im wahrsten Sinne des Wortes *vollkommen einzigartig* wäre, das heißt: eine absolute Einheit für sich. Sprache, Literatur, die Künste, Handel und Kommunikation – alles, was die Gesellschaft ausmacht, wäre unmöglich, wenn die Menschen nicht eine Vielzahl von Eigenschaften gemeinsam hätten.

Aus der Sicht der Psychologie hätten die Menschen, wenn sie absolut einzigartig wären, absolut verschiedene Neurosen, und dann wäre es zwecklos, allgemeingültige Theorien oder Verfahren zu entwickeln, um ihnen zu helfen. Die Tatsache, daß wir einander ähnlich sind (und besonders den Individuen unseres Persönlichkeitstyps gleichen), zeigt sich sehr deutlich daran, wie ähnlich sich Neurotiker sind. Ein Depressiver gleicht dem anderen, beide denken und sagen so ziemlich das gleiche. Ein Hysteriker gleicht dem anderen; wer vor der Wirklichkeit flieht, gleicht denen, die es ebenso machen, selbst in der äußeren Erscheinung und in seinen Reaktionen auf seine Umwelt.

Freiheit ist ein Schlüssel zu gesundem Verhalten, und zur Freiheit gehört auch die Individualität. Gesunde Menschen sind meist sich selber treu, und am stärksten sind sie sie selbst, wenn sie über sich hinausgehen. Hier stoßen wir auf ein Paradox: Indem wir über uns selbst hinauswachsen, finden wir zu unserer größten Freiheit und zu unserem tiefsten Selbst. Und umgekehrt ist es genauso: Während wir die Entwicklungsstufen abwärts zur Neurose durchlaufen, verlieren wir Stück für Stück unsere Freiheit und werden in zunehmendem Maße unfrei und "zwanghaft". Neurotiker handeln unter Zwang und finden nicht heraus, wer sie sind. Gesunde Menschen können in aller Freiheit auf die Suche gehen.

ZUSAMMENFASSENDE DARSTELLUNG DES ENNEAGRAMMS

Dieser Abschnitt ist dazu gedacht, dem Leser die Grundlagen noch einmal vor Augen zu führen und seine Kenntnisse über das Enneagramm aufzufrischen. Außerdem will ich hier einige Zusatzbemerkungen zur früheren Darstellung machen. (Eingehendere Informationen entnehmen Sie bitte *PT,* S. 43-73.[*])

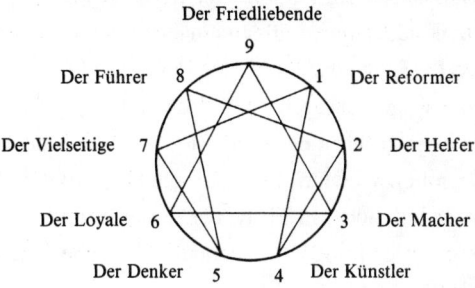

Das Enneagramm

Wie bereits erwähnt, habe ich den Persönlichkeitstypen diese Namen gegeben, während andere Autoren die Typen anders benannt haben. Die von mir gewählten Begriffe spiegeln Züge eines jeden Typs wider, die relativ *gesund* sind. Nach der Arica-Darstellung hingegen sind die Typen nach ihren "Egofixierungen" benannt; beispielsweise wird Typ eins durch den Oberbegriff "Selbstverleugnung" gekennzeichnet. (Für die anderen Entsprechungen siehe u. a. J. Lilly und J. Hart;[**] aus Copyright-Gründen ist es nicht möglich, Arica-Texte ausführlich zu zitieren.)

Die Begriffe, die ich für jeden Typ ausgewählt habe, sollten auch die Konzentration auf das hervorstechendste Merkmal des Typs erleichtern. Nach der Gurdjieff-Schule bezeichnet der Typname den "Hauptzug" des Typs, die zentrale Störung und damit die wesentlichste Schwäche – und diese wird mit der wesentlichsten Stärke in Beziehung gebracht (nicht gleichgesetzt).

---

[*] Verweise auf mein Buch *Die neun Typen der Persönlichkeit* mit Seitenangabe erscheinen in Klammern und mit der Abkürzung *PT* (= Persönlichkeitstypen).

[**] Siehe Bibliographie am Ende des Buches.

Sie finden vielleicht ein bißchen von sich selbst in jedem Typ, aber *ein* Typ sollte sich hervorheben als besonders charakteristisch für Sie. Das ist Ihr *Persönlichkeitsgrundtyp*.

Drei Probleme tauchen im allgemeinen immer wieder auf. Erstens neigen die Leute dazu, sich den Persönlichkeitstyp herauszupicken, der sie gerne wären, aber nicht unbedingt sind. Das läßt sich durch Objektivität gegenüber sich selbst vermeiden, was natürlich ziemlich schwierig ist. Aber die Objektivität ist genau das, was wir letztlich mit Hilfe des Enneagramms erreichen wollen. (Zur Feststellung des eigenen Typs siehe Teil II: "Ein neues Testinstrument".)

Zweitens legen sich die Leute gern aufgrund eines einzigen Charakterzugs auf einen Typ fest. Da sagt zum Beispiel jemand: "Zweien sind freundlich, und ich bin auch freundlich, also muß ich Typ zwei sein." Es stimmt zwar, daß Zweien freundlich sind, aber Neunen ebenso – und Vieren und manchmal auch Einsen, Dreien und Fünfen, ja alle Typen. Ein Charakterzug reicht als Grundlage für eine Diagnose nicht aus; wichtig ist vielmehr, das umfassendere Muster der Charakterzüge wie auch die zugrundeliegenden Motive zu erkennen. Sobald Sie Ihren Persönlichkeitstyp ermittelt haben, werden Sie merken, daß Sie dadurch wirklich besser charakterisiert werden als durch andere. Sicherlich werden auch Züge dabeisein, die Ihnen vorher noch nie an sich aufgefallen sind, und andere wieder werden Ihnen so vertraut vorkommen wie alte Kleider. (Näheres zur Unterscheidung ähnlicher Typen siehe Kapitel 6, "Probleme und Fehldiagnosen".)

Ein drittes häufig auftretendes Problem ist die Neigung vieler Leute, sich die Charakterzüge so auszusuchen und zusammenzustellen, als handle es sich um ein kaltes Büffet. Das funktioniert aber nicht, denn die Persönlichkeitstypen sind nichts Willkürliches. Die Züge, aus denen sich jeder Typ zusammensetzt, sind nicht wahllos von der menschlichen Natur zusammengewürfelt worden. Im Gegenteil, sie wachsen einer aus dem anderen und gehen ineinander über wie die Farben des Regenbogens. Sie sind Ausdruck unserer Grundängste und -begierden, unserer Grundbedürfnisse und -werte sowie unserer Reaktionen auf uns selbst und unsere Umwelt. Es mögen zwar seltsame, widersprüchliche Züge bei den Typen vorkommen, aber sie sind doch alle wie aus einem Guß.

Die neun Typen des Enneagramms sind tatsächlich nicht willkürlich; sie gliedern sich in drei Gruppen von jeweils drei Typen, und jede Gruppe bildet eine der Triaden des Enneagramms. (Wie bereits erwähnt, wird bei den Jesuiten jede Gruppe als "Zentrum" bezeichnet – Kopf-, Herz- und Bauchzentrum.) Jede Triade kennzeichnet einige der wichtigsten Charakterzüge, die den drei Typen gemeinsam sind, von denen die Triade gebildet wird. Zum Beispiel finden sich Typ zwei, drei und vier in der Gefühlstriade – zu den Veranlagungen und Neigungen, die ihnen gemeinsam sind, gehört es, ihre aufrichtigen Gefühle zum Ausdruck zu bringen (oder nicht). Typ fünf, sechs und sieben bilden die Handlungstriade – zu ihren Stärken und Schwächen gehört die Fähigkeit (oder auch Unfähigkeit), eigenwillige Entscheidungen zu treffen und durchzusetzen. Typ acht, neun und eins schließlich sind die Typen der Beziehungstriade – sie besitzen ihren Veranlagungen und Neigungen entsprechend mehr oder weniger die Fähigkeit, ein relativ ausgewogenes Verhältnis zu ihrer Umgebung zu haben, insbesondere zu anderen Menschen. Die Triaden sind noch besser im Bild des Enneagramms selbst zu verstehen (siehe folgende Seite).

Jede Triade hat eine innere Struktur, die auf einer dialektischen Beziehung zwischen den jeweiligen drei Typen beruht (siehe *PT,* S. 44ff.). In jeder Triade sind bei einem Typ die charakteristischen

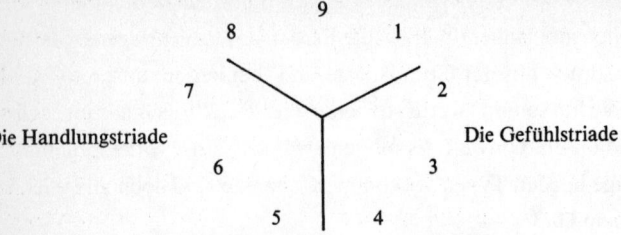

Die Beziehungstriade

Die Handlungstriade   Die Gefühlstriade

Fähigkeiten dieser Triade überentwickelt und beim nächsten unterentwickelt, während beim dritten kaum noch ein Bezug da ist (letztere habe ich die "primären Persönlichkeitstypen" jeder Triade genannt, sie befinden sich an den Spitzen des gleichseitigen Dreiecks in der vorigen Abbildung).

Wenn wir das Enneagramm Triade um Triade durchgehen (beginnend nach meiner Gepflogenheit mit Typ zwei der Gefühlstriade), treten diese dialektischen Beziehungen deutlicher hervor. Typ zwei neigt zur Gefühlsbetontheit. Zweien sind häufig überschwenglich und überfreundlich und zeigen nur ihre positiven Gefühle für andere, während sie die eigenen Bedürfnisse und tieferliegende Motive nicht wahrhaben wollen. Die Drei ist der Grundtyp der Gefühlstriade (siehe *PT,* S.45ff.). Dreien haben den Bezug zu ihrem Gefühl weitgehend verloren, erwecken aber bei anderen den Eindruck von Gefühlen und Haltungen. Die vier ist der dialektische Gegensatz zur Zwei; Vieren sind stark gehemmt, sie können ihre Gefühle nicht zeigen und drücken sie statt dessen durch die verschiedensten künstlerischen und kreativen Betätigungen aus. Alle drei Typen haben Identitätsprobleme und wirken oft abweisend, was unterschiedlich zum Ausdruck kommt und unterschiedliche Ursachen hat (siehe *PT,* S. 53f.).

In der Handlungstriade ist die Fünf der Typ, dessen praktische

Fähigkeiten im wirklichen Leben gewissermaßen unterentwikkelt sind. Deshalb ersetzt die Fünf das Handeln durch Denken und entwickelt gern höchst komplizierte, oft jedoch unrealistische Theorien, die oft wirklichkeitsfremd sind. Die Sechs ist der Grundtyp dieser Triade. Sechsen haben meist die Fähigkeit verloren, ohne die Erlaubnis oder Ermunterung irgendeiner Autoritätsperson eigene Entscheidungen zu treffen. (Sobald allerdings Sechsen diese "Erlaubnis" haben, ist das "Handeln" kein Problem mehr für sie – sie werden sogar manchmal aufsässig und übertreten die Regeln, die sie gelernt haben.) Die Sieben ist der Typ, bei dem der Handlungswillen überentwickelt ist. Sieben haben einen übertriebenen Betätigungsdrang und tun oft zu viele Dinge auf einmal, bis sie hyperaktiv und manisch sind, davon besessen, in Bewegung zu bleiben, bis sie die Kontrolle verlieren. Alle drei Typen haben Probleme mit Unsicherheits- und Angstgefühlen, die unterschiedlich zum Ausdruck kommen und unterschiedliche Ursachen haben (siehe *PT,* S. 54ff.).

In der Beziehungstriade schließlich ist die Acht der Typ mit einem überstarken Bezug zu seiner Umwelt, was sich darin äußert, daß er alles und jedes um sich herum mit Beschlag belegt. Achten halten sich in bezug auf die Welt für stärker und mächtiger als alle anderen. Die Neun ist der Primärtyp der Beziehungstriade. Neunen geht die Fähigkeit ab, mit der Welt in Beziehung zu treten, ohne sich mit einer anderen Person zu identifizieren, so daß sie eher durch jemand anders leben, als unabhängig und selbständig zu werden. Die Eins ist der Typ, bei dem die Fähigkeit, eine Beziehung zur Umgebung aufzubauen, so wenig ausgeprägt ist, daß sie sich erst sicher und im Recht fühlen muß, bevor sie handelt. Einsen messen sich ständig an den verschiedensten Idealen, die sie zu verwirklichen suchen. Alle drei Typen neigen zu Aggressivität und Verdrängung, was sich unterschiedlich äußert und unterschiedliche Ursachen hat. (Mehr über die Triaden in *PT*, S. 44-47, 53-59, 466-470 u. 489-493.)

Im Enneagramm gibt es wie im wirklichen Leben keine reinen Typen. Jeder ist eine einzigartige Mischung aus dem entsprechenden Grundtyp und einem der beiden angrenzenden Typen, Tendenztyp genannt. Der mitwirkende oder Tendenztyp ist der zweitwichtigste nach dem Grundtyp und gesellt diesem andere psychologische Funktionen zu, wobei er ihn manchmal ergänzt und manchmal genau entgegengesetzt arbeitet. Von allen theoretischen Aspekten des Enneagramms ist die sogenannte "Tendenztheorie" die widersprüchlichste, da einige Autoren der Meinung sind, es gäbe gar keine Tendenzen, andere (wie ich selbst) glauben, daß es nur *eine* Tendenz gibt, und wieder andere die Auffassung vertreten, es gäbe zwei Tendenztypen, die den Grundtyp flankieren.

Auf den wahren Kern dieses Meinungsstreits (wie auch anderer Enneagrammtheorien) stößt man nur, wenn man sich die menschliche Natur einmal genau ansieht: Wie sind Menschen denn eigentlich? Wenn jemand beispielsweise zutreffend als Eins mit einer Tendenz zu Typ zwei identifiziert wird – besitzt er dann auch noch die Charakterzüge einer Neun, also eine Tendenz zu Typ neun? Wenn wir in Wirklichkeit keine zweite Tendenz bei einem Menschen feststellen können, existiert sie entweder nicht, oder ihr Einfluß ist so minimal, daß er unbedeutend ist. (Es ist theoretisch durchaus möglich, daß jeder von uns zwei Tendenztypen hat; in diesem Fall ist aber ein Typ deutlich stärker ausgeprägt als der andere. Der zweite Tendenztyp braucht demnach bei der Anwendung des Enneagramms im Alltagsleben kaum beachtet zu werden.)

Außerdem entwickelt sich eine Tendenz rein theoretisch, infolge der Beziehung zu einem zweiten Elternteil oder einer Elternfigur. Diese Erklärung für nur einen Tendenztyp entspricht meiner eigenen Theorie, daß der Ursprung eines jeden Typs in der Kindheit begründet liegt. Zum Beispiel haben Einsen ein negatives Verhältnis zu ihrem Vater (oder einer Vaterfigur); ich glaube, daß Einsen mit einer Tendenz zu Typ neun eine negative Vaterorientierung und gleichzeitig eine positive Orientierung zur Mutter haben. Einsen mit einer Tendenz zu Typ zwei haben ein negatives Verhältnis zu ihrem Vater und eine ambivalente Einstellung zu ihrer Mutter. Wenn eine Eins sowohl ein negatives Vater- als auch ein negatives Mutterbild hätte, wäre sie kein Typ eins mehr, sondern eine Vier (da dieser Typ beiden Eltern gegenüber negativ orientiert ist).

Um ein weiteres Beispiel anzuführen: Sechsen sind positiv auf ihren Vater eingestellt; Sechsen mit einer Tendenz zu Typ sieben haben auch eine entsprechende, allerdings sekundäre negative Einstellung zur Mutter, während Sechsen mit einer Tendenz zu Typ fünf ambivalent sind. Wenn Typ sechs durch eine der beiden Tendenzen in eine positive Beziehung zur Mutter gebracht würde, wäre er keine Sechs mehr, sondern eine Neun – der Typ mit einem positiven Bezug zu beiden Elternteilen. Eine vollständige Erklärung der 18 Untertypen einschließlich der primären und sekundären Elternbezüge wird erst ein Buch über die Theorie des Enneagramms liefern können. Bis dahin muß eine kurze Behandlung der Tendenztypen und der Frage, daß jeder von uns wohl nur zu *einem* anderen Typ tendiert, genügen.

Vergessen wir auch nicht, daß wir auf einer anderen Ebene der Analyse das ganze Enneagramm in unserer Psyche besitzen. Aus diesem Blickwinkel betrachtet, könnten wir doch zwei Tendenztypen haben, da (um bei unserem früheren Beispiel zu bleiben) eine Eins mit einer Tendenz zu Typ zwei automatisch auch etwas von der Neun hätte, da ja alle menschlichen Möglichkeiten, die das Enneagramm symbolisiert, mit eingeschlossen sind. Diejenigen, die glauben, daß jeder Typ von zwei Tendenztypen flankiert wird, meinen allerdings etwas anderes, und es bleibt ihnen überlassen, überzeugende Argumente anzuführen und ihre Theorie durch entsprechendes Material zu stützen.

Es kam auch die Frage auf, ob es möglich ist, den Persönlichkeitsgrundtyp zu verändern, insbesondere im Laufe des Erwachsenwerdens. Manche Leute meinen, als Kinder ein bestimmter Typ gewesen und aufgrund verschiedenster Faktoren in ihrem Leben als Erwachsene ein anderer Typ geworden zu sein.

Ich bleibe bei meiner Überzeugung, daß sich niemand von einem Persönlichkeitstyp zu einem anderen entwickelt. In der Kindheit entwickeln wir uns als Musterexemplare eines bestimmten Persönlichkeitstyps – als einzigartiges Individuum innerhalb einer größeren Gruppe –, und dieser Typ bleiben wir im wesentlichen unser Leben lang. Von diesem Anfangspunkt an entfaltet sich oder verkümmert unser Grundtyp, woran abzulesen ist, wer wir aufgrund unserer Erbanlagen und unserer Kindheitserfahrungen und besonders unserer Beziehungen zu unseren Eltern geworden sind. Der Typ, zu dem wir uns entwickelt haben, entspricht uns grundsätzlich, und er verändert sich keineswegs zu einem vollkommenen anderen Typ.

Selbstverständlich verändern sich die Menschen im Laufe ihres Lebens, und dem trägt das Enneagramm Rechnung, indem es eine Vielzahl von psychologischen Veränderungen berücksichtigt. Wir entwickeln uns und reifen und werden entweder zu dem, der wir sein dürfen, oder verfehlen dieses wichtige Ziel. Ob wir in unserer Entwicklung voranschreiten oder verkümmern, die Richtung, in der wir uns verändern, wird von den Linien des Enneagramms vorausbestimmt. Jeder "bewegt" sich in einer bestimmten Richtung der Integration oder Desintegration, wie es die Linien des Enneagramms vom Grundtyp aus angeben.

Die Desintegrationslinie (die eine fortschreitende Verkümmerung oder den Zusammenbruch unseres Persönlichkeitsgrundtyps anzeigt) wird im Enneagramm durch die Zahlenfolge 1-4-2-8-5-7-1 und 9-6-3-9 wiedergegeben. Die Integrationslinie (die eine weitergehende Integration und das persönliche Wachstum des Grundtyps markiert) stellt sich in der Umkehrung dieser beiden Zahlenreihen dar: 1-7-5-8-2-4-1 und 9-3-6-9. Eine Eins zum Beispiel, deren Entwicklung gestört ist, wird sich auf die Vier zu bewegen, den Typ, der auf ihrer Desintegrationslinie liegt, während sich eine Eins mit progressiver Integration zur Sieben hin entwickelt, dem Typ auf ihrer Integrationslinie; eine Neun auf dem Weg zur Integration bewegt sich auf die Drei zu, bei Desintegration auf die Sechs.

Es ist zwar hilfreich, zwei getrennte Enneagramme für diese Zahlenfolgen zu benutzen, aber nicht unbedingt notwendig, wenn man weiß, was die beiden Linien für jeden Persönlichkeitsgrundtyp bedeuten: Die eine zeigt die Integrationsentwicklung des jeweiligen Typs an, die andere die Desintegrationsentwicklung (siehe *PT,* S. 60-66; die Pfeile in den Abbildungen dort können in diesem Fall außer acht gelassen werden).

Vier Persönlichkeitstypen sind also maßgebend für eine vollständige Analyse eines Menschen: der Grundtyp, der Tendenztyp, der auf der Integrationslinie befindliche Typ und der auf der Desintegrationslinie befindliche Typ. Jetzt müssen wir zu erkennen versuchen, wie sich diese vier Typen (auf ihren jeweiligen Ebenen) einschließlich anderer wichtiger Persönlichkeitsfaktoren (wie etwa die Intelligenz, über die das Enneagramm keine bestimmte Auskunft gibt) in uns vereinen und uns zu den einzigartigen Personen machen, die wir sind. Das Enneagramm ist einerseits sehr tief und weit, andererseits jedoch außerordentlich präzise und detailliert. Wir dürfen nicht nur den Persönlichkeitsgrundtyp berücksichtigen, obgleich er für die meisten Zwecke bereits ausreicht. Auf unserer Suche nach Selbsterkenntnis müssen wir außerdem den Tendenztyp sowie die Integrations- und Desintegrationslinie in Betracht ziehen.

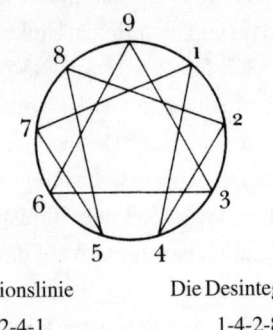

Die Integrationslinie	Die Desintegrationslinie
1-7-5-8-2-4-1	1-4-2-8-5-7-1
9-3-6-9	9-6-3-9

Die Integrations- und Desintegrationslinien

Wichtig ist auch, daß wir ein Gespür für die Bewegung innerhalb unserer eigenen Persönlichkeit entwickeln. Die vielen hundert Charakterzüge, die unseren Typ bestimmen, sind Teil eines größeren Musters – unseres Gesamttyps. Die Züge, die jeder Typ aufweist, sind kein Zufall: Sie stehen auf äußerst komplexe, raffinierte Weise in Wechselbeziehung zueinander. Außerdem wechseln die Menschen in den Charakterzügen, die ihren Typ ausmachen, innerhalb eines Kontinuums von gesund nach krank bzw. gestört.

Da sich die Menschen ständig verändern und unterschiedlich angesiedelt sind auf dem Kontinuum, treffen die Beschreibungen nicht auf alle gleich zu. Wenn man gesund ist, entsprechen einem die gestörten Charakterzüge zum gegenwärtigen Zeitpunkt nicht. Trotzdem sollte man alle Züge seines Grundtyps als echte *Tendenzen* erkennen können, die einem eigen sind. Unsere gestörten Charakterzüge sollten uns zur Besinnung bringen, was mit uns passieren könnte – wie wir uns entwickeln könnten –, wenn wir krank oder neurotisch würden. Ebenso sollten wir auch die Integrations- und Desintegrationslinien als genaue Voraussagen unserer möglichen Integrations- oder Desintegrationsneigungen ansehen für den Fall, daß wir psychologisch entweder wachsen oder verkümmern. Das Kontinuum (mit seinen neun Entwicklungsstufen) kann folgendermaßen dargestellt werden:

Zur Integration hin

gesund
Stufe 1:
Stufe 2:
Stufe 3:

durchschnittlich
Stufe 4:
Stufe 5:
Stufe 6:

gestört
Stufe 7:
Stufe 8:
Stufe 9:

Zur Desintegration hin

Das Kontinuum der Entwicklungsstufen

Wenn Sie die Persönlichkeitstypen – und sich selbst – erst besser kennen, werden Sie merken, daß das Enneagramm auf einer sehr grundlegenden Ebene einen breiten Spielraum psychologischer Möglichkeiten darbietet und Ihnen die vielen verschiedenen Teile Ihrer selbst *in allen Typen* offenbart. Obwohl unbestritten ist, daß sich jeder von Kindheit an zu einem einzigartigen Fall nur eines einzigen Persönlichkeitsgrundtyps entwickelt, kann es doch durchaus sein, daß wir im Laufe unserer lebenslangen Entwicklung auch die gesunden psychologischen Aspekte der anderen Typen integrieren, während wir neue Fähigkeiten aktivieren. Wir können über den Typ auf unserer Integrationslinie hinauswachsen zum nächsten Typ, und weiter zum nächsten, rund um das Enneagramm in einer endlos aufwärtsführenden Integrationsspirale (siehe *PT,* S. 65f. u. 449ff.).

Das Enneagramm ist keine enggefaßte Theorie über den Menschen. Vielmehr ist es ein Rahmen, innerhalb dessen wir die feine Dynamik verstehen können, die jeden von uns zu dem macht, was er ist. Jeder verändert sich ständig, und das Enneagramm spiegelt in seiner Struktur die Tatsache wider, daß der Mensch seinem Wesen nach in einer Entwicklung begriffen ist und sich immer wieder erneuert.

2 Die neun Persönlichkeitstypen

Dieses Kapitel gibt noch einmal eine Übersicht über die neun Persönlichkeitstypen, allerdings etwas anders als in den *Neun Typen der Persönlichkeit*. Die Beschreibungen sind komprimiert, und die Typen werden unter verschiedenen neuen Gesichtspunkten vorwiegend thematisch statt analytisch behandelt. Wer mit den ausführlichen Beschreibungen im vorigen Buch vertraut ist, wird durch dieses Kapitel seine Kenntnisse wesentlich vertiefen können, da hierin eine Menge neues Material zum ersten Mal präsentiert wird. Diejenigen, die sich noch nicht mit den Typen auskennen, erhalten durch dieses Kapitel eine kurzgefaßte Einführung.

Die wichtigste Neuheit sind die erweiterten Persönlichkeitsprofile. Statt einfach die Profile aus den *Neun Typen der Persönlichkeit* zu übernehmen, habe ich sie gründlich ausgearbeitet, so daß der Leser mehr über die wesentlichen Charaktermerkmale erfährt. Diese erweiterten Persönlichkeitsprofile veranschaulichen letztlich die "Kernzüge" – jene komplexe Ansammlung von verwandten Charakterzügen, die das Wesen eines jeden Typs bestimmen – auf gesunder, durchschnittlicher und gestörter Entwicklungsebene. Die Entwicklung des Enneagramms als Typologie hängt in großem Maße davon ab, daß eine gewisse Einigkeit darüber besteht, welche Charakterzüge den Wesenskern jedes Persönlichkeitstyps bilden. Eines der grundlegenden Probleme, das traditionelle Beschreibungen aufwerfen, ist die falsche Zuordnung von Charakterzügen zum jeweiligen Typ; es ist kaum verstanden worden, welcher Zug zu welchem Typ gehört und warum. Die hier wiedergegebenen erweiterten Persönlichkeitsprofile sind zwar auch nicht allumfassend, aber sie umreißen doch den wesentlichen Kern der Hauptcharakterzüge eines jeden Typs. Außerdem soll dieses wie auch das nächste Kapitel über die Entwicklungsstufen dazu beitragen, endlich zu einer gewissen Verständigung über die Frage zu kommen, welche Züge welchen Typ bestimmen.

Obwohl die erweiterten Persönlichkeitsprofile erheblich umfassender sind, enthalten sie nicht unbedingt *alle* "Kernzüge" eines Typs. Es gibt immer noch mehr darüber zu sagen, und bei unterschiedlichen praktischen oder analytischen Vorgehensweisen können natürlich ganz andere Züge stärker hervortreten, aber das Ziel bleibt letztlich doch, den objektiven "Kern" eines jeden Typs herauszufinden. Da die erweiterten Persönlichkeitsprofile nicht jeden zufriedenstellen werden, sollten Sie sich ruhig Notizen machen von abweichenden Zügen, die Ihnen auffallen.

Neu sind in diesem Buch auch die kleinen Karikaturen von Frauen. In den *Neun Typen der Persönlichkeit* waren nur Zeichnungen von Männern; da alle Typen jedoch für Männer wie Frauen gleichermaßen zutreffen, ist es nur richtig, unvoreingenommen auch weibliche Personen abzubilden. Die weiblichen Karikaturen stellen vollkommen unterschiedliche Charakterzüge der jeweiligen Typen dar und verhelfen zu einem runden Gesamteindruck der Typen.

An jedes Persönlichkeitsprofil schließt sich eine kurze Darstellung der Desintegrations- und Integrationsneigungen des betreffenden Typs an. Die längeren Erklärungen im vorigen Buch sind vollständiger, aber für Leser, die die Hauptlinien der Entwicklung zur Integration oder Desintegration hin verstehen wollen, dürften die Kurzfassungen hilfreich sein. Natürlich sind auch hier eigene Schlüsse zulässig.

Die *Ursprünge in der Kindheit* wurden im vorigen Buch im "Gesamtbild" des jeweiligen Typs erklärt. Trotzdem habe ich hier noch einmal die grundlegenden Beziehungen des Kindes zu seinen Eltern in Kurzform dargelegt. (Ausführlichere Angaben zu den Ursprüngen in der Kindheit siehe *PT* mit allen dort angegebenen Querverweisen.)

Ein erklärendes Wort noch darüber, wie es zu den Ausführungen über die Ursprünge in der Kindheit gekommen ist. In den Jahren, während ich das Enneagramm erforschte, hielt ich immer Ausschau nach "Drei-mal-drei-Mustern", die auf die neun Persönlichkeitstypen angewendet werden konnten. Zwei Grundbeziehungen zwischen Eltern und Kind in der frühen Kindheit sind das Verhältnis zwischen Kind und Mutter und das Verhältnis zwischen Vater und Kind. Meines Wissens hatte jedoch noch nie jemand gemerkt, daß Kinder auch eine Beziehung zu Vater und Mutter gemeinsam haben können. Es besteht also sowohl eine Grundbeziehung zur Mutter wie zum Vater als auch zu beiden. Die Erkenntnis dieser dritten Art von Beziehung war eindeutig ein Durchbruch, so selbstverständlich sie jetzt auch scheinen mag.

Dann wurde mir klar, daß außer einer positiven oder negativen Einstellung zwischen Eltern und Kindern auch eine "ambivalente" Beziehung bestehen kann, selbst schon in frühester Kindheit –, und damit hatte ich wieder eine Dreiergruppe. Die Folge davon waren zwei Dreiergruppen, die durch Vertauschen neun theoretische Kombinationen für die Kindheitsursprünge der neun Enneagrammtypen ergaben (siehe *PT,* S. 486-489).

Als nächstes galt es festzustellen, ob diese neun neuen theoretischen Kategorien auch im wirklichen Leben anzutreffen waren: Stimmten die theoretischen Gegebenheiten mit der Kindheitsentwicklung echter Menschen überein? Es ließ sich zwar kein wissenschaftlicher Nachweis erbringen, aber die faktischen Beweise durch Teilnehmer an meinen Workshops und Leute, die ich beraten habe, sowie meine fortlaufenden eigenen Beobachtungen haben meine Theorie untermauert, daß beispielsweise Sechsen ein positives Vaterbild haben, Dreien ein positives Verhältnis zur Mutter und so weiter, wie bereits in den *Neun Typen der Persönlichkeit* und im vorliegenden Kapitel noch einmal in Kurzform dargelegt. Diese Theorie muß erst noch gründlicher erforscht werden, aber inoffiziell hat sie sich bereits bestätigt und liefert den Wissenschaftlern eine Reihe von klaren, fruchtbaren Hypothesen, mit denen sie arbeiten können. Bedeutsamerweise stimmt meine Erklärung der Kindheitsursprünge mit den Schlüssen überein, zu denen andere psychologische Systeme gekommen sind; das beweist zwar nichts, aber es ist ein ermutigender Hinweis darauf, daß die Theorien mit den objektiven Fakten über die Entwicklung der Persönlichkeitstypen zusammentreffen.

Verschiedenes muß an den Ursprüngen in der Kindheit klargestellt werden. Erstens kann die ererbte Grundlage der Persönlichkeit sehr stark sein und in entsprechendem Maße den rein psychologischen Einfluß der Eltern abschwächen. Zum Beispiel haben Forschungen an Zwillingen, die getrennt voneinander aufwuchsen, den Hinweis erbracht, daß sie wahrscheinlich den gleichen Persönlichkeitstyp haben. Sollte dies durch weitere Forschungen erhärtet werden, dürfte sich die Biologie der Persönlichkeit als wichtigster Einzelfaktor bei unseren Kindheitsursprüngen erweisen.

Zweitens gibt es unter Umständen Ausnahmen von den bisher dargelegten Grundmustern; allerdings sollte jemand nur dann als Ausnahme vom generellen Kindheitsmuster eingestuft werden, wenn zuvor überprüft wurde, ob sein Enneagrammtyp auch richtig ermittelt wurde und ob der oder die Betreffende vielleicht durch ein Übermaß an Widerstand oder Ablehnung beeinflußt wird. Viele Leute wissen gar nicht, wie ihre Beziehung zu ihren

Eltern wirklich war, oder ihre Erinnerungen sind aus irgendeinem Grund verzerrt. (Zum Beispiel behaupte ich, daß die Sieben eine negative Beziehung zur Mutter oder Mutterfigur hat. Die Verleugnung, die beim durchschnittlichen oder gestörten Typ sieben bezeichnenderweise vorhanden ist, erschwert ihm die Auseinandersetzung mit dieser Tatsache seines Lebens, und so neigt er stets dazu, schnell darüber hinwegzugehen, daß er je negative Gefühle für seine Mutter hatte. Oft taucht erst nach jahrelanger Therapie das wahre Bild auf, und daher ist es kaum verwunderlich, daß ein Mensch, für den Verleugnung ein Abwehrmechanismus ist, einfach nicht dazu in der Lage ist, die Wahrheit über sich selbst zuzugeben.) Aufgrund des Widerstands spiegelt unsere erste Reaktion auf die Theorie der Kindheitsursprünge nicht unbedingt unsere wirkliche Vergangenheit wider.

Drittens sollte niemand eine Diagnose stellen, die sich allein auf die Theorie über die Ursprünge in der Kindheit gründet. Sie ist nur ein Faktor unter vielen, dem nicht zuviel Gewicht beigemessen werden sollte. Allerdings sollte sie auch nicht einfach ignoriert werden, besonders da sie wichtige Aufschlüsse über den Ursprung anderer Merkmale der Persönlichkeitstypen gibt.

Zum Schluß möchte ich noch daran erinnern, daß es in der Theorie um Eltern oder *Elternfiguren* geht und nicht unbedingt um einen tatsächlichen Elternteil oder beide wirklichen Eltern. Zum Beispiel haben Dreien womöglich ein gutes Verhältnis zu ihrer Großmutter statt zu ihrer Mutter gehabt, die dementsprechend eine Mutterfigur in ihrem Leben darstellt. Ebenso mag eine Eins nicht zum eigenen Vater negativ eingestellt sein, sondern zu einer Vaterfigur wie etwa einem Geistlichen, dem harten, abschreckenden Abbild Gottvaters oder einem besonders strengen Lehrer oder Erzieher, der im Leben des Kindes die Vaterrolle spielte. Wir sollten zwar die Möglichkeit nicht verwerfen, daß die

Orientierungen aus der Kindheit so stimmen, wie sie sich darstellen, aber wir müssen auch einräumen, daß sie, zumindest in manchen Fällen, symbolischer Natur sind und daß dann verschiedene Vaterfiguren zu berücksichtigen sind.

Die Ursprünge in der Kindheit sind unter anderem für unsere Grundmotivation, unser Selbstgefühl und in gewisser Weise für die Gesamtausrichtung unseres Lebens (unser "Skript") verantwortlich. Auch wenn wir uns nicht zu sehr mit der Theorie befassen wollen, sollten wir verstehen, daß unsere normalen bewußten Motive in einer unbewußten *Grundangst* und in einem *Grundbedürfnis* (oder *Grundverlangen*) wurzeln, die durch Kindheitserfahrungen ausgelöst worden sind, insbesondere durch unsere Reaktionen auf die Eltern. Zu dieser Einsicht bin ich durch Karen Horneys Arbeit über den Begriff der "Grundangst" gekommen; ich bin noch einen Schritt weiter gegangen und habe festgestellt, daß jeder Persönlichkeitstyp seine ganz eigene tiefe Grundangst und ein eigenes Grundbedürfnis (oder Grundverlangen) hat und daß dieser Ursprung seiner negativen oder positiven Motivation für alle daraus folgenden sekundären (abgeleiteten) Motive und Verhaltensweisen (Charakterzüge) verantwortlich ist, die jeden Typ in seinem jeweiligen Entwicklungsstadium prägen. In den *Neun Typen der Persönlichkeit* habe ich Grundangst und Grundbedürfnis (bzw. Grundverlangen) in den Beschreibungen nur flüchtig berührt; hier habe ich sie zum ersten Mal ausführlich behandelt.

Wie zuvor erwähnt, leiten sich aus der Grundangst und dem Grundbedürfnis sekundäre Ängste und Wünsche her, die bei jedem Typ auf jeder Entwicklungsstufe auftreten. Deshalb sind auch solche *sekundären Motive* hier mitaufgeführt. Diese Motive sind insofern besonders beachtenswert, als die Charakterzüge allein noch nicht ausreichen zum Verständnis eines Typs: Wir müssen die ganze Bandbreite verwandter Motive durchschauen, die den von uns beobachteten Charakterzügen zugrunde liegen. Mangelnde Einsicht in die unterschiedlichen Motive hinter ähnlichen Verhaltensweisen bei verschiedenen Typen hat schon immer Verwirrung gestiftet, sowohl beim Leser als auch bei denen, die über die Persönlichkeitstypen geschrieben haben, ob aus dem Blickwinkel des Enneagramms oder aus einer anderen Richtung. Ohne die Einsicht in die grundlegenden Motive eines jeden Typs ist es schwierig, zwischen den Typen zu unterscheiden: Ihr jeweiliges Verhalten erscheint dann willkürlich, unmotiviert oder sonstwie schwer zu begründen.

Neu behandelt wird in diesem Kapitel auch die Frage, wie sich jeder Persönlichkeitstyp selbst sieht – das heißt, sein *gesundes Selbstgefühl*. Jeder Typ hat ein eigenes Selbstgefühl, und die Erhaltung eines stabilen Selbst ist ein grundlegendes, unbewußtes Ziel jedes Menschen; es ist einer der wichtigsten Faktoren dafür, sich selbst und andere verstehen zu können. Das gesunde Selbstgefühl (von dem wir hier ausgehen), hat seinen Ursprung in unserer Grundangst und unserem Grundbedürfnis wie auch in unseren kognitiven Funktionen und Abwehrmechanismen. (In Kapitel 3 werden wir uns eingehender mit dem Selbstgefühl befassen.)

Obgleich hier nur vom gesunden Selbstgefühl eines jeden Typs die Rede ist, ändert sich dieses Selbstgefühl jedoch im Laufe unserer Fort- oder Rückentwicklung. Viele unserer innerpsychischen Konflikte entstehen durch die Unvereinbarkeit vom Selbstgefühl, das wir beständig nähren, und dem Selbstbild, das wir durch unser tatsächliches Verhalten und unsere Einstellungen abgeben – ebenso wie viele unserer zwischenmenschlichen Konflikte aus der Diskrepanz zwischen unserem eigenen Selbstbild und dem Bild, das andere von uns haben, entstehen. Manchmal ist unser Selbstgefühl aufgebläht, während es ein andermal zu negativ ist; in jedem Fall muß es realistischer werden, wenn wir gesund sein wollen. Wenn es unrealistisch ist, sind Ängste die Folge und lösen Abwehrmechanismen und das komplexe Wechselspiel von weiteren Sekundärängsten und -wünschen aus. Kurz: Unser Selbstgefühl und die Art und Weise, wie wir es verteidigen (und vieles Ähnliche auch) sind wichtige Faktoren nicht nur für unser Selbstverständnis, sondern auch für eine Veränderung unserer selbst.

Neben dem charakteristischen gesunden Selbstgefühl, das unter jedem Typ angeführt ist, gibt es noch die damit verwandte typische *stille Klage,* die ein Hinweis ist auf frustrierte oder unerfüllte Ansprüche an das Selbst, besonders dann, wenn die betreffende Person eine stufenweise Abwärtsentwicklung zur Neurose hin durchmacht. Die stille Klage ist eine verborgene Quelle vieler tiefliegender Einstellungen des betreffenden Menschen zu anderen; infolgedessen ist die stille Klage die unerkannte Quelle vieler sozialer Konflikte. Es ist nützlich, sich der stillen Klage (und anderer "heimlicher Beschwerden", die einem auffallen) als eines weiteren Schlüssels zum Selbstverständnis und zur Selbstwandlung bewußt zu werden.

Die traditionelle Lehre des Enneagramms nach Claudio Naranjo führt für jeden Typ einen *Hauptabwehrmechanismus* an. Meine eigenen Untersuchungen deuten darauf hin, daß es mindestens drei Abwehrmechanismen bei jedem Typ gibt – vielleicht sogar noch mehr. Außerdem entsteht, obwohl sich alle neun Typen oft der gleichen Abwehrmechanismen bedienen, je nachdem, welchen der gut ein Dutzend Abwehrmechanismen sie einschalten, bei jedem Typ ein anderes Muster. Zwei ähnliche Typen haben ein oder zwei Abwehrmechanismen gemeinsam, durch die sich ihre Ähnlichkeiten und Unterschiede auch noch einmal erklären lassen.

Die Abwehrmechanismen verschaffen uns einen Einblick in Motivation und Verhalten eines jeden Typs, in die typische Verteidigung des Selbstbildes, die sozialen Beziehungen und anderes Wichtige mehr. Überdies können die Abwehrmechanismen Aufschluß darüber geben, warum jeder Typ so und nicht anders ist: Die Charakterzüge sind kein Zufall, weil die zugrundeliegenden Persönlichkeitsstrukturen kein Zufall sind. Charakterzüge bilden sich aus dem einzigartigen Muster von Motiven und Abwehrmechanismen.

Die Bezeichnungen der Typen aufgrund ihrer "Egofixierungen", wie sie nach der Tradition des Arica-Instituts gebraucht werden, habe ich in den *Neun Typen der Persönlichkeit* in positivere, beschreibende Allgemeinbegriffe umgewandelt, wie in Kapitel 1 bereits dargelegt. Auch andere Punkte der traditionellen Schule habe ich neu formuliert, so daß sie klarer und genauer geworden sind. Zum Beispiel ist aus der traditionellen Idee der "Falle" eines Typs die "charakteristische Versuchung" geworden. Was traditionell (wahrscheinlich nach Karen Horney) das "idealisierte Selbstbild" genannt wurde, wird hier als "Selbstgefühl" bezeichnet (das, wie bereits erwähnt, nicht nur idealisiert wird, sondern sich auch auf verschiedenen Entwicklungsebenen anders als nach der Idealvorstellung manifestiert).

Die weiteren Abschnitte jedes Persönlichkeitsprofils sollen das Bild eines jeden Typs abrunden und deutlich machen, inwieweit meine Interpretation der Persönlichkeitstypen mit dem "traditionellen" Denkansatz übereinstimmt: Die Rede ist von der *charakteristischen Versuchung,* der *charakteristischen Untugend,* der *charakteristischen Tugend,* dem *Rettungsanker,* der *Persönlichkeitsstruktur* und den *unvermeidlichen Konsequenzen.*

Eine *charakteristische Versuchung* zeigt sich zu Beginn der "durchschnittlichen" Entwicklungsstufen jeden Typs, auf Stufe 4.

Die charakteristische Versuchung ist eine Denk- oder Verhaltensweise (oder beides), die die Abwärtsspirale des betreffenden Typs in immer gestörtere Zustände in Gang setzt. Wenn ein Typ seiner charakteristischen Versuchung erliegt, verfällt er allmählich in Einstellungen und Verhaltensweisen, die wie das Betreten von Treibsand unweigerlich eine Katastrophe heraufbeschwören. Die charakteristische Versuchung kann deshalb eine Frühwarnung vor möglichem zerstörerischem Verhalten sein – solange noch genügend Zeit und psychische Kraft zur Umkehr ist.

Die *charakteristischen Untugenden* sind in etwa vergleichbar mit den Todsünden der traditionellen Theologie. Jeder Persönlichkeitstyp läßt sich durch eine Todsünde kennzeichnen, die ein Kernstück seiner Psychologie ist, ähnlich Gurdjieffs Vorstellung von den Todsünden als "Grundzug" jedes Typs.

Die *charakteristische Tugend* eines jeden Typs fungiert oft als Gegenpol zu seiner Untugend und als der Punkt, auf den sich seine positiven Züge konzentrieren. Obgleich charakteristische Versuchungen, Untugenden und Tugenden thematisch eher in den Bereich der traditionellen (oder gar mittelalterlichen) Theologie zu gehören scheinen, ist es dennoch hilfreich, sie zu berücksichtigen und in einem psychologischen Rahmen zu gebrauchen, da diese Persönlichkeitsaspekte bedeutsame Aufschlüsse über den Typ in seiner Gesamtheit geben. Zudem stehen die Übung in Tugendhaftigkeit und die Vermeidung von Lasterhaftigkeit im Mittelpunkt jedes spirituellen Enneagrammgebrauchs.

Die drei letzten Punkte gehören nicht zur traditionellen Darstellung des Enneagramms, da sich Einsichten dieser Art nur einstellen, wenn man die Entwicklungsstufen versteht, die kein Element der traditionellen Auslegung sind.

Der *Rettungsanker* eines jeden Typs ist der Kern seiner Kraft, der dem betreffenden Menschen bleibt, auch wenn er schon ziemlich gestört ist (auf Stufe 6) und Gefahr läuft, sich noch weiter negativ zu entwickeln. Der Rettungsanker ist die positive Qualität, die immer erhalten bleibt und dazu verwendet werden kann, dem betreffenden Menschen aus seiner mißlichen Lage herauszuhelfen. Eine Neurose ist nicht dazu angetan, einen Menschen davor zu bewahren, neurotisch zu werden (eine Absurdität, die einige Enneagrammlehrer verbreiten); vielmehr wird eine erhalten gebliebene Kraftquelle, die trotz der Zustandsverschlechterung sprudelt, zum Anker, der den betreffenden Menschen nicht nur davon abhält, noch tiefer in die Störung hineinzugeraten, sondern sogar dazu beitragen kann, ihn auf den Weg der Gesundung zu bringen. Indem er sich des Rettungsankers bewußt wird und entsprechend handelt, kann der Betroffene die Abwärtsbewegung in Richtung Neurose allmählich umkehren.

Die *Persönlichkeitsstruktur* eines Typs macht seine psychologischen Verhaltensmuster bei innerpsychischen und sozialen Konflikten deutlich. Wie bereits erwähnt, ist es wichtig, die größeren Zusammenhänge zu verstehen, wenn jeder Typ in seiner Gesamtheit verstanden werden soll. Darum ist es sehr nützlich, die inneren und äußeren Konflikte eines Typs möglichst genau zu kennen.

Die *unvermeidlichen Konsequenzen* schließlich beschreiben die unerbittlichen Folgen der negativen Entwicklung eines Typs zu einer profunden Störungsstufe hin. Hier tritt die "sich selbst erfüllende Voraussage" klar hervor, das tragische Element eines jeden Typs – wie der betreffende Mensch genau das verliert, was er am sehnlichsten begehrt (Grundbedürfnis), während er das auf sich herabbeschwört, was er am meisten fürchtet (Grundangst). Dieser Prozeß beginnt damit, daß die betreffende Person ihrer charakteristischen Versuchung erliegt, und er schreitet fort, wenn sie sich nicht auf ihren Rettungsanker besinnt.

Ich will mit den erweiterten Persönlichkeitsprofilen und anderen neuen Typeigenschaften bei Typ zwei beginnen, dem ersten Typ in der Gefühlstriade (siehe *PT,* S. 44-47). Ich habe es mir zur Regel gemacht, immer mit Typ zwei anzufangen, da wir so die Typen innerhalb ihrer Triade betrachten und die größeren Zusammenhänge sowohl in bezug auf den Typ als auch auf das Enneagramm erkennen können.

PERSÖNLICHKEITSTYP ZWEI:
DER HELFER

Der besorgte, hilfsbereite, besitzergreifende, zur Manipulation neigende Mensch

Erweitertes Persönlichkeitsprofil
Gesund: Gesunde Zweien sind einfühlsam, mitleidig und voller Mitgefühl für andere. Sie versetzen sich an die Stelle des anderen, nehmen Anteil und sind um die Bedürfnisse anderer besorgt. Sie sind aufrichtig, warmherzig, verständnisvoll und ermutigend, mütterlich oder väterlich und sehen bei anderen stets das Gute, für das sie bei sich selbst nicht unbedingt einen Blick haben. Ihnen ist es wichtig, sich dienstbar zu machen; sie sind äußerst großzügig, geben gern und bieten immer ihre Hilfe an. Liebevoll und aufmerksam lassen sie anderen das zukommen, was sie dringend

brauchen, selbst wenn sie dafür über ihren Schatten springen müssen. *Sehr gesund* zeichnen sie sich durch größte Uneigennützigkeit aus, sind selbstlos und altruistisch: Sie lieben bedingungslos, ohne eine Gegenleistung zu erwarten. Für sie ist es ein Privileg, anderen im Leben zur Seite zu stehen. Sie sind fast "heilig", zutiefst charismatisch und bescheiden, kurz: "barmherzige Samariter".

Durchschnittlich: Durchschnittliche Zweien reden mehr von ihren Gefühlen, als praktisch zu helfen: "Liebe" ist ihr höchstes Ideal, wovon sie dauernd reden, und in ihrem Gefühlsüberschwang wirken sie theatralisch, überströmend freundlich und in jeder Hinsicht "wohlmeinend". Sie sind aufmerksam, anerkennend und schmeicheln gern. Sie verletzen leicht die Privatsphäre, sind übereifrig und aufdringlich: Sie müssen das Gefühl haben, gebraucht zu werden, treiben sich mit Vorliebe in der Nähe anderer herum, mischen sich ein und stören, alles unter dem Deckmantel, ein "guter Freund" zu sein. Sie neigen zu aufopfernder Mütterlichkeit, meinen, nie genug für andere zu tun, schaffen Bedürfnisse, denen sie nachkommen können, und reiben sich für jedermann auf, sind dabei jedoch besitzergreifend und wachen eifersüchtig über die, in die sie "investieren". Sie wollen die anderen von sich abhängig machen, über alles informiert werden, um Erlaubnis und Rat gefragt werden. In zunehmender Selbstüberhebung und Selbstgefälligkeit halten sie sich schließlich für unentbehrlich (während sie gleichzeitig das, was sie für andere tun, überbewerten) und meinen, andere seien ihnen etwas schuldig für das, was sie ihnen gegeben haben. Sie sind herablassend, anmaßend, gebieterisch und selbstherrlich. Sie erwarten, daß man ihnen dauernd dankt und sie wegen ihrer Güte ehrt. Unter Umständen können sie hypochondrisch werden oder den Märtyrer spielen, der aufgrund seiner Wohltaten für andere leiden muß.

Gestört: Wenn sie sich abgelehnt fühlen, grollen gestörte Zweien und beklagen sich bitterlich. Sie verfallen schließlich auf extremen Selbstbetrug, was ihre Motive, ihre angebliche Aggressivität und ihren Egoismus betrifft, werden manipulativ und eigennützig, richten andere langsam zugrunde und kehren ihre Schuldgefühle und Schwächen heraus. Sie neigen dazu, herabsetzende, geringschätzige Bemerkungen zu machen; schließlich reißen sie die Zügel an sich, werden herrschsüchtig und fühlen sich dazu berechtigt, alles zu bekommen, was sie wollen: Sie verlangen, daß Gefälligkeiten, die sie einmal erwiesen haben, erwidert werden, wollen Geld als Zeichen der Dankbarkeit und erwarten besondere Vergünstigungen. Da sie für alles, was sie tun, eine vernünftige Erklärung und Entschuldigung haben, fühlen sie sich durch die Undankbarkeit anderer ausgenutzt und mißbraucht. Unterdrückte Wut äußert sich in psychosomatischen Problemen ("Konversionsreaktionen").

Desintegrationslinie: Gestörte Zweien sind aufgebracht und wütend über die ungerechte Behandlung von seiten anderer. Während ihrer Entwicklung zu Typ acht hin schlagen sie auf diejenigen los, die nicht so auf sie reagiert haben, wie sie es wollten. Gestörte Zweien neigen unter Umständen zu körperlicher Gewalttätigkeit und sogar Mordlust gegenüber denen, die ihnen nahestehen, gerade den Leuten, für die sie nichts als die freundlichsten, zärtlichsten Gefühle zu haben glauben.

Integrationslinie: Wenn sich gesunde Zweien zu Typ vier hin entwickeln, kommen sie mit ihren wahren Gefühlen in Berührung und werden sich ihrer selbst so, wie sie wirklich sind, bewußt. Sie werden emotional ehrlich und erkennen ihre Aggressionen und zweifelhaften Motive ebenso klar, wie sie ihr positives Selbstbild angenommen haben. Indem sie sich vorbehaltlos ihres wahren Wertes wegen lieben, geht ihnen auf, daß sie nicht rundum gut sein müssen, um geliebt zu werden. Sie können sich selbst getreu bleiben und dennoch mehr von sich offenbaren; dadurch werden ihre Beziehungen ehrlicher, menschlicher, wechselseitiger und befriedigender.

Ursprünge in der Kindheit: Sie identifizieren sich ambivalent mit dem Vater oder einer Vaterfigur (siehe *PT,* S. 84f.). Der Schlüsselfaktor ist der, daß Zweien als Kinder gelernt haben, sich in die Familie einzufügen, indem sie anderen dienten und so deren Liebe und Beifall gewannen, angefangen beim Vater. Vielleicht haben sie auch gelernt, gegenüber den Geschwistern die Rolle des "Mütterchens" oder "Papis" zu spielen und sich so das Lob des abwesenden oder sonstwie fernen Vaters zu erwirken.

Grundangst: in ihrem Wesen ungeliebt und unerwünscht zu sein (siehe *PT,* S. 83).

Grundbedürfnis: geliebt zu werden (siehe *PT,* S. 82f.).

Sekundärmotivation: Zweien wollen ihre Gefühle für andere zum Ausdruck bringen, ihnen helfen, bewundert werden für das, was sie tun, auf andere Eindruck machen, mit ihnen auf du und du sein, von ihnen gebraucht werden, Kontrolle über andere ausüben und finden die Forderungen, die sie an andere stellen, gerechtfertigt.

Gesundes Selbstgefühl: "Ich bin ein mitfühlender, liebevoller Mensch."

Stille Klage: "Ich bin immer liebevoll, während andere mich längst nicht so lieben wie ich sie."

Hauptabwehrmechanismen: Identifikation, Reaktionsbildung, Verleugnung.

Charakteristische Versuchung: zu denken, sie hätten stets die besten Absichten. Durchschnittliche Zweien meinen oft, ganz und gar wohlmeinend und anderen gegenüber stets liebevoll zu sein, und das ganz ohne versteckte Motive oder eigene emotionale Bedürfnisse. Sie erkennen weder ihre eigenen Bedürfnisse, noch sehen sie, daß sie meist andere dazu benutzen, sie zu erfüllen.

Charakteristische Untugend: Aufgeblasenheit. Die Art von Stolz, die sich bei Zweien als besondere Zufriedenheit mit ihrer Tugendhaftigkeit oder ihrem tugendhaften Handeln äußert. Sie meinen, ihre Güte spräche für sich selbst, so daß ihre Tugendhaftigkeit gelobt, ihre Bescheidenheit gepriesen, ihre Selbstaufopferung vergolten, ihre Großzügigkeit erwidert würde und so weiter.

Charakteristische Tugend: selbstlose Wohltätigkeit. Sehr gesunde Zweien lieben uneigennützig, ohne einen Gedanken an sich selbst, ohne Dank oder einen Gegenwert zu erwarten oder auch nur die Wertschätzung und Anerkennung derer, für die sie etwas tun. Sie streben danach, uneigennützig Gutes zu tun und anderen um ihrer selbst willen zu helfen, ungetrübt von Egoismus oder dem Gedanken an eine Belohnung.

Rettungsanker: Obwohl ihr Stolz und ihre Selbstüberhebung zunehmen, haben durchschnittliche Zweien immer noch genügend aufrichtiges Einfühlungsvermögen für andere, daß sie nicht in offene Manipulation oder zwanghaft herrschsüchtiges Verhalten abgleiten. Ihre gesunde Fähigkeit, sich mit anderen zu identifizieren, kann ein Katalysator für sie sein, der ihnen hilft, zu gesünderen Einstellungen und Verhaltensweisen zurückzufinden.

Empfehlungen für das persönliche Wachstum: siehe Kapitel 8.

Persönlichkeitsstruktur: Hier ist der Grundton die *Indirektheit*. Persönliche Bedürfnisse und Wünsche werden indirekt zum Ausdruck gebracht, durch den Dienst an anderen. Durchschnittliche bis gestörte Zweien holen sich von anderen das, was sie wollen, ohne es laut auszuposaunen. Uneingestandene Bedürfnisse, heimliche Ansprüche und verborgene Motive verursachen Spannung und Konflikte zwischen ihren liebevollen, einfühlsamen, positiven Empfindungen und ihren unbewußten Ressentiments und Aggressionen – oft denselben Menschen gegenüber. Diese inneren Konflikte können sich sowohl in aggressivem Verhalten anderen gegenüber äußern (in Form von Anmaßung und Herrschsucht) als auch in Aggressionen gegen sich selbst (in Form von Selbstaufopferung und moralischem Masochismus). Obwohl ihre inneren Konflikte ständig unterdrückt werden, fordern ihre aggressiven Impulse im eigenen Unbewußten und in ihren Beziehungen ihren Tribut. Darum zeichnet sich ein Muster sozialer und innerpsychischer Spannungen ab, das oft bewußtes Leid und körperliche Beschwerden mit sich bringt.

Unvermeidliche Konsequenzen: Wie jeder Typ, der sich auf dem Kontinuum abwärts bewegt, entfernen sich gestörte Zweien unweigerlich von ihrem Grundbedürfnis (geliebt zu werden), während zugleich ihre Grundangst (in ihrem Wesen ungeliebt und unerwünscht zu sein) über sie hereinbricht. Je manipulativer und zwanghaft herrschsüchtig sie werden und je mehr ihre Dominanz und aufgeblähte Selbstüberhebung zunimmt, um so weniger halten es andere in ihrer Nähe aus. (Es entbehrt nicht einer gewissen Komik, daß an den Reaktionen anderer eigentlich abzulesen ist, wie liebevoll oder selbstüberheblich Zweien entgegen ihrem selbstbetrügerischen Selbstbild wirklich sind. Wenn sie ständig soziale Probleme haben, liegt die Ursache ihrer Probleme höchstwahrscheinlich in ihnen selbst begründet, nicht in anderen.)

Für Zweien ist einzig wichtig, daran zu denken, daß sie sich mit ihrem Anspruch, liebevoll zu sein und nur dem Wohle anderer dienen zu wollen, dem allerhöchsten Ideal verschrieben haben und danach auch beurteilt werden. Wenn sie liebevoll sein wollen, müssen sie anderen freiwillig etwas geben können. Um das zu schaffen, müssen sie fortwährend über ihr Ego hinausgehen.

In dem Augenblick, in dem sie Aufmerksamkeit auf sich ziehen oder Lob erwarten für das, was sie anderen geben, schlagen sie die falsche Richtung ein, werden letztlich nur frustriert und leiden.

PERSÖNLICHKEITSTYP DREI:
DER MACHER

Der selbstsichere, ehr-
geizige, narzißtische,
psychopathische Mensch

Erweitertes Persönlichkeitsprofil
Gesund: Gesunde Dreien sind selbstbewußt, fühlen sich begeh-renswert und sind von hoher Selbstachtung erfüllt, da sie an sich und ihren Wert glauben. Sie sind anpassungsfähig, energisch, oft attraktiv, charmant und beliebt. Bestrebt, sich zu verbessern und so gut zu sein wie nur möglich, sind sie häufig auf irgendeine Weise überragend; sie sind von Grund auf liebenswert, ein menschliches Vorbild und verkörpern allseits beliebte Qualitäten. Andere möchten wie sie sein und es ihnen leistungsmäßig gleich-tun. Sie sind sehr kommunikativ, verstehen es, andere zu moti-vieren, und sind gute Promoter, die wissen, wie man etwas auf ansprechende, bewundernswerte Weise präsentiert. *Sehr gesund* sind sie mit sich selbst zufrieden, selbstbestimmt, aufrichtig und

glaubwürdig: Sie scheinen alles in sich zu vereinen. Sie kennen ihre Grenzen und leben danach, in ihrer eigenen "Mitte".

Durchschnittlich: Dreien neigen zu Konkurrenzdenken und beginnen, sich über andere erheben zu wollen: sich auf dem Weg zum Erfolg, zu Ansehen und Prestige mit anderen zu messen. Als gesellschaftliche Aufsteiger sind ihnen Exklusivität, Karriere und "Siegertum" wichtig. Sie sind pragmatisch, zielstrebig und effizient, aber auch berechnend und völlig ungerührt hinter einer kühlen, glatten Fassade. Imagebewußt, wie sie sind, liegt ihnen viel daran, bei anderen anzukommen; sie wollen glaubwürdig wirken und das rechte Bild abgeben, das Richtige sagen und Erwartungen erfüllen, indem sie sich entsprechend darbieten. Sie sind wie Chamäleons, bedienen sich der Sprache, die gerade "in" ist und stellen Stil über Qualität. Probleme treten auf bei bindenden Verpflichtungen und menschlicher Nähe durch Unehrlichkeit und Heuchelei. Sie wollen andere mit ihrer haushohen Überlegenheit beeindrucken und sind daher ständig damit beschäftigt, sich in Szene zu setzen und besser zu wirken, als sie eigentlich sind. Sie sind narzißtisch und anmaßend und fühlen sich als etwas "Besonderes", so überzeugt sind sie von sich in ihrer Aufgeblasenheit, und sie setzen die höchsten Erwartungen in sich und ihre Fähigkeiten. Aus Feindseligkeit und Verachtung gegenüber anderen werden sie arrogant und exhibitionistisch, als wollten sie sagen: "Seht mich doch an!"

Gestört: Aus Angst, zu versagen und gedemütigt zu werden, können gestörte Dreien ausbeuterisch und opportunistisch sein, nur auf sich selbst bedacht und darauf aus, andere zu benutzen, um selbst oben zu bleiben. Unter Umständen sind sie gemeine, hinterlistige, notorische Lügner und suchen andere zu übervorteilen, wo immer sie können. Sie sind vollkommen unzuverlässig, agieren heimtückisch, betrügen die Leute, fallen Freunden und

Kollegen in den Rücken und ruinieren den guten Ruf anderer sowie ihre Beziehungen aus reiner Lust am Triumph. Unbewußt entwickeln sie ungerechtfertigte Eifersucht gegenüber anderen. Verschlagen und doppelzüngig bewahren sie sich ihr Image und passen auf, daß ihr Betrug nicht durchschaut wird. Schließlich werden sie rachsüchtig und auf teuflische Weise sadistisch und versuchen, andere zugrunde zu richten. Es bestehen gewalttätige, psychopathische Tendenzen, so daß sie vor Folter, Erniedrigung und letztlich sogar Mord nicht zurückschrecken.

Desintegrationslinie: Gestörte Dreien entwickeln so viel Arglist, sind so sehr darauf aus, andere zu ruinieren, und werden so von ihrer Feindseligkeit verzehrt, daß sie durchaus auf andere losgehen. Wenn ihnen plötzlich klar wird, daß sie zu weit gegangen sind, erwachen nicht etwa Angst- oder Schuldgefühle, sondern jegliches Gefühl, das sie empfunden haben mögen, wird jäh "abgeschaltet". Bei ihrer Entwicklung zur Neun hin trennen sich desintegrierte Dreien von ihren feindseligen Gefühlen, mit dem Ergebnis, daß sie überhaupt nichts mehr fühlen. Statt angesichts dessen, was sie getan haben mögen, Reue zu empfinden oder Angst zu bekommen, sind sie wie "ausgebrannt", entpersönlicht und katatonisch, wobei sich ihre innere Leere offenbart.

Integrationslinie: Wenn sich gesunde Dreien zur Sechs hin entwickeln, kümmern sie sich mehr um andere und fühlen sich dadurch innerlich in ihrem Wert bestätigt. Ihre Nächstenliebe stärkt paradoxerweise ihr Selbstwertgefühl. Dreien auf dem Weg zur Integration werden realistischer – aufrichtiger und menschlich reifer – durch eine wechselseitige Beziehung. Dann sind sie nicht mehr Konkurrenten, sondern kooperativ, spielen nicht mehr unbegründeterweise den Überlegenen, sondern sind gleichgestellt, beuten niemanden mehr aus, sondern fühlen sich anderen und ihrem Wohlergehen verpflichtet.

Ursprünge in der Kindheit: Es besteht eine positive Identifikation mit der Mutter oder einer Mutterfigur (siehe *PT*, S. 122-124). Wesentlich ist, daß Dreien als Kinder zu hoher Selbstachtung erzogen worden sind und durch die Aufmerksamkeit und das Lob, das ihnen ihre Mütter zumindest in der frühen Kindheit haben zukommen lassen, auch von anderen Aufmerksamkeit und Lob erfahren.

Grundangst: abgelehnt zu werden (*PT*, S. 155).

Grundbedürfnis: akzeptiert (bestätigt) zu werden (*PT*, S. 126).

Sekundärmotivationen: Dreien wollen die Besten sein, andere überragen und sich abheben, sie wollen bewundert werden, Eindruck machen, tun und lassen, was immer nötig ist, um oben zu bleiben, und, wenn sie nicht die Überlegenen sein dürfen, andere ruinieren.

Gesundes Selbstgefühl: "Ich bin ein beneidenswerter, bewundernswerter Mensch."

Stille Klage: "Ich bin allen überlegen, und andere beneiden mich."

Hauptabwehrmechanismen: Verdrängung, Projektion, Ersatzhandlungen.

Charakteristische Versuchung: mit anderen zu konkurrieren. Durchschnittliche Dreien wollen sich in irgendeiner Weise hervortun, um ihre hohe Selbstachtung und ihre Überlegenheitsgefühle bestätigt zu finden. Sie fangen an, sich mit anderen zu vergleichen, schauen auf sie herab und bemühen sich, sie im offenen oder heimlichen Wettbewerb zu schlagen, um ihre totale Überlegenheit unter Beweis zu stellen.

Charakteristische Untugend: Trägheit bei der eigenen Weiterentwicklung. Durchschnittliche Dreien widmen sich lieber der Imagepflege und der Perfektionierung ihrer "Verpackung" statt der Entwicklung ihres wahren Selbst. Unter der perfekten Oberfläche jedoch sind sie weniger vollkommen, als es den Anschein hat, weil sie ihr echtes Selbst und ihre Talente vernachlässigen und nur das tun, was Erfolg verspricht und ihnen einträgt, was sie wollen. (Andere Autoren führen "Falschheit" als Untugend der Drei an; das ist durchaus richtig, aber der Falschheit der Drei geht voraus, daß sie zu faul ist, sich wirklich weiterzuentwickeln. Darum ist hier die Trägheit als Hauptlaster genannt.)

Charakteristische Tugend: maßvolle Eigenliebe. Wenn gesunde Dreien das rechte Maß an Eigenliebe haben, scheuen sie weder Zeit noch Mühe, um möglichst viel aus sich herauszuholen, ohne mit irgend jemandem in Konkurrenz zu treten oder über die eigenen Grenzen hinauszuschießen. Ihre maßvolle Eigenliebe gründet sich auf Bescheidenheit und eine realistische Einschätzung ihrer Fähigkeiten, nicht auf ein narzißtisches, aufgeblähtes Selbstbild. Maßvolle Eigenliebe bringt die Drei auch dazu, andere aufrichtig zu lieben und sich so in Richtung Integration zu bewegen.

Rettender Anker: Trotz ihres wachsenden Narzißmus und zunehmender Arroganz können durchschnittliche Dreien durch ihr Verlangen, von anderen akzeptiert zu werden, davor bewahrt werden, sich weiter negativ zu entwickeln und im Zuge dieser Entwicklung andere auszubeuten oder anzufeinden. Ihr gesunder Wunsch, bei anderen Anerkennung zu finden, kann sie zu einem ausgewogeneren, gesünderen Verhalten anleiten.

Empfehlungen für das persönliche Wachstum: siehe Kapitel 8.

Persönlichkeitsstruktur: Das Grundmuster ist die *Wandlungsfähigkeit*. Dreien finden ihre Identität und gehen Wechselbeziehungen mit anderen ein, indem sie sich anpassen, den Erwartungen anderer entsprechen und sich nach dem "Feedback" richten, das sie bekommen. Unter ihrer Fassade des scheinbaren Könnertums und der Unabhängigkeit sind durchschnittliche bis gestörte Dreien insgeheim abhängig von der Anerkennung anderer und verändern sich wie Chamäleons, um sich möglichst viel Aufmerksamkeit und Bestätigung zu sichern. Das innere Muster durchschnittlicher Dreien zeigt daher emotionale Defizite auf, die durch eine hervorragende Fähigkeit zu gesellschaftlicher Interaktion und Anpassung verdeckt werden. Nach außen hin verändert sich ihr Image dauernd, je nachdem, mit wem sie Umgang pflegen und welche sozialen Erwartungen in sie gesetzt werden.

Unvermeidliche Konsequenzen: Die unvermeidliche Folge der Egoinflation von Dreien ist die, daß sie ihrem Grundbedürfnis (akzeptiert zu werden) zuwiderhandeln und damit unweigerlich ihre Grundangst (abgelehnt zu werden) stärken (siehe *PT,* S. 155f.). Ihre Suche nach Anerkennung endet kaum jemals damit, daß sie ihre Überlegenheit beweisen, sondern daß sie abgelehnt werden, weil sie nicht der sind, der sie zu sein vorgeben. Wenn sie mit anderen ein falsches Spiel treiben, wird nicht das mustergültige Vorbild in ihnen gesehen, das sie gerne wären, vielmehr das, was sie wirklich sind: arglistige, hohle Menschen. Dreien, die bewundert werden wollen, müssen unbedingt etwas schaffen, das auch wirklich Bewunderung verdient. Sie müssen sich ein lohnendes Ziel setzen und erst noch so werden, wie sie zu sein scheinen. Alles andere ist unwahr, und wenn Dreien mit ihren falschen Behauptungen über sich selbst zu weit gehen, werden sie aller Wahrscheinlichkeit nach bloßgestellt und stoßen sich selbst von ihrem hohen Sockel. Nur in dem Maße, in dem sie echte Werte hochhalten, werden Dreien auch wahrhaft bewunderungswürdig. Sonst sind der Demütigung und Ablehnung Tür und Tor geöffnet.

PERSÖNLICHKEITSTYP VIER:
DER KÜNSTLER

Der kreative, individuali-
stische, introvertierte,
depressive Mensch

Erweitertes Persönlichkeitsprofil

Gesund: Gesunde Vieren sind in sich gekehrt, gehemmt, auf der
"Suche nach sich selbst" und mit ihren Gefühlen und inneren
Impulsen in Berührung. Sie zeigen im Umgang mit sich selbst
und anderen Sensibilität und Intuition, sind leidenschaftlich, takt-
voll, diskret und respektvoll gegenüber anderen. Außerdem sind
sie starke Persönlichkeiten, die ihre Privatsphäre über alles lieben, und Individualisten. Sie sind gern allein und lassen ihren
inneren Impulsen Zeit, ins Bewußtsein zu dringen. Sie verbergen
nichts, sind emotional aufrichtig, wahrhaftig und sich selbst getreu. Das Leben und sich selbst betrachten sie mit einer gewissen
Ironie: Sie können ernst und auch komisch sein, leicht gerührt
und doch emotional stark. *Sehr gesund* sind sie überaus kreativ
und bringen Allgemeines und Persönliches zum Ausdruck, möglicherweise in einem begnadeten Kunstwerk. In ihrer Privatsphäre erholen und erneuern sie sich, denn sie besitzen die Fähigkeit,
sich in aller Ruhe regenerieren zu können und all ihre Erfahrungen in etwas Wertvolles umzusetzen.

Durchschnittlich: Statt die Selbstverwirklichung zu wagen, entwickeln durchschnittliche Vieren eine gekünstelte, ästhetische,

romantische Einstellung zum Leben und bringen die eigenen Gefühle nur indirekt durch etwas Schönes zu Ausdruck. Sie intensivieren die Wirklichkeit durch Phantasie und Imagination und durch starke leidenschaftliche Gefühle. Unter Umständen sind ihre Emotionen zuviel für sie: Um sich mit ihren Gefühlen auseinanderzusetzen, ziehen sie sich zurück, werden in sich gekehrt, gehemmt und scheu. Sie beginnen, fortwährend an sich selbst zu zweifeln und nehmen alles persönlich, werden überempfindlich und fühlen sich "anders", als "Außenseiter". Sie sind Stimmungsschwankungen unterworfen, leicht verletzt und emotional verwundbar. Sie sehnen sich danach, von ihrer Gehemmtheit und der schmerzlichen Melancholie loszukommen, die diese mit sich bringt. Ihr Gefühl, anders zu sein, wächst, und darum entfernen sie sich von einem Leben, wie andere es führen. Selbstmitleid führt dazu, daß sie sich auf verschiedenste Weise gehenlassen – dekadenten Sinnesfreuden nachgehen und in eine Welt der Träume, Illusionen und unrealistischen Erwartungen absinken. Dennoch sind sie erstaunlich eigenwillig, voller Verachtung, kraftlos, unpraktisch und unproduktiv.

Gestört: Wenn ihre Träume (Phantasien und Erwartungen) unerfüllt bleiben, werden gestörte Vieren wütend auf sich und bekommen schwere Depressionen, sie schämen sich ihrer selbst und entfremden sich anderen durch ihre Gehemmtheit und emotionale Gelähmtheit. Zutiefst erschöpft, geistig verwirrt, emotional "blockiert" und unfähig, zu arbeiten oder in Gang zu bleiben, haben sie schließlich das Gefühl, alles sei vergeblich und sinnlos. Da sie in ihrer Einbildung von Selbstverachtung, Selbsthaß, Selbstvorwürfen, morbiden Gedanken geplagt und von Versagensängsten gepeinigt sind, wird alles zum Anlaß für vernichtende Selbstbeschuldigungen. In dem Gefühl der Wert- und Hoffnungslosigkeit verzweifeln sie und werden selbstzerstörerisch, indem sie unter Umständen in Alkohol- oder Drogenmißbrauch flüchten, um ihrem erdrückend negativen Selbsthaß zu entgehen. Im Extremfall ist ein emotionaler Zusammenbruch oder Selbstmord zu erwarten.

Desintegrationslinie: Gestörte Vieren verzweifeln daran, sich je selbst verwirklichen zu können; wenn sie sich zur Zwei hin entwickeln, dann womöglich infolge eines Nervenzusammenbruchs. Da sie sozusagen "außer Betrieb" sind, nötigen sie jemand anders, sich um sie zu kümmern. Das wirft jedoch ernste Probleme auf, da in Desintegration begriffene Vieren sich selbst hassen und wahrscheinlich sogar die Beziehungen zerstören, auf die sie angewiesen sind. Sie leben bei ihren Eltern oder bei einem Freund, oder sie werden in eine Anstalt eingewiesen, wo sie entweder rechtzeitig die nötige fachkundige Hilfe erhalten oder dem Wahnsinn verfallen und schließlich vielleicht Selbstmord begehen.

Integrationslinie: Wenn sich gesunde Vieren auf die Eins zubewegen, indem sie über ihre Gehemmtheit und Introvertiertheit hinauswachsen, werden sie nicht länger von ständig wechselnden Gefühlen beherrscht. Dann handeln sie eher nach objektiven Grundsätzen und nicht aus einer subjektiven Laune heraus; statt sich zügellos gehen zu lassen, entwickeln sie Selbstdisziplin. Sie betrachten sich nicht mehr als anders und haben nicht mehr das Gefühl, nicht arbeiten zu müssen; auf diese Weise schaffen sie sich einen Platz in der wirklichen Welt. Indem sie sich in Selbstbeherrschung üben, versetzen sie sich in die Lage, anderen öfter etwas von ihrem emotionalen Reichtum abzugeben mit einer Kreativität, auf die sie sich verlassen können.

Ursprünge in der Kindheit: Vieren identifizieren sich mit keinem Elternteil, sie fühlen sich von den Eltern preisgegeben oder in irgendeiner Weise falsch verstanden (siehe *PT,* S. 163). Der

Schlüsselfaktor in der frühkindlichen Entwicklung von Vieren ist der, daß sie aufgrund fehlender Rollenvorbilder gezwungen waren, sich eine eigene Identität zu schaffen, indem sie sich den Gefühlen im eigenen Innern und ihrer Imagination zuwandten.

Grundangst: in irgendeiner Weise defekt oder fehlerhaft zu sein (*PT,* S. 163f.).

Grundbedürfnis: sich selbst verstehen (und "verwirklichen") zu können (*PT,* S. 169).

Sekundärmotivationen: Vieren wollen sich selbst zum Ausdruck bringen und etwas Schönes schaffen, das anderen vermittelt, wer sie sind, sich von den Menschen zurückziehen, um sich über ihre Gefühle klarzuwerden und diese zu schützen, sich erst mit ihren Gefühlen auseinandersetzen, ehe sie sich auf irgend etwas anderes einlassen, und sich verwöhnen, um das wettzumachen, was sie in der wirklichen Welt vermissen.

Gesundes Selbstgefühl: "Ich bin ein intuitiver, sensibler Mensch."

Stille Klage: "Ich bin anders als andere und habe das Gefühl, nicht wirklich dazuzugehören."

Hauptabwehrmechanismen: Introjektion, Verdrängung, Selbstangriff.

Charakteristische Versuchung: Überstrapazieren der Imagination auf der Suche nach sich selbst. Durchschnittliche bis gestörte Vieren glauben, sich selbst und dem Sinn ihrer Gefühle auf die Spur zu kommen, wenn sie sich in eine Phantasiewelt zurückziehen. Dabei verlieren sie sich in ihren Vorstellungen, statt sich zu finden, indem sie sich in der Wirklichkeit engagieren. Sie geben sich ihren Phantasien hin, statt sich mit der Realität auseinanderzusetzen, und flüchten in eine Vorstellungswelt, in der sie sich gestatten, etwas zu empfinden und jemand zu sein, verschwenden also ihre Zeit und Kraft an Illusionen.

Charakteristische Untugend: Neid. Durchschnittliche bis gestörte Vieren beneiden andere, weil sie so normal und unbekümmert wirken; andere scheinen angepaßt zu sein und sich nicht so unbeholfen und gehemmt in der Gesellschaft zu bewegen, wie die Vieren es von sich selbst glauben. Vieren neigen dazu, sich als Außenseiter zu fühlen, die nirgendwo hingehören, und sie beneiden solche, die einen Platz haben.

Charakteristische Tugend: emotionale Ausgeglichenheit. Gesunde Vieren wissen, daß sie es mit dem Leben aufnehmen können, daß sie sich nicht von jedem Gefühl verwunden und "umwerfen" zu lassen brauchen. Selbst negative Erfahrungen können in etwas Positives umgemünzt werden, und so finden die Vieren in dem Bewußtsein ihren Frieden, daß sie alles in etwas Lohnendes, Wertvolles umwandeln können.

Rettungsanker: Obwohl sie sich immer mehr gehenlassen, sich von anderen Menschen zurückziehen und sich viele schlechte Gewohnheiten zulegen, besitzen durchschnittliche Vieren immer noch so viel Selbstbewußtsein, daß sie wissen, was sie sich antun. Ihre Ehrlichkeit sich selbst gegenüber kann sie davor bewahren, sich noch weiter negativ zu entwickeln.

Empfehlungen für das persönliche Wachstum: siehe Kapitel 8.

Persönlichkeitsstruktur: Der Grundton heißt *Subjektivität,* und im Gesamtmuster werden Konflikte zwischen subjektiven Gefühlen und Impulsen sichtbar – und zwischen dem Bedürfnis, sie zum Ausdruck zu bringen oder sie zurückzuhalten. Die Gehemmtheit der Vieren ist durch die Aggressionen begründet, die sie gegen sich selbst richten aus dem Schuldgefühl heraus, die Liebe ihrer Eltern nicht verdient zu haben. Während ihres allmählichen Zerfalls zeichnet sich das Muster einer abwärts und nach innen führenden Entwicklungsspirale ab, die in die totale Abkapselung einmündet, bis sich die Vieren anderen Menschen und paradoxerweise sogar sich selbst vollkommen entfremdet haben.

Wenn sie dieses Muster von Introversion und Selbstbespiegelung nicht durchbrechen, werden sie am Ende von einem negativen Selbstwertgefühl, das sich durch nichts Positives verdrängen läßt, beherrscht.

Unvermeidliche Konsequenzen: Bei Vieren hat die Egoinflation (durch Phantasien und subjektives Sichzurückziehen) unweigerlich zur Folge, daß sie von ihrem Grundbedürfnis (sich zu verwirklichen) abkommen und dafür ihre Grundangst wachsen lassen, sie wären auf nicht wiedergutzumachende Weise tiefgreifend defekt (siehe *PT,* S. 196f.). Je ichbezogener Vieren auf ihrer "Suche nach sich selbst" werden, um so mehr stärken sie unwissentlich Gewohnheiten, die immer schwerer abzuändern sind. Sobald sie sich in ihre Phantasiewelt zurückziehen und ein Engagement in realistischen Aktivitäten vermeiden, sollten sie sich klarmachen, daß sie die falsche Richtung einschlagen.

Vieren finden nur zu sich selbst, wenn sie über ihre Gefühle hinausgehen. Sie müssen über ihre selbstbegründete Gehemmtheit hinauswachsen, indem sie fest daran glauben, sich verwirklichen zu können, wenn sie sich auf die wirkliche Welt einlassen. Statt sich unnützen Träumereien hinzugeben, müssen sie ein aktives, realistisches Interesse am eigenen Leben entwickeln – so seltsam das klingen mag. Vieren wissen jedoch, was das heißt: daß sie sich das Leben nicht länger nur vorstellen dürfen, sondern es endlich leben müssen.

PERSÖNLICHKEITSTYP FÜNF:
DER DENKER

Der scharfsichtige, ana-
lysierende, exzentrische,
paranoide Mensch

Erweitertes Persönlichkeitsprofil
Gesund: Gesunde Fünfen sind dazu fähig, alles mit außergewöhnlicher Wahrnehmungsfähigkeit und Einsicht zu beobachten. Sie sind geistig rege, wißbegierig und von Forschungsdrang
erfüllt: Sie stellen aufgrund ihrer außerordentlich feinen Wahrnehmung die richtigen Fragen. Sie können sich gut konzentrieren,
gehen ganz in dem auf, was ihre Aufmerksamkeit erregt, und
können voraussehen und voraussagen, wie eine Kette von Ereig-
nissen wahrscheinlich ausgehen wird. Sie lernen gern, sind begeistert davon, Kenntnisse zu besitzen, und werden oft Experten
auf einem bestimmten Gebiet. Als unabhängige Denker mit In-
novations- und Erfindungsgeist kommen sie auf äußerst nützliche, originelle Ideen. *Sehr gesund* sind sie wahre Entdecker, die
die Welt tiefschürfend ergründen und weitgehend zu verstehen
suchen. Sie sind aufgeschlossene Visionäre und sehen die Dinge
in ihrer Ganzheit, stellen den richtigen Zusammenhang her und
sehen alles so, wie es tatsächlich ist. Unter Umständen leisten sie
Pionierarbeit und entdecken etwas vollkommen Neues: Sie sind
oft brillante Denker und manchmal Genies von historischem
Rang.

Durchschnittlich: Durchschnittliche Fünfen spezialisieren sich, sie analysieren und sezieren die Dinge dauernd und machen eine Wissenschaft aus allem: Sie sind Forscher und Gelehrte, wenden wissenschaftliche Methoden an, sammeln empirische Daten, entwickeln Theorien. Wenn sie über höchst komplizierte abstrakte Ideen nachsinnen, heben sie leicht ab und gehen lieber etwaigen Deutungen und Möglichkeiten nach als den tatsächlichen Daten und Fakten. Sie vertiefen sich in Details, in esoterische, abstruse Themen und komplizierte Theorien und sehen dabei bald vor lauter Bäumen den Wald nicht mehr, weil sie den eigentlichen größeren Zusammenhang aus den Augen verlieren. Allmählich entwickeln sie sich zu "Geist ohne Körper", sind allerdings reizbar und sehr aggressiv, um sich davor zu schützen, emotional gefordert oder fortgerissen zu werden. Sie vertreten ihre Ideen mit aller Bestimmtheit, weil das etwas ist, an dem sie sich festhalten können: Sie kommen zu voreiligen Schlußfolgerungen, legen Fakten ihren Theorien entsprechend aus, ziehen ständig Rückschlüsse, beugen Tatsachen nach ihren Vorstellungen. Bei Meinungsverschiedenheiten werden sie streitbar, schroff und zynisch – andere sind eben zu dumm, um sie zu verstehen. Eifersüchtig wachen sie über ihre "Entdeckungen". Ihre provozierenden, bilderstürmerischen Interpretationen zeugen manchmal von guten Einsichten, aber auch von weithergeholten Halbwahrheiten.

Gestört: Indem sie alle sozialen Bindungen von sich weisen und abbrechen, ziehen gestörte Fünfen sich zurück und isolieren sich von ihren Mitmenschen und der Wirklichkeit; sie werden immer verschwiegener, sonderbarer, exzentrischer und labiler. Antagonisten und Spötter sind sie, die jedoch selbst Angst vor den Aggressionen anderer haben und zunehmend argwöhnischer werden bis hin zur geistigen Erschöpfung. Sie sind von ihren eigenen

Ideen besessen, die sie zugleich fürchten, weil sie ihnen als bedrohlich erscheinen, und so werden sie paranoid, sehen alles nur noch im Zerrspiegel, entwickeln Phobien und Wahnvorstellungen. Schließlich verlieren sie allen Bezug zur Wirklichkeit und enden möglicherweise im Irrsinn mit schizophrenen Tendenzen.

Desintegrationslinie: Gestörte Fünfen haben sich nach und nach vollkommen isoliert und sind unfähig, effektiv mit ihrer Umgebung klarzukommen; wenn sie sich zur Sieben hin entwickeln, werden sie impulsiv und handeln unberechenbar und hysterisch. Ihre Kopflastigkeit hat sie in viele Schwierigkeiten gebracht, deshalb denken sie nun nicht mehr, sondern handeln blindlings. Gestörte Fünfen sind labil und rücksichtslos, sie stürzen sich auf jede scheinbare Lösung ihrer Probleme, wobei sie sich häufig mehr schaden als nützen.

Integrationslinie: Wenn sich gesunde Fünfen auf Typ acht zubewegen, handeln sie aus dem Wissen um ihre eigene Meisterschaft heraus; sie haben genug gelernt, um danach zu handeln und voller Vertrauen andere zu leiten. (Ihnen ist auch klar, daß sie zwar nicht alles wissen, aber wohl doch mehr als andere.) Sie identifizieren sich nicht mehr mit ihren Theorien, sondern mit realen Projekten; infolgedessen fühlen sie sich jetzt sicherer als vorher bei ihrer theoretischen Beschäftigung mit der Welt oder ihrer Abkehr davon.

Ursprünge in der Kindheit: Fünfen haben eine ambivalente Einstellung zu beiden Elternteilen oder Elternfiguren (siehe *PT,* S. 204f.). Ein Hauptfaktor ist die Ungewißheit, in die andere Menschen Fünfen stürzen (angefangen bei der Ambivalenz gegenüber den Eltern); sie haben rasch gelernt, sich und ihre Sicherheit zu wahren, indem sie auf mögliche Bedrohungen von seiten anderer achten. (Wie bei anderen Typen besteht möglicherweise auch eine erbliche Grundlage für die Persönlichkeitsbildung von Typ fünf, obwohl bei diesem Typ doch eine überaktive Hirntätigkeit die maßgebliche Rolle spielen dürfte.)

Grundangst: von anderen bedroht oder überwältigt zu werden (siehe *PT,* S. 201f.).

Grundbedürfnis: ihre Umwelt verstehen zu können (siehe *PT,* S. 198f., S. 208f.).

Sekundärmotivationen: Fünfen wollen alles verstehen, alles beobachten, intellektuelle Gewißheit haben, alles auf eine einheitliche Idee zurückführen; sie lehnen ab, was nicht mit ihren Vorstellungen übereinstimmt, und isolieren sich von allem, was ihnen bedrohlich erscheint.

Gesundes Selbstgefühl: "Ich bin ein intelligenter, wahrnehmungsfähiger Mensch."

Stille Klage: "Ich bin so schlau, daß niemand die Dinge versteht, die ich verstehe, oder sie so zu würdigen weiß wie ich."

Hauptabwehrmechanismen: Verdrängung, Projektion, Isolation.

Charakteristische Versuchung: alles analysieren zu wollen. Durchschnittliche bis gestörte Fünfen denken buchstäblich zuviel, und zwar sowohl in den falschen Kategorien als auch unter den falschen Umständen. Sie sind davon überzeugt, daß sie durch beständiges Analysieren Einsichten erhalten, so daß sie ihre Umgebung unter Kontrolle halten können, indem sie voraussagen, was als nächstes geschieht – und sich dadurch nötigenfalls auch gegen sie verteidigen können. Während sie sich von der Wirklichkeit entfernen, geraten durchschnittliche bis gestörte Fünfen allerdings immer stärker in den Bann nebensächlicher Details, bis sie alle Perspektive verloren haben. Exzessives Analysieren ist folglich unter Umständen bei ihnen das Vorspiel zu entstellter Weltsicht und Paranoia.

Charakteristische Untugend: Habsucht. Fünfen gieren nach Wissen (Gedächtnismenschen: Sie halten fest, was sie einmal haben), nach dem Besitz allen Wissens. Sie wären gern allwissend, wüßten gern genauestens Bescheid über ihre Umgebung, hätten gern die Antwort auf alle Fragen, um vollkommen geschützt zu sein. Ihrer Meinung nach kann nichts sie überraschen, bedrohen oder überwältigen, wenn sie es rechtzeitig voraussehen und sich dagegen schützen.

Charakteristische Tugend: Verständnis. Diese Tugend ist mit der Weisheit verwandt, wenn auch nicht dasselbe. Ihr durchdringender Verstand gestattet Fünfen, viele Gesichtspunkte gleichzeitig zu erfassen, sowohl das Ganze als auch seine einzelnen Bestandteile zu erkennen. (Weisheit ist die Gabe, zu erkennen, welche Entscheidung am Ende die nützlichste ist, die Tugend der Eins.) Durch ihr Verständnis können gesunde Fünfen auch mitleidsvoll und tolerant sein ("alles verstehen heißt alles verzeihen"), statt zynisch zu sein und sich von anderen abzuwenden.

Rettungsanker: Trotz ihrer viel zu ausgeklügelten Erklärungen und abgehobenen Vorurteile können Fünfen merken, daß sie angefangen haben, um fünf Ecken herum zu denken, statt annähernd zu richtigen Schlüssen zu kommen. Wenn sie ihre eigenen Gedankengänge durchschauen, bleibt es ihnen unter Umständen erspart, weiter abzusinken und den Realitätssinn zu verlieren. Ihre gesunde Beobachtungsgabe kann ihnen dabei helfen, ihre Ideen neu zu beurteilen; umgekehrt hilft ihre Scharfsicht ihnen vielleicht, wieder ins Gleichgewicht zu kommen und zu gesunden.

Empfehlungen für das persönliche Wachstum: siehe Kapitel 8.

Persönlichkeitsstruktur: Wesentlich ist das *Engagement*. Im Brennpunkt ihrer Aufmerksamkeit liegt die Außenwelt, doch ist die Gedankenwelt die Arena, in der Fünfen agieren. Darum zeichnet sich als inneres Muster ein Denken ab, das zwar auf die Außenwelt gerichtet ist, aber vorangetrieben wird von subjektiven Impulsen (einschließlich Aggressionen). (Konflikte entstehen, wenn die subjektiven Impulse übermächtig werden und die Wahrnehmungen der Fünf verzerren.) Ihr Verstand ist unablässig tätig, durchdringend und dabei doch stets auf der Hut; sowie sie geistig heißlaufen, projizieren Fünfen unbewußt ihre subjektiven Vorstellungen auf das, was sie wahrnehmen. Äußerlich zeigt sich das Muster einer zunehmenden Realitätsferne, da Fünfen Kontakte mit der Welt ablehnen, insbesondere mit anderen Menschen. In der Gesamtstruktur sind infolgedessen paradoxe Verhaltensweisen erkennbar wie Neugier und Zurückweichen, Engagement und Distanziertheit, Sicheinlassen und Abwehr, Aggressivität und Angst vor Aggressivität, Angezogensein und Abgestoßensein usw.

Unvermeidliche Konsequenzen: Wenn Fünfen die Realität nicht mehr erkennen und ihre Ideen nicht an objektiven Fakten überprüfen, laufen sie Gefahr, vollkommen in ihren eigenen Vorstellungen aufzugehen und sich dadurch der Wirklichkeit total zu entfremden. Wie bei anderen Persönlichkeitstypen kann es auch bei Fünfen am Ende so weit kommen, daß sie ihr Grundbedürfnis (ihre Umwelt zu verstehen) aus den Augen verlieren und dafür unabsichtlich ihre Grundangst (von der Außenwelt überwältigt zu werden) schüren. Während sie mehr und mehr ihren Realitätsbezug verlieren, werden sie sich aufgrund ihrer gestörten Geistesverfassung entweder von jemand anderem oder von der Wirklichkeit bedroht fühlen. Statt sich durch ihre Verstandeskraft und Voraussicht sicher geschützt zu fühlen, werden sie davon buchstäblich in den Wahnsinn getrieben.

PERSÖNLICHKEITSTYP SECHS:
DER LOYALE

Der sympathische,
treue, abhängige, maso-
chistische Mensch

Erweitertes Persönlichkeitsprofil

Gesund: Gesunde Sechsen sind in der Lage, starke emotionale Reaktionen bei anderen auszulösen: Sie sind mitreißend, attraktiv, gewinnend, liebenswert, freundlich, ausgelassen und verstehen es, sich einzuschmeicheln. Vertrauen ist ebenso wichtig für sie wie die Bindung an andere und das Eingehen dauerhafter Beziehungen. Andere haben ein herzliches Verhältnis zu ihnen und wollen ihnen helfen und sie beschützen. Sie sind pflichtbewußt und loyal denen gegenüber, mit denen sie sich identifizieren: Familie und Freunde sind ihnen genauso wichtig wie das Gefühl, irgendwohin zu gehören. Im Umgang mit anderen sind sie kooperativ, verläßlich, verantwortungsbewußt, vertrauenswürdig, arbeitsam und zuverlässig. *Sehr gesund* sind sie selbstbewußt, haben Selbstvertrauen und sind unabhängig, obwohl sie symbiotische Wechselbeziehungen auf der Basis der Gleichwertigkeit unterhalten. Der Glaube an sich selbst führt bei ihnen zu einer positiven Grundhaltung und äußert sich in Mut, Führungsfähigkeiten, vielseitiger Kreativität und im Ausdruck der eigenen Persönlichkeit.

Durchschnittlich: Durchschnittliche Sechsen haben Angst davor,

Entscheidungen zu treffen und die Verantwortung für sich selbst zu übernehmen: Sie identifizieren sich mit einer Autoritätsfigur (oder einer Gruppe), der sie Gefolgschaft leisten. Als Traditionalisten, Angehörige eines Teams oder Mitglieder einer Organisation tun sie pflichtbewußt, was ihnen aufgetragen wird. Allmählich entwickeln sie Ambivalenz und lehnen sich gegen die Autorität auf, indem sie ein indirekt aggressives Verhalten an den Tag legen und widersprüchliche, gemischte Zeichen setzen. Ihre Ambivalenz macht Sechsen wankelmütig und unberechenbar: Sie zögern, sind unentschlossen, vorsichtig und ausweichend bei allem. Bei wachsendem Druck werden sie verdrießliche, negativistische Quertreiber. Um ihre Zweifel und inneren Spannungen zu überwinden, geben sie sich naßforsch, werden reaktionär und nehmen eine harte, rebellische Haltung an, womit sie ihre wachsende Unsicherheit überkompensieren. Sie werden streitlustig und reagieren aggressiv, wenn sie sich in ihrer Sicherheit bedroht fühlen. Sie nehmen schnell Partei und verteidigen die "eigene" Gruppe (vertreten aber bei Fremdgruppen die Auffassung, "sie sind gegen uns" und greifen an); sie neigen zu Gemeinheit und Intoleranz, stempeln andere zum Sündenbock und schlagen auf jeden ein, der ihnen bedrohlich erscheint, um damit ihre Angst und Unsicherheit zu dämpfen.

Gestört: Aus Angst davor, von einer Autoritätsfigur verurteilt und abgelehnt zu werden, wenn sie zu weit gegangen sind oder ihre Abwehrmechanismen gegen die Angst versagt haben, fühlen sich gestörte Sechsen äußerst verunsichert, sind abhängig bis zur Aufdringlichkeit, verachten sich selbst und haben starke Minderwertigkeitsgefühle. Sie haben ein schwaches Selbstbild, neigen zu Depressionen, empfinden sich als feige, unnütz, inkompetent und werden von Ängsten gequält. Auf alles reagieren sie im Übermaß und machen aus Mücken Elefanten; ihre irrationalen

Handlungen bringen ihnen schließlich das ein, was sie fürchten. Sie sind überängstlich und fühlen sich ständig von anderen verfolgt und angegriffen, weil sie sich einbilden, man wäre "hinter ihnen her". Um ihrer Angst, ihrem Gefühl des Preisgegebenseins und den Folgen ihres Handelns zu entgehen, verhalten sie sich oft wider alle Vernunft und erniedrigen und demütigen sich sogar vor der Autoritätsfigur, nur um erlöst zu werden. Sie flüchten sich in pathologische Selbststrafung und masochistische Verhaltensweisen.

Desintegrationslinie: Gestörte Sechsen sind zutiefst verängstigt und werden masochistisch, erfüllt von Gefühlen der Minderwertigkeit und Wertlosigkeit. Wenn sie sich zur Drei hin entwickeln, gehen sie brutal auf andere los, um ihre Minderwertigkeitsgefühle zu überwinden und die zu verletzen, die ihnen Wunden zugefügt haben. Ihre Aggressionen (die sich zuvor in autoritärer Selbstgerechtigkeit und Boshaftigkeit äußerten) kommen jetzt viel gefährlicher in psychopathischer, sadistischer Gewalttätigkeit zum Ausdruck.

Integrationslinie: Wenn sich gesunde Sechsen auf Typ neun zubewegen, ist sowohl ihre Ambivalenz gegenüber anderen wie auch ihre Neigung zur Überreaktion auf etwas Beängstigendes bereits überwunden. Sie sind jetzt emotional stabiler und auch aufgeschlossener und vertrauensvoller gegenüber anderen. Sie leisten Unterstützung, wirken beruhigend und sind ein Muster an Stabilität und Reife. Ihre Angstprobleme sind weitgehend gelöst, und infolgedessen sind sie friedvoller, sicherer, großzügiger und entspannter als je.

Ursprünge in der Kindheit: Sechsen haben sich positiv mit dem Vater oder einer Vaterfigur identifiziert (siehe *PT*, S. 244ff.). Hauptelement ihrer Entwicklung ist der Blick auf eine Autoritätsperson, um bei ihr Sicherheit und Anerkennung zu finden und für ihren Gehorsam belohnt zu werden. Ihre Selbstachtung erfordert jedoch, daß sie auch lernen, selbständig zu handeln, sich zu weigern, einer äußeren Autorität vollkommen hörig oder von ihr abhängig zu sein und so der Ambivalenz Vorschub zu leisten, die bei durchschnittlichen Sechsen erkennbar ist.

Grundangst: preisgegeben und verlassen zu werden (*PT,* S. 248f. u. 276f.).

Grundbedürfnis: Sicherheit zu haben (*PT,* S. 244 u. 267f.).

Sekundärmotivationen: Sechsen wollen beliebt sein und Beifall finden, sie stellen die Einstellung anderer zu ihnen auf die Probe, bringen sich zur Geltung, um ihre Ängste zu überwinden, versuchen Rückhalt zu finden, wenn sie sich fürchten, und wünschen sich, daß ihnen die Autoritätsfigur zu Hilfe kommt.

Gesundes Selbstgefühl: "Ich bin ein liebenswerter, verläßlicher Mensch."

Stille Klage: "Ich bin zuverlässig und befolge Anweisungen, obwohl andere das nicht tun."

Hauptabwehrmechanismen: Identifikation, Verdrängung, Projektion.

Charakteristische Versuchung: sich von anderen abhängig zu machen. Trotz gelegentlicher Überkompensationen sind durchschnittliche bis gestörte Sechsen im Grunde von anderen abhängig, was ihre emotionale Sicherheit betrifft. Aber ihre Hoffnung, daß jemand anders die Verantwortung übernimmt, gibt ihnen nur für kurze Zeit Rückhalt, während sie auf Dauer ihr Selbstvertrauen untergräbt. Sobald Sechsen von jemand anderem abhängig werden und nichts ohne "Erlaubnis" tun können, sind sie dieser Versuchung erlegen.

Charakteristische Untugend: Unfähigkeit, auf sich selbst zu vertrauen. Sechsen wenden weder Energie noch Aufmerksamkeit daran, ein angemessenes Maß an Selbstachtung aufzubauen und Vertrauen in sich zu setzen. Es ist leichter, nach einer Autorität, einem Beschützer Ausschau zu halten, der sich um sie kümmert; daher ist ihre Untugend eine Art Trägheit. (Andere Autoren nennen "Angst" als Untugend von Typ sechs, was zwar richtig ist, aber nicht genug in die Tiefe geht. Der Grund, aus dem Sechsen Angst haben, ist ihr Mangel an Selbstvertrauen.)

Charakteristische Tugend: Mut. Der Mut gesunder Sechsen ist außerordentlich schwer errungen durch ständiges Ankämpfen gegen die Neigung, besorgt und ängstlich zu werden. Wenn Sechsen mutig geworden sind, werden sie zu "Kämpfern", und obwohl sie vielleicht umgestoßen werden, stehen sie doch immer wieder auf und machen einen neuen Versuch. Ihr Mut gründet sich auf Selbstbewußtsein – die Fähigkeit, nicht nur an andere zu glauben, sondern auch an sich selbst und die eigenen latent vorhandenen Möglichkeiten.

Rettungsanker: Trotz wachsender Spannungen und ihrer Über-kompensation wollen durchschnittliche Sechsen immer noch richtig sichere, kooperative Beziehungen zu anderen aufbauen. Ihre gesunde Fähigkeit, feste Beziehungen zu erhalten, bewahrt sie unter Umständen davor, weiter abzusinken oder etwas zu tun, was ihnen Ablehnung oder Isolation einträgt.

Empfehlungen für das persönliche Wachstum: siehe Kapitel 8.

Persönlichkeitsstruktur: Die Grundhaltung ist *Reaktivität.* Die Sechs hat die meisten Komplexe und ein ständig wechselndes psychologisches Verhaltensmuster aufgrund anhaltender emotio-naler und sozialer Veränderungen von Entwicklungsstufe zu Entwicklungsstufe. Äußerlich schwanken Sechsen im Umgang mit anderen Menschen und in Reaktion auf die eigenen Gefühle und Ängste zwischen verschiedenen Befindlichkeiten hin und her. Um sich sicher fühlen zu können, meinen Sechsen, andere emotional engagieren zu müssen. Aber um sich ihre Selbstach-tung zu bewahren, werden Sechsen auch abwehrend und widersetzen sich dem Einfluß anderer, indem sie oft in genau entgegengesetzer Richtung überkompensieren und energisch auftreten, um zu beweisen, daß sie von niemandem abhängig sind. Sie können sehr unangenehm und streitbar sein, um unter Beweis zu stellen, daß sie ihr eigener Herr sind, obwohl sie sich gleichzeitig wünschen, den Beifall und die Zuneigung anderer zu gewinnen. Innerlich sind sie dem ständigen Wechselbad ihrer Angriffslust und Unterwürfigkeit, ihrer Ängste und Aggressionen, ihrer Sehnsucht nach Nähe und ihrem Wunsch, auf eigenen Füßen zu stehen, und vielem mehr ausgesetzt. Die Gesamtstruktur besteht aus ständig in Veränderung begriffenen Doppelkreisen – einem äußeren Kreis der sozialen Wechselbeziehungen und einem inneren Kreis emotionaler Reaktionen – mit beständigen Rückwirkungen sowohl untereinander als auch auf die Außenwelt und besonders auf den Umgang mit anderen Menschen.

Unvermeidliche Konsequenzen: Indem sie ihrer Angst nachgeben, beschwören Sechsen unabsichtlich ihre Grundangst (preisgegeben zu werden) herauf und verlieren gleichzeitig ihr Grundbedürfnis (die emotionale Sicherheit) aus den Augen. Angst und Furcht sind die Zwillingsungeheuer, die Sechsen bedrohen, und wenn die Sechsen sie nicht bezwingen, werden sie von ihnen lebendigen Leibes aufgefressen. Sie müssen stets daran denken, daß sie dieser Angst nicht entrinnen können: Sie müssen sich entweder mit ihr auseinandersetzen und ihre Ursachen beseitigen, oder sie werden, wenn sie auf irgendeine Art vor ihr zu fliehen versuchen, ihr wahrscheinlich noch stärker anheimfallen. Statt die Angst so sehr zu fürchten, sollten sie lieber versuchen, sie als stärkende Kraft zu betrachten. Bewußt eingesetzte Angst, mit der gearbeitet wird, kann der "Schock" sein, den sie brauchen, um auf eine höhere Stufe der Leistungsfähigkeit und Unabhängigkeit zu gelangen.

PERSÖNLICHKEITSTYP SIEBEN:
DER VIELSEITIGE

Der tüchtige, extraver-

tierte, ausschweifende,

manische Mensch

Erweitertes Persönlichkeitsprofil
Gesund: Mit ihrer Aufgeschlossenheit für alles, ihrer Begeiste-
rungsfähigkeit und ihrem Enthusiasmus über ihre Erlebnisse sind
gesunde Siebenen klassische Extravertierte, die sich an der realen
Welt des Greifbaren und Sinnlichen orientieren. Sie sind spontan
und machen ihre Erfahrungen mit erfrischender Lebhaftigkeit.
Auf jeden Reiz folgt unmittelbar eine Reaktion, und sie finden
alles spannend und aufregend. Sie sind glückliche, muntere,
anregende Leute voller Spannkraft und Lebendigkeit. Als Er-
folgsmenschen und Tausendsassas machen sie ihre Sache meist
sehr gut: Sie sind vielseitig begabte, mit virtuosen Talenten und
großartigen Fähigkeiten ausgestattete Renaissancemenschen,
praktisch veranlagt, sehr produktiv, vielseitig und wirken auf
vielen Interessensgebieten befruchtend. *Sehr gesund* verarbeiten
sie Erfahrungen tiefgreifend, sind achtungsvoll und dankbar und
stehen fasziniert und voller Ehrfurcht vor den Wundern des
Lebens. Sie sind lebensbejahende, schwärmerische Frohnaturen.
Irgendwann kommen ihnen Gedanken an ein Leben jenseits des
Körperlichen, an eine spirituelle Wirklichkeit, entwickeln sie
einen tiefen Sinn für die Güte des Lebens.

Durchschnittlich: Mit zunehmendem Appetit wollen sich durchschnittliche Sechsen amüsieren, was materielle Dinge und eine größere Bandbreite von Erfahrungen angeht; sie werden begierige Konsumenten, gewinnorientierte Materialisten, Playboys, gehören zu den oberen Zehntausend, sind weltkluge Intellektuelle, Kenner und sensationslüsterne "Trendsetter". Es ist ihnen wichtig, Geld zu haben, um sich neue Vergnügungen leisten zu können. Ihre Nachsicht gegen sich selbst nimmt solche Formen an, daß sie sich schließlich nichts mehr versagen können: Sie werden hyperaktiv, stürzen sich unablässig in irgendwelche Aktivitäten und tun und sagen, was ihnen gerade in den Sinn kommt. Aus Angst vor Langeweile versuchen sie es mit immer stärkeren Reizen und Anregungen, sind fortwährend in Bewegung und gehen unentwegt Zerstreuungen nach, die Spaß machen und neu sind; dabei tun sie zuviel des Guten und werden zu oberflächlichen Schaumschlägern, deren Leben so dahinplätschert. Sie sind hemmungslos, flatterhaft und extravagant, großspurig, laut, ungeniert und unverfroren: Sie müssen unablässig reden, Witze reißen, herumalbern und ihre Show abziehen, um bei Laune zu bleiben. In dem Gefühl, nie genug zu bekommen, werden sie schließlich ausschweifend und zügellos, verfallen sichtlich dem übermäßigen Konsum und gieren dennoch nach mehr. Sie werden selbstsüchtig, eigennützig, anmaßend und ungeduldig. Trägheit und Exzesse laugen sie aus, und doch bleiben sie unbefriedigt. Ohne Feingefühl für andere, können sie sehr rüde sein und ein schlechtes Benehmen an den Tag legen. Sie neigen zu Suchtverhalten, speziell bei Alkohol und Drogen.

Gestört: Gestörte Siebenen sind sehr leicht und schnell frustriert und fordern in beleidigender, ausfallender Art das ein, was sie brauchen, um betriebsam und abgelenkt zu bleiben. Sie entwickeln infantiles Fluchtverhalten, sind impulsiv und verletzend, neigen zu Wutanfällen und Kollern, kurz: Sie haben ernstliche Probleme, sich zu beherrschen. Alkohol- und Drogenmißbrauch sowie andere Ausschweifungen fordern ihren Tribut, je zügelloser, ausschweifender, hemmungsloser und verdorbener sie werden. Sie geben ihren Impulsen nach, statt sich mit ihrer Angst auseinanderzusetzen, verlieren die Beherrschung, fallen höchst sprunghaften, flüchtigen Stimmungsumschwüngen anheim und handeln zwanghaft ("manisch-depressive" Abwehrmechanismen). Sie geben sich ausschweifenden Vergnügungen aller Art hin, so bombastisch und wahnhaft unrealistisch, als seien dem keine Grenzen gesetzt. Sie sind auf der Flucht vor sich selbst und plötzlichen Panikanfällen unterworfen, wenn ihre Abwehrmechanismen versagen.

Desintegrationslinie: Gestörte Siebenen haben sich und ihre Handlungen nicht in der Gewalt (manisches Verhalten). Bei ihrer Entwicklung in Richtung Typ eins versuchen sie, eine künstliche Ordnung aufzubauen, und verhalten sich anderen gegenüber zwanghaft, strafend und rachsüchtig. Sie sind oft übermäßig auf jemanden oder etwas fixiert, von dem sie die Lösung für ihre unglückliche Lage erhoffen.

Integrationslinie: Wenn sich gesunde Siebenen auf Typ fünf zubewegen, lassen sie sich auf tiefgreifende Erfahrungen ein und geben ihrer Umgebung etwas, statt sie nur zu konsumieren. Siebenen auf dem Weg zur Integration haben keine Angst mehr, ihres Glücks beraubt zu werden, wenn sie nicht dauernd selber zugreifen. Sie gehen ihren Erfahrungen auf den Grund und stoßen zum Kern der Dinge vor, so daß sie mehr verstehen und sich infolgedessen auch auf einer tiefgreifenderen Ebene an der Wirklichkeit freuen als vorher.

Ursprünge in der Kindheit: Sieben haben sich negativ mit ihrer Mutter oder einer Mutterfigur identifiziert (siehe *PT,* S. 284). Ihre frühkindliche Entwicklung dreht sich hauptsächlich um die Angst, aus irgendeinem Grund ihrer Mutter beraubt zu werden. Diese Deprivation kann materieller oder emotionaler Art gewesen und auf verschiedenste Art verursacht worden sein. Unter Umständen hat sie gar nicht in dem Maße stattgefunden, wie sie gefürchtet wurde, und doch hat sie in der weiteren Entwicklung den Ausschlag für das Bedürfnis gegeben, auf keinen Fall jemals der Unsicherheit oder Not preisgegeben zu werden.

Grundangst: vor Deprivation (*PT*, S. 283 u. 315f.).

Grundbedürfnis: glücklich und zufrieden zu sein (*PT*, S. 287f. u. 315f.).

Sekundärmotivationen: Siebenen wollen sich amüsieren, wollen unterhalten werden und ihren Spaß haben, sich keinerlei Zügel anlegen, alles haben, was sie begehren. Sie unterdrücken ihre Angst, indem sie ohne Rücksicht auf die möglichen Folgen immer in Bewegung bleiben und ihren spontanen Gelüsten nachgeben, durch die sie der Angst entgehen.

Gesundes Selbstgefühl: "Ich bin ein glücklicher, leidenschaftlicher Mensch."

Stille Klage: "Ich bin glücklich, aber mir ginge es noch viel besser, wenn ich alles bekäme, was ich will."

Hauptabwehrmechanismen: Repression, Externalisieren, Ausagieren.

Charakteristische Versuchung: Habsucht (Gier). Siebenen neigen zu dem Denken, sie wären glücklicher, wenn sie mehr von allem hätten, was ihnen gefällt (ob etwas Materielles oder eine Erfahrung). Durch ihr Bestreben, mehr an sich zu raffen, steigern sie jedoch nur ihren Hunger, ohne ihn je wirklich zu stillen.

Charakteristische Untugend: Unersättlichkeit. Sie stopfen sich bis zum Erbrechen mit Nahrung voll, und das ist sowohl im wörtlichen wie im übertragenen Sinne ihre Hauptsünde, die immer mehr ein für sie selbst nachteiliges Verhalten bewirkt. Das Tragische ist, daß Siebenen, die sich verzweifelt bemühen, möglichst viele Dinge und Erlebnisse in sich aufzunehmen, auf geradezu groteske Weise des Glücks, das sie suchen, beraubt werden und nicht in der Lage sind, es je zu finden.

Charakteristische Tugend: Dankbarkeit. Sehr gesunde Siebenen sind dankbar für alles, was sie haben. Das Leben kommt ihnen wie ein Geschenk vor, voller Wunder, und sie sind sich dessen bewußt, daß sie gesegneter sind als andere, und dafür sind sie dankbar. Alles und jedes erfüllt sie *bei richtigem Gebrauch* mit Freude.

Rettungsanker: Trotz ihres immer ausschweifenderen Lebens besitzen durchschnittliche Siebenen möglicherweise noch genügend aufrichtige Begeisterung für materielle Dinge, daß gerade diese Liebe zum Materiellen sie davor bewahren kann, weiter abzusinken, bis es nur noch Fluchtverhalten oder manische Hyperaktivität für sie gibt. Ihre gesunde Fähigkeit, sich des Lebens zu freuen, bremst unter Umständen ihre Gier nach Stimulierung und hilft ihnen, zu gesünderen Verhaltensweisen zurückzufinden.

Empfehlungen für das persönliche Wachstum: siehe Kapitel 8.

Persönlichkeitsstruktur: Der Grundton ist ihre *Empfänglichkeit.* In der Psyche ablaufende Vorgänge werden von der Sieben außerordentlich stark externalisiert, da ihre Hauptenergien in die Außenwelt investiert werden. Siebenen sind auf immer neue, andere, aufregendere Erfahrungen aus. Sie sind nicht hohl; vielmehr sind sie vollkommen extravertiert und wenden all ihre Kraft und Aufmerksamkeit nach außen auf die wirkliche Welt des Materiellen. Im Laufe einer absteigenden Entwicklung verfallen sie immer mehr auf Fluchtmechanismen gegenüber sich selbst, der Angst, unbewußten Impulsen, der Einsamkeit und Unsicherheit und stellen den Anspruch an die materielle Welt (einschließlich anderer Menschen), all ihre Bedürfnisse zu erfüllen. Als Gesamtstruktur zeichnet sich demnach ein summendes, brummendes Schwingungsfeld ab, voller Energie und Vitalität, aber mit einer Tendenz zu Oberflächlichkeit und Impulsivität. Durchschnittliche bis gestörte Siebenen konsumieren deshalb Erfahrungen, die sie kaum oder gar nicht internalisieren – und laufen dauernd Gefahr, frustriert zu werden und "die Hand zurückzustoßen, die sie nährt".

Unvermeidliche Konsequenzen: Wenn sich Typ sieben gestört entwickelt, verstärkt sich seine Grundangst (vor Deprivation), während ihm zugleich sein Grundbedürfnis (nach Glück und Befriedigung) verlorengeht (siehe *PT,* S. 315f.). Doch wer ist es, der ihm sein Glück verwehrt? In Wahrheit bringen durchschnittliche bis gestörte Siebenen viel Leid selbst über sich, indem sie ihrem Hunger in vielerlei Hinsicht gestatten, mit ihnen durchzugehen. Haben sie erst keine Lust mehr, sich zu beherrschen – sich ein Nein entgegenzuhalten –, um ihrem Tun und Lassen Grenzen zu setzen, überschreiten sie eine Linie und beschwören damit die furchtbarsten Folgen herauf. Die einzige Möglichkeit, wieder in gesündere Bahnen zu kommen, ist die Rückkehr zur Kontrolle über sich selbst und ihre Begierden. Wenn sie sich weiterhin sträuben, wird mit Sicherheit der Punkt kommen, an dem die Realität ihnen schließlich einen Riegel vorschieben wird.

PERSÖNLICHKEITSTYP ACHT:
DER FÜHRER

Der machtvolle, expan-
sive, diktatorische,
destruktive Mensch

Erweitertes Persönlichkeitsprofil

Gesund: Die anmaßenden, selbstbewußten und starken Achten haben gelernt, sich für das einzusetzen, was sie brauchen und ersehnen. Sie sind aktiv, haben die Einstellung von "Machern" und besitzen inneren Antrieb. Sie lieben die Herausforderung und sind erfinderische Aufsteiger aus eigenen Kräften, die selbst die Initiative ergreifen und dafür sorgen, daß sich etwas bewegt. Sie sind geborene Führernaturen und genießen die Hochachtung anderer, die bei ihnen Rat und Hilfe suchen, so entscheidungs- stark, gebieterisch und tonangebend sind sie. Sie verdienen den Respekt, denn sie sind rechtschaffen und nutzen ihre Macht konstruktiv, indem sie für andere eintreten, ihnen Schutz bieten und sich bei lohnenden Anlässen und für gut befundenen Unter- nehmungen als Gönner, Förderer und Sponsoren betätigen. *Sehr gesund* üben sie Selbstbeherrschung und Großmut, lassen Gnade vor Recht ergehen, sind Herr über sich selbst, tragen andere mit und erfüllen aus ihrer Kraft heraus die Bedürfnisse anderer. Wagemutig setzen sie sich Gefahren aus, um einen größeren Horizont zu gewinnen; unter Umständen gelangen sie zu heroischer geschichtlicher Größe.

98

Durchschnittlich: Durchschnittliche Achten sind vorwiegend am eigenen Wohl interessiert, sie benutzen ihre Macht und Stärke aus Eigeninteresse. Finanzielle Unabhängigkeit ist ihnen wichtig: Sie entwickeln "Draufgängertum", eigenwilliges Geschäftsgebaren und leichtsinniges Unternehmertum. Sie sind verwegen, abenteuerlustig und riskieren etwas, um sich zu erproben und zu beweisen. Schließlich möchten sie ihre Umgebung (einschließlich ihrer Mitmenschen) am liebsten vollkommen beherrschen, sie werden herrisch, aggressiv und immer expansiver: Menschen auf dem Weg zu Weltrang, deren Wort Gesetz ist. Sie sind stolz, egoistisch, drängen allem ihren Willen und ihre Ansichten auf, kommandieren andere herum wie Leibeigene, weil sie weder ihre Mitmenschen als ebenbürtig betrachten noch deren Bedürfnisse respektieren, und schaffen so Herr-und-Sklave-Verhältnisse (nicht zu vergessen, daß sie dazu neigen, Sex und Aggressivität brutal und vulgär mit Sexismus und Prahlerei zu vereinen). Ihrem Empfinden nach müssen sie sich durchsetzen, und so gehen sie auf Konfrontationskurs, werden streitlustig, schikanieren andere und sind herausfordernd, wodurch sie widrige Beziehungen schaffen, die ihnen Freude zu machen scheinen. Sie machen aus allem eine Willensprobe und weichen keinen Zentimeter zurück. Drohung und Einschüchterung benutzen sie als Druckmittel, um andere gefügig zu machen, sie aus dem Gleichgewicht zu bringen und ihnen ein Gefühl der Ohnmacht einzuflößen. Andere fühlen sich durch sie verunsichert und unterdrückt: Ungerechte Behandlung bringt andere dazu, herumkommandierende Achten abzulehnen und zu hassen oder sich gegen sie zu verbünden.

Gestört: Gestörte Achten wollen ihre Macht bewahren und um jeden Preis die Oberhand behalten: Sie sind schließlich vollkommen rücksichtslos, gewalttätig, verhalten sich unsittlich, sind hartherzig und kümmern sich nicht um menschliche Empfindungen wie etwa Schuldgefühle und Angst. Sie sind Diktatoren und Tyrannen mit der totalitären Philosophie des "Gewalt geht vor Recht" oder des "Dschungelgesetzes". Allmählich entwickeln sie Wahnvorstellungen über sich selbst (Größenwahn), halten sich für allmächtig, unschlagbar und unverwundbar; sie sind in zunehmendem Maße rücksichtslos und überschätzen sich und ihre Möglichkeiten. Zuletzt zerstören sie unter Umständen bei Gefahr blindwütig und brutal alles, was sich nicht ihrem Willen beugt. Ihr Verhalten ist soziopathisch, barbarisch und mörderisch.

Desintegrationslinie: Gestörte Achten dominieren ihre Umgebung so stark, daß jeder im Umkreis sie haßt. Im Laufe ihrer Entwicklung zu Typ fünf hin machen sie sich paranoide Gedanken darüber, wie sie noch weiter überleben können, während sich ihre vielen Feinde womöglich gemeinsam gegen sie verschworen haben. Schließlich wird ihnen klar, wie unsicher und bedroht sie sind. Ihre Furchtlosigkeit wandelt sich in Angst vor jedermann.

Integrationslinie: Gesunde Achten, die sich in Richtung Typ zwei bewegen, setzen ihre Macht und Stärke lieber für als gegen andere ein. Sie sind fürsorglich, großherzig und persönlich am Wohlergehen anderer interessiert, statt sich nur von Eigennutz leiten zu lassen. Sie begreifen die Macht der Liebe, ohne der Liebe zur Macht zu erliegen, und stellen sich (in gewissem Sinne) lieber in den Dienst anderer, statt den Herrn und Meister herauszukehren.

Ursprünge in der Kindheit: eine ambivalente Einstellung zur Mutter oder zu einer Mutterfigur (siehe *PT,* S. 355f.). Wichtigster Entwicklungsfaktor ist ihr Erfolg bei der Durchsetzung ihres Willens gegenüber der Mutter. Da sie ihren Willen wie Muskeln trainieren, wachsen Achten mit enormer Willenskraft und starkem Ego heran, haben einen unerschütterlichen Glauben an sich selbst und Vertrauen in ihre Fähigkeit, ihren Kopf durchzusetzen.

Grundangst: sich anderen unterordnen zu müssen (*PT,* S. 355f.).

Grundbedürfnis: selbständig zu sein (*PT,* S. 328f.).

Sekundärmotivationen: Achten wollen sich zur Geltung bringen, sich und ihre Fähigkeiten unter Beweis stellen, respektiert werden, ihre Umgebung dominieren, ihren Kopf durchsetzen, bei anderen gefürchtet sein, um ihr Überleben kämpfen, absolute Macht haben und unverwundbar sein.

Gesundes Selbstgefühl: "Ich bin ein starker, selbstbewußter Mensch."

Stille Klage: "Ich kämpfe nur ums Überleben, und andere würden mich schließlich übervorteilen, wenn ich sie ließe."

Hauptabwehrmechanismen: Repression, Verdrängung, Verleugnung.

Charakteristische Versuchung: zu denken, sie könnten alles allein. Durchschnittliche bis gestörte Achten handeln immer häufiger aus reinem Eigennutz und wollen auf keinen Fall der Macht oder Kontrolle anderer ausgesetzt sein. Sie wollen vollkommen selbständig und von anderen unabhängig sein, damit sie bloß niemanden brauchen, wobei sie zugleich oft so mächtig werden wollen, daß letztlich alle anderen von ihnen abhängen.

Charakteristische Untugend: Lüsternheit. Zwar ist die Machtlüsternheit typisch für Achten, aber auch Sexbesessenheit spielt eine Rolle, denn Sex und Aggressivität vermischen sich in ihren Einstellungen und ihrem Verhalten. Im weitesten Sinne ist die Lüsternheit der Wunsch, den anderen endgültig zu besitzen und zu beherrschen, also in der totalen Macht über andere gottähnlich zu sein.

Charakteristische Tugend: Großmut. Gesunde Achten haben ein großes Herz, das ihnen erlaubt, über ihren Eigennutz hinauszuwachsen und die Bedürfnisse und Rechte anderer in gleichem Maße zu berücksichtigen. Ihre Großmut kommt in Selbstbeherrschung, Nachsicht, Güte, Mildtätigkeit und im Schutz anderer zum Ausdruck.

Rettungsanker: Trotz zunehmender Konfrontationen und ihrer Untugend, jedermann einzuschüchtern, wird durchschnittlichen Achten unter Umständen klar, daß durch die von ihnen selbst ausgelösten Konfrontationen ihr eigenes Überleben aufs Spiel gesetzt wird. Ihr Unabhängigkeitsverlangen kann ihnen als Katalysator dienen, zu einer gesünderen Haltung zurückzufinden, indem sie ausgeglichener werden und sich nur, wenn unbedingt nötig, hervortun. Außerdem kann ihre Selbstsicherheit auch Anlaß sein, anderen zu helfen, sich auf die eigenen Füße zu stellen, und sie in dieser Hinsicht konstruktiv zu unterstützen.

Empfehlungen für das persönliche Wachstum: siehe Kapitel 8.

Persönlichkeitsstruktur: Bestimmend bei Typ acht ist das *Expansionsstreben.* Die Psyche von Achten gleicht einem Vulkan, als würden starke Kräfte unablässig nach außen drängen, um die Umgebung zu beherrschen. Die Haupttriebkraft ist Aggressivität (gepaart mit sexuellen Elementen), die aufgrund des beeindruckend starken Egos der Acht immer auf die Außenwelt gerichtet ist. Achten leiden im allgemeinen kaum unter inneren Konflikten, da ihnen die Struktur ihrer Psyche gestattet, ihre Aggressionen herauszulassen, statt sie zu unterdrücken und gegen sich selbst zu richten. Doch während innere Konflikte bei Achten selten auftreten, kommen soziale Konflikte um so häufiger vor, da Achten gegenüber anderen stets auf Konfrontationskurs gehen und ihren Willen durchsetzen, ihr Ego zur Schau stellen oder sexuell dominieren wollen. (Solche Konflikte können vorübergehend Gefühle der Angst und Unruhe auslösen, die Achten allerdings ableugnen und bekämpfen.) Als Gesamtmuster zeichnet sich folglich die schonungslose Vereinnahmung der Umwelt (einschließlich anderer Menschen) ab und damit deren vollkommene Beherrschung.

Unvermeidliche Konsequenzen: Achten fürchten zwar, sich jemandem unterordnen zu müssen (ihre Grundangst), bewirken aber letztlich genau das durch ihr rücksichtsloses, schikanöses Verhalten, denn es wird ihnen unweigerlich Einhalt geboten, entweder von der Gesellschaft und ihren Rechtsorganen oder vom Tod. So arbeiten Achten selbst ihrem Grundbedürfnis entgegen, völlig eigenständig zu sein und sich so zur Geltung zu bringen, wie sie es für richtig halten. Indem sie ungerecht handeln, beschneiden sie unweigerlich ihre eigene Freiheit und Handlungsfähigkeit. Die Ironie des Schicksals will es, daß sie aufgrund ihrer gestörten Entwicklung schließlich nicht mehr selbständig und unabhängig, sondern immer darauf angewiesen sind, daß andere ihre Befehle ausführen. Weit davon entfernt, Herren über die Welt zu sein, leben sie wie Gefangene in ständiger Angst vor Vergeltung und Strafe.

Achten sollten nicht vergessen, daß andere im Grunde wie sie sind und die gleichen Rechte, Bedürfnisse und Wünsche wie sie haben. Sobald Achten beginnen, anderen Gewalt anzutun, eskalieren lediglich Unmenschlichkeit und Barbarei, und zuletzt werden sie dadurch mit Sicherheit zu Fall kommen.

PERSÖNLICHKEITSTYP NEUN:
DER FRIEDLIEBENDE

Der friedliche, be-
schwichtigende, passi-
ve, unterdrückte Mensch

Erweitertes Persönlichkeitsprofil

Gesund: Gesunde Neunen sind äußerst empfänglich, aufgeschlossen, selbstlos, emtional stabil und gelassen. Sie akzeptieren
und vertrauen sich selbst und anderen, sind unbekümmert und im
Frieden mit sich und ihrem Leben. Geduldig, sanftmütig und
anspruchslos, strahlen sie Unschuld und Schlichtheit aus und sind
richtig nette Menschen. Aufgrund ihrer optimistischen, verläßli-
chen, freundlichen, mitfühlenden Art fühlen sich andere wohl in
ihrer Nähe; sie haben einen beruhigenden, heilenden Einfluß,
sorgen in Gruppen für Harmonie und bringen Leute an einen
Tisch. Sie sind gute Vermittler und Tröster und geben anderen
festen Halt. Da sie ihr Menschsein dankbar annehmen, sind sie
äußerst würdevoll, von einer tiefgreifenden heiteren Gelassenheit
und wahrhaft friedvoll. *Sehr gesund* besitzen sie Selbstbeherrschung, großen Gleichmut und sind rundum zufrieden. Sie haben
ein Gefühl der Eigenständigkeit und Erfüllung und sind paradoxerweise vollkommen selbstgenügsam und trotzdem in der Lage,
tiefgründige Beziehungen einzugehen, eben weil sie mit sich
selbst eins sind. Sie sind lebhaft, aufgeweckt und haben stets ein
wachsames Auge für die eigenen Bedürfnisse und die Belange
anderer.

Durchschnittlich: Durchschnittliche Neunen sind zurückhalten-
der, sie richten sich nach anderen und passen sich zu sehr an. Sie
sind unterwürfig, zu liebenswürdig und versöhnlich und entsprechen arglos und ohne Zögern konventionellen Rollen und Erwartungen – ordnen sich dem anderen unter, idealisieren ihn und
leben nur durch ihn. Als konservative Menschen fürchten sie
Veränderungen, Störungen oder Druck jeglicher Art. Sie werden
immer passiver und phlegmatischer, sind schließlich in ihrer
Selbstgenügsamkeit nicht mehr ansprechbar, gehen Konflikten
aus dem Weg und kehren Probleme unter den Teppich. Faul,
emotional träge und unwillens, sich zur Geltung zu bringen (und
dadurch im Brennpunkt zu bleiben), stellen sie Gleichgültigkeit
und schleppende Trägheit zur Schau und warten ab, bis Probleme
von selbst verschwinden. Irgendwann blenden sie die Wirklichkeit aus und verschließen die Augen vor allem, was sie nicht
sehen wollen. Sie sind teilnahmslos, unaufmerksam und unüber-
legt: Ihr Denken wird nebelhaft, unkonzentriert und grüblerisch
und kreist meist um Idealvorstellungen davon, wie harmonisch
und "schön" alles sein könnte. Wenn sich schwerwiegende Probleme nicht von selbst lösen, fangen Neunen an, sie zu beschönigen, um andere zu beruhigen und zu beschwichtigen, um die
"Sache hinter sich zu bringen" und um jeden Preis ihren Frieden
zu wahren. Sie legen stoische Ruhe, Fatalismus und Resignation
an den Tag, als wäre nichts mehr zu ändern. Neunen sind entscheidungsschwach und neigen deshalb zu Unterlassungssünden
und Wunschdenken; sie warten auf magische Patentlösungen,
durch die Probleme ohne eine Anstrengung oder Reaktion ihrer-
seits beseitigt werden.

Gestört: Gestörte Neunen sind schließlich so gehemmt, daß in der
Folge ihre persönliche Entwicklung darunter leidet: Sie werden
hilflos und taugen zu nichts mehr, so daß schließlich andere

einschreiten müssen, um sie vor sich selbst zu schützen. Halsstarrig und hartnäckig leugnen sie ab, daß es Probleme oder Konflikte gibt oder daß überhaupt etwas faul ist. Sie werden verantwortungslos, verwahrlosen und sind eine Gefahr für jeden, der auf sie angewiesen ist. Wenn sich die Probleme verschärfen, halten sie sich von allem Bedrohlichen fern, bis sie völlig desorientiert, entpersönlicht, katatonisch und wie gelähmt sind. Am Schluß der Entwicklung steht der emotionale Zusammenbruch und die Spaltung der Persönlichkeit, möglicherweise in eine Vielzahl von Teilpersönlichkeiten.

Desintegrationslinie: Gestörte Neunen sind so wirklichkeitsfremd, daß sie keine normalen Funktionen mehr ausüben können. Wenn sie sich auf Typ sechs zubewegen, werden sie von Angst überwältigt, die in ihr Bewußtsein dringt. Sie reagieren im Übermaß, werden irrational und masochistisch, gehen auf andere los, während sie gleichzeitig mehr denn je darauf angewiesen sind, daß sich jemand um sie kümmert und ihre Probleme löst. Im Absteigen begriffene Neunen neigen zum Masochismus, so daß andere sie vor sich selbst schützen müssen, damit doch noch irgendeine Art von Beziehung zustande kommt.

Integrationslinie: Bei gesunden Neunen, die sich zu Typ drei hin entwickeln, erwacht ein Interesse daran, sich und ihre Möglichkeiten weiterzubilden und auszuschöpfen. Sie nehmen ihr Leben selbst in die Hand, statt sich selbstgefällig zurückzulehnen. Sowie sich ihr Selbstwertgefühl ausprägt, werden Neunen selbstsicherer, selbstbewußter und unabhängig; auch ihre Selbstachtung wächst. Sie sind aufmerksamer und ergehen sich lieber in der wirklichen Welt als in Idealvorstellungen. Außerdem merken sie, daß sie ganz sie selbst sein können, und hören auf, ihr Leben durch jemand anders zu begründen.

Ursprünge in der Kindheit: Neunen haben sich positiv mit beiden

Elternteilen oder anderen Elternfiguren identifiziert (siehe *PT*, S. 362). Da Neunen einen engen, guten Kontakt zu ihren Eltern hatten (zumindest in der frühen Kindheit), ist das Hauptelement ihrer Entwicklung die Fähigkeit, sich mit anderen Menschen identifizieren zu können. Neunen finden ihre Identität, indem sie sich mit jemand anders identifizieren und erst durch diesen anderen Menschen leben. Ihre große Empfänglichkeit für alles begründet ihre emotionale Stabilität und Friedfertigkeit, ist aber auch der Grund dafür, daß sie alles ignorieren möchten, was ihren Frieden stört.

Grundangst: Trennungsangst (*PT*, S. 362f. u. S. 397).

Grundbedürfnis: sich mit dem anderen zu vereinen (*PT*, S. 362f.).

Sekundärmotivationen: Neunen wollen Harmonie und Frieden haben, Konflikte schlichten und Menschen zusammenführen; sie wollen alles so erhalten, wie es ist, so daß nichts sie aus der Ruhe bringt. Sie beschönigen Probleme und Konflikte und leugnen alles ab, was schwer zu akzeptieren ist oder womit sie sich realistisch auseinandersetzen müßten.

Gesundes Selbstgefühl: "Ich bin ein friedliebender, unbekümmerter Mensch."

Stille Klage: "Ich bin damit zufrieden, wie alles ist, und trotzdem drängen mich die anderen ständig, mich zu ändern."

Hauptabwehrmechanismen: Verdrängung, Dissoziation, Verleugnung.

Charakteristische Versuchung: zu entgegenkommend zu sein. Durchschnittliche Neunen meinen, durch Versöhnlichkeit und Unterwürfigkeit gegenüber anderen ihre Beziehungen und ihren emotionalen Frieden aufrechterhalten zu können. Aber durch ihre zu große Gefälligkeit laufen sie Gefahr, sich passiv und teilnahmslos zu verhalten, wenn Probleme und Konflikte auftreten.

Charakteristische Untugend: die Faulheit, die sie daran hindert, zu sich selbst zu kommen. Neunen sind von allen Typen buchstäblich die faulsten – träge, phlegmatisch und sehr langsam darin, in angemessener Weise auf ihre Umwelt zu reagieren. Auf tieferer Ebene ist die Trägheit ein Hinweis darauf, daß kaum Energie für das Selbstbewußtsein und die Erinnerung an die eigene Person aufgebracht wird. Neunen wenden auch keine Energie daran, entweder mit sich selbst oder mit anderen so, wie sie wirklich sind, in Berührung zu kommen; infolgedessen verlegen sie ihr Leben immer mehr in eine Welt falscher Hoffnungen und angenehmer Illusionen.

Charakteristische Tugend: Geduld, eine erwartungsvolle, gespannte Wachsamkeit, die nichts mit Passivität oder Abkehr in irgendeiner Form gemein hat. Ihre große Geduld äußert sich darin, den anderen "zu lassen", so daß er sich auf seine eigene Weise entwickeln kann. Sie ist von Hoffnung und gespannter Erwartung gekennzeichnet, wie gute Eltern sie zeigen, wenn sie ihrem Kind geduldig etwas Neues beibringen und es dabei aus respektvoller Entfernung aufmerksam beobachten.

Rettungsanker: Trotz ihrer wachsenden Teilnahmslosigkeit und ihres Fatalismus sind Neunen wahrscheinlich dennoch so sehr an Beziehungen zu anderen Menschen interessiert, daß sie lernen, aus sich herauszugehen und die Leute so zu sehen, wie sie sind, um entsprechend zu reagieren, statt in vollkommener Apathie zu versinken. Ihre gesunde Fähigkeit, für andere empfänglich zu sein, sorgt unter Umständen dafür, daß sie deren Wohl den Vorrang geben, selbst um den Preis, vorübergehend ihren Seelenfrieden dafür zu opfern.

Empfehlungen für das persönliche Wachstum: siehe Kapitel 8.

Persönlichkeitsstruktur: Grundton ist die *Zurückhaltung*. Bei der Psyche von Neunen fallen zwei Aspekte auf: erstens das Innenleben mit subjektiven Gefühlen und Phantasien und zweitens die sozialen Beziehungen, durch die ihre subjektiven Befindlichkeiten ausgelöst werden. Der Schwerpunkt liegt dabei auf der Innenwelt: Nur die gesündesten Neunen sind in der Lage, ihre Aufmerksamkeit der Wirklichkeit zuzuwenden statt ihren Idealvorstellungen davon. Während ihrer negativen Entwicklung konzentrieren sie ihre Aufmerksamkeit nicht darauf, sich mit anderen zu identifizieren, sondern sie zu idealisieren. Bei durchschnittlichen bis gestörten Neunen zeichnet sich als äußeres Muster die Anpassung an andere und das Zurücknehmen der eigenen Person ab, die allerdings nur dazu dienen, den Frieden zu wahren und die Außenwelt zu ignorieren. Das Innenleben wird von Phantasien beherrscht, wohingegen sie sich gegenüber der Realität abkapseln, bis sie völlig unberührbar und uneinnehmbar wirken.

Unvermeidliche Konsequenzen: Das Merkwürdige bei Neunen ist, daß ihr Tun und Lassen keine üblen Folgen zu haben scheint. Vielmehr haben sie unheimliches Glück, fallen offenbar stets auf die Füße und erleben keine Katastrophen: Die Wirklichkeit hat anscheinend keinen Einfluß auf sie. Aber der äußere Anschein trügt, denn auch Neunen sind auf Dauer nicht gegen die Folgen ihres Handelns gefeit, selbst wenn sie sich ihrer nicht bewußt sind oder nicht direkt darunter leiden. Neunen, die einen gestörten Entwicklungsverlauf in Kauf nehmen und absteigen, entfernen sich von ihrem Grundbedürfnis (der Einheit mit anderen) und nähren dafür ihre Grundangst (vor der Trennung von denen, die sie lieben). Ihre Passivität und Zurückhaltung, ihre Nachlässigkeit und Halsstarrigkeit sowie ihr Widerwillen, sich mit der Realität auseinanderzusetzen, verursachen unweigerlich Konflikte.

Ihr unbewußter Zorn auf alle, die ihnen Reaktionen gegen ihren Willen entlocken, vergrößert die Kluft zu anderen Menschen noch. Das Merkwürdige ist, daß oft gerade der Typ, der mit der Welt im Frieden zu sein meint, andere vor den Kopf stößt und Konflikte heraufbeschwört. Indem er sich der Verantwortung für sich selbst entzieht, wirft er Probleme auf und muß dann vor den Problemen flüchten, die er selbst verursacht hat.

Neunen sollten immer daran denken, daß sie nie jemandem in Eintracht verbunden sein werden, solange sie mit sich selbst uneins sind. Wenn sie sich aus Bequemlichkeit mit einem Fehler arrangieren, verlieren sie den anderen, weil sie sich selbst nie gefunden haben.

PERSÖNLICHKEITSTYP EINS:
DER REFORMER

Der idealistische,
ordnungsliebende,
perfektionistische,
intolerante Mensch

Erweitertes Persönlichkeitsprofil
Gesund: Gesunde Einsen sind gewissenhaft, haben einen ausgeprägten Sinn für Recht und Unrecht und strenge moralische Wertvorstellungen. Sie sind logisch denkende, vernünftige, disziplinierte, maßhaltende Menschen mit hoher Moral: Wahrheit und Gerechtigkeit sind Grundwerte für sie. Aufgrund ihrer Integrität und Redlichkeit sind sie herausragende Sittenlehrer, Vor-

bilder und Zeugen der Wahrheit und anderer Werte. Sie sind äußerst prinzipientreu, bemühen sich stets, unparteiisch, fair und objektiv zu sein, und sind willens, sich um höherer Werte willen zu läutern. Sie verkörpern das apollonische Ideal des tugendhaften Wandels und Strebens nach Vortrefflichkeit und Ausgewogenheit. *Sehr gesund* gelangen sie zu außerordentlicher Weisheit und Erkenntnis, besitzen ein hervorragendes Urteilsvermögen und scheinen zu wissen, was unter allen Umständen sittlich das Beste ist. In ihren Anschauungen setzen sie die richtigen Prioritäten und geben ihnen eine transzendentale Perspektive. Sie üben Toleranz gegenüber anderen: Die Wahrheit findet Gehör. Sie geben weisen Rat, besitzen visionäre Größe und haben lautere Absichten.

Durchschnittlich: Bei durchschnittlichen Einsen herrscht das Gefühl vor, daß "Adel verpflichtet" – daß es ihnen persönlich obliegt, alles besser zu machen: Sie werden Reformer, Kämpfer, Kritiker und Idealisten von hehrer Gesinnung. Sie setzen sich für eine Sache ein und arbeiten auf ein Ideal hin, damit sich die Dinge so entwickeln, wie sie "sollten". Allmählich wächst die Angst bei ihnen, einen Fehler zu machen: Alles muß ihren Idealen entsprechen. Sie sind ordentlich, sauber, gehen methodisch vor, sind gut organisiert, denken logisch und sind genau, dabei aber auch starr, unpersönlich, nicht zu Späßen aufgelegt und emotional eingeengt; sie halten ihre Gefühle und Impulse unter Kontrolle, wodurch sie gewissermaßen antiseptisch und sexuell verklemmt wirken. Sie sind Puritaner, zwanghaft anal, peinlich genau, pünktlich und pedantisch. Sie denken hierarchisch und deduktiv und nehmen in allem eine Zweiteilung in Schwarz und Weiß, Gut und Böse, Recht und Unrecht vor. Zu allem haben sie eine eigene Meinung – sie korrigieren andere und setzen ihnen zu, das zu tun, was sie selbst für das Rechte halten. Sie üben Kritik an sich und ihren Mitmenschen, haben Vorurteile, sind ungeduldig und nörgeln gern. Als arbeitswütige, pingelige Perfektionisten sind sie mit sich und anderen erst zufrieden, wenn Vollkommenheit erreicht ist. Sie halten Moralpredigten, schelten andere und sind indigniert und verärgert auf alles und jeden, der ihrer Meinung nach unrecht tut, im Irrtum ist, schlampig arbeitet oder fehl am Platz ist.

Gestört: Gestörte Einsen können selbstgerecht, intolerant, extrem dogmatisch und unflexibel sein. Nur sie kennen der Weisheit letzten Schluß und geben schonungslos engstirnige, gefährliche Äußerungen von sich, die sie für die absolute Wahrheit halten. Sie sind sehr hart in ihrem Urteil; damit sie recht behalten, muß anderen nachgewiesen werden, daß sie im Unrecht sind. Mit Spitzfindigkeit und Logik behaupten sie ihre "vernünftige" Position. Allmählich sind sie geradezu besessen von den Vergehen anderer, obwohl sie selbst womöglich das gleiche tun oder sogar Schlimmeres, denn sie machen scheinheilig genau das Gegenteil von dem, was sie predigen, führen jedoch für ihre widersprüchlichen Handlungen oder Ansichten vernünftige Gründe an. Wenn andere nicht tun, was sie sagen, werden sie unmenschlich grausam und sadistisch, verfluchen sie und sorgen dafür, daß sie bestraft werden.

Desintegrationslinie: Dadurch, daß sie ohne menschliche Empfindung und mitleidslos abstrakten Idealen nachjagen, tun Menschen vom Typ eins schließlich etwas so Gegensätzliches, daß sie ihr Versagen bemerken und zutiefst bereuen. Im Laufe ihrer negativen Entwicklung zur Vier hin regredieren sie und geraten in schwere Depressionen, schämen sich, machen sich Vorwürfe und haben selbstzerstörerische Tendenzen bis hin zu Selbstmordgedanken und -gefühlen. Zumindest ein Nervenzusammenbruch oder eine schwere (wenn auch relativ schnell vorübergehende) Depression sind die wahrscheinlichen Folgen.

Integrationslinie: Wenn sich gesunde Einsen auf Typ sieben zubewegen, akzeptieren sie die Wirklichkeit in all ihrer zwangsläufigen Unvollkommenheit, sie werden entspannter und produktiver. Sie fühlen sich nicht länger genötigt, ständig danach zu streben, alles perfekt zu machen, und haben auch nicht mehr das Empfinden, sie müßten die Welt im Alleingang retten. Dadurch ist das Leben weniger stressig und hart; sie können abwarten, daß sich die Dinge von selbst entwickeln. Sie werden fröhlicher und menschlicher.

Ursprünge in der Kindheit: Einsen haben sich nicht mit dem Vater oder einer Vaterfigur identifizieren können (siehe *PT,* S. 406f.). Sie sind mit strengen moralischen Verboten aufgewachsen. Diese Verbote sowie religiöse und sittliche Gebote und ethische Vorstellungen sind internalisiert worden zu einem Über-Ich, das schnell Schuldgefühle bei ihnen weckt, wenn sie den Normen nicht entsprechen, die ihnen eingehämmert worden sind. Viel von ihrer Energie wird davon aufgezehrt, daß sie über ihre Schuldgefühle hinwegzukommen suchen, sich schuldbewußt mit ihren Übertretungen auseinandersetzen und Fehler wiedergutmachen oder sühnen.

Grundangst: verurteilt zu werden (*PT,* S. 438).

Grundbedürfnis: recht zu haben (*PT,* S. 402 u. S. 411f.).

Sekundärmotivationen: Einsen wollen andere fair behandeln, streben nach einem Ideal, wollen die Welt verbessern, alles kontrollieren, damit keine Fehler auftreten, über jede Kritik erhaben sein, ihre Position gerechtfertigt finden, vollkommen schuldlos sein und die verdammen, die nicht nach ihren Idealen leben.

Gesundes Selbstgefühl: "Ich bin ein vernünftiger, objektiv denkender Mensch."

Stille Klage: "Ich habe meistens recht, und es sähe besser in der Welt aus, wenn die Leute auf mich hören würden."

Hauptabwehrmechanismen: Verdrängung, Reaktionsbildung, Ersatzhandlungen.

Charakteristische Versuchung: ein extrem starkes, verpflichtendes Ehrgefühl. Durchschnittliche Einsen neigen zu dem Denken, es sei ihre ganz persönliche Aufgabe, alles zu verbessern. Sie meinen, wenn sie selbst nicht etwas verbesserten, dann täte es niemand. Deshalb sind sie schließlich immer mehr darauf fixiert, die Umwelt durchzuorganisieren, alles zu berichtigen und zu perfektionieren und an allem und jedem Kritik zu üben, was nicht mit dem von ihnen aufgestellten Ideal übereinstimmt.

Charakteristische Untugend: selbstgerechter Zorn. Der Zorn von Einsen richtet sich sowohl gegen sie selbst, weil sie nicht perfekt gewesen sind (weil sie versäumt haben, ihrem Ideal zu entsprechen) als auch ihrer Fehler wegen gegen andere. Je neurotischer und selbstgerechter Einsen werden, um so mehr verlagern sie ihren Zorn auf andere und erheben sich selbst zum einzigen Richter darüber, wer oder was recht ist und wer oder was unrecht.

Charakteristische Tugend: Weisheit, die Fähigkeit, zu wissen, wie sie am besten an ihr Ziel gelangen, insbesondere, wenn es um sittliche Werte geht. Einsen können einen ausgeprägten Realitätssinn und Objektivität entwickeln, um an den eigenen Leidenschaften und Vorlieben vorbei die beste Wahl zu treffen oder das Richtige zu tun.

Rettungsanker: Trotz der Vorurteile und des Perfektionismus, der durchschnittlichen Einsen oft eigen ist, können sie doch so vernünftig sein, zu verhindern, daß sie sich negativ in Richtung auf Intoleranz und selbstgerechte fixe Ideen entwickeln. Ihre gesunde Fähigkeit zu vernünftigem Denken und Mäßigkeit kann das Mittel sein, durch das sie zu einem gesünderen Verhalten zurückfinden.

Empfehlungen für das persönliche Wachstum: siehe Kapitel 8.

Persönlichkeitsstruktur: Der Grundton ist *Objektivität.* Einsen versuchen, objektiv, logisch und fair zu sein und sich nicht von irgendwelchen persönlichen Wünschen oder Leidenschaften beeinflussen zu lassen, die dem Ideal, dem sie sich verpflichtet haben, zuwiderlaufen. Infolgedessen besteht ein Zwiespalt in ihrer Psyche zwischen Objektivität und Subjektivität, zwischen Denken und Fühlen, zwischen dem, was sie manchmal gern tun würden, und dem, was sie ihrem Empfinden nach tun müssen. In der Außenwelt streben Einsen etwas Höheres, Vollkommeneres an und bemühen sich, alles einschließlich sich selbst zu verbessern (durch Bildung, Disziplin, harte Arbeit, hohe Gesinnung usw.). Insgesamt zeichnet sich also ein Muster beständiger Spannungen ab zwischen den objektiven Werten, die sie der Welt vermitteln wollen, und ihren persönlichen Impulsen (den sexuellen, aggressiven und persönlichen Begierden), die leicht ausbrechen, wenn sie nicht durch Verdrängung und dauernde Selbstkontrolle unterdrückt werden.

Unvermeidliche Konsequenzen: Da Einsen vernünftig sind und logisch denken, machen sie sich von allen Persönlichkeitstypen die meisten Gedanken über die Folgen ihres Handelns. Dennoch gelingt es ihnen oft wie jedem anderen auch, sich einzureden, daß es erlaubt ist, wenn sie für sich selbst einmal eine Ausnahme machen. Aber auch Einsen müssen die Folgen ihres Handelns tragen, selbst wenn es lohnende Ziele sind, die sie verfolgen. Wenn Einsen sich aufgrund der Egoinflation negativ entwickeln, geraten sie allmählich in die Gewalt ihrer Grundangst (verurteilt zu werden), während sie gleichzeitig ihr Grundbedürfnis (recht zu haben) aus den Augen verlieren. Sie fürchten, verurteilt zu werden, sind aber schließlich wirklich zu verurteilen, weil sie sich unmenschlich grausam verhalten und andere ohne Gnade verurteilen. Neurotische Einsen handeln ihrem Grundbedürfnis zuwider, indem sie sich selbst widersprechen und genau die Dinge tun, die sie bei anderen verurteilen – Vernünftiges in Unvernünftiges verwandeln, Ordnung in Chaos, Rechtschaffenheit in schiere Perversion.

Wenn man einige der Charakterzüge, von denen in diesem Kapitel die Rede war, auf das Bild des Enneagramms überträgt, werden die Verhaltensmuster noch deutlicher:

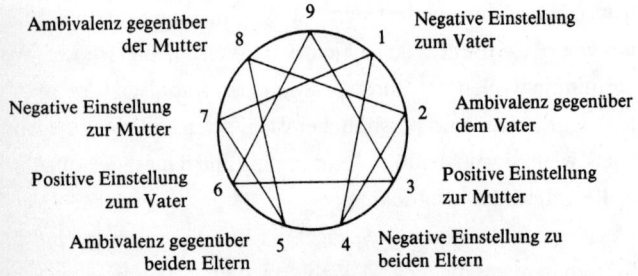

Positive Einstellung zu beiden Eltern

Ambivalenz gegenüber der Mutter — 8

Negative Einstellung zum Vater — 1

Negative Einstellung zur Mutter — 7

Ambivalenz gegenüber dem Vater — 2

Positive Einstellung zum Vater — 6

Positive Einstellung zur Mutter — 3

Ambivalenz gegenüber beiden Eltern — 5

Negative Einstellung zu beiden Eltern — 4

Enneagramm der Ursprünge in der Kindheit

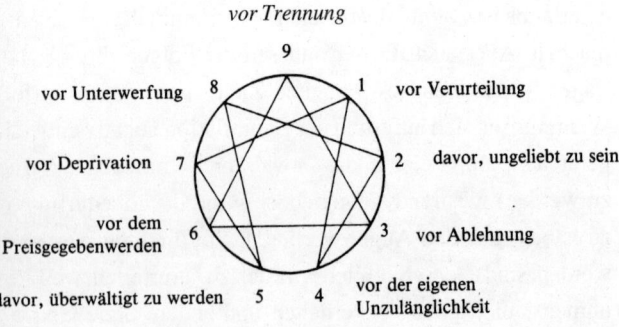

vor Trennung — 9

vor Unterwerfung — 8

vor Verurteilung — 1

vor Deprivation — 7

davor, ungeliebt zu sein — 2

vor dem Preisgegebenwerden — 6

vor Ablehnung — 3

davor, überwältigt zu werden — 5

vor der eigenen Unzulänglichkeit — 4

Enneagramm der Grundängste

116

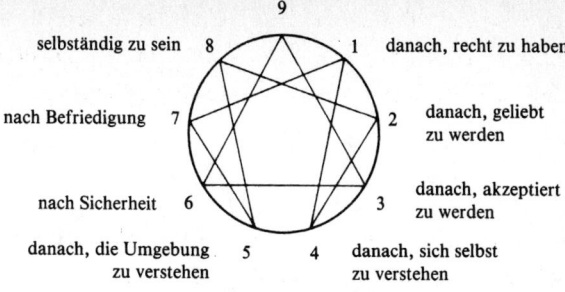

Enneagramm der Grundbedürfnisse

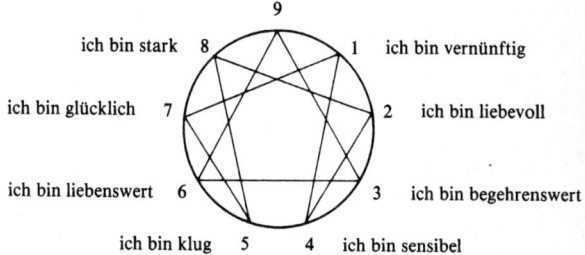

Enneagramm des Selbstgefühls

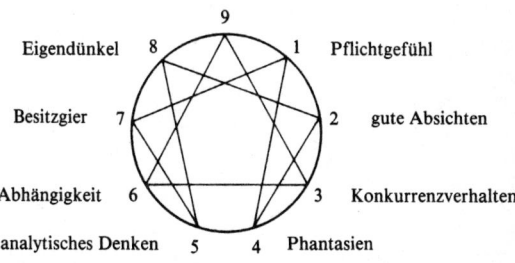

Enneagramm der charakteristischen Versuchungen

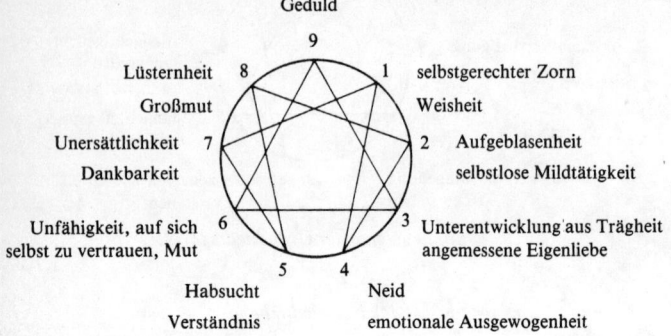

Enneagramm der charakteristischen Untugenden und Tugenden

3 Die Entwicklungsstufen

Eine vollständige Beschreibung der Charakterstruktur einer Person würde eine gewaltige Menge an Informationsmaterial erfordern. Aufgenommen werden müßten Beschreibungen des Es, des Ich, des Über-Ich, Ängste, Abwehrmechanismen, bewußte und unbewußte Kräfte, soziale Beziehungen, Besonderheiten der Lebensgeschichte, Interessen, Einstellungen, Gewohnheiten, typische Verhaltensmuster im Umgang mit der Welt, Symptome (falls vorhanden), Ideale, Ziele und vieles andere mehr. Um sich einen solchen Arbeitsaufwand zu ersparen, haben sich Analytiker jahrelang um knappere und prägnantere zusammenfassende Begriffe ähnlich den in der Persönlichkeitspsychologie gebräuchlichen (selbstsüchtig, ehrgeizig usw.) bemüht.

Auf diese Weise haben sie wiederkehrende Themen aus den Lebensgeschichten einzelner Menschen isoliert, zu einem zusammenhängenden Komplex komprimiert (der als Wesenskern eines Menschen betrachtet werden kann oder auch nicht) und versucht, diesen mit den übrigen Funktionen des betreffenden Menschen in Verbindung zu bringen. Einige der wichtigsten charakterologischen Beschreibungen dieser Art, wie sie in der Literatur vorkommen, sind schnell aufgezählt.

Reuben Fine: *A History of Psychoanalysis,* S. 322.

Fine fährt fort mit einer kurzen Beschreibung des oralen Typs, des analen Typs, des phallisch-narzißtischen Typs, des hysterischen Typs, des masochistischen Typs, der autoritären Persönlichkeit, der Als-ob-Persönlichkeit und anderer, die alle im Enneagramm enthalten sind, wie wir in Kapitel 7 "Psychologische Kategorien" sehen werden.

Wie das Enneagramm dazu beiträgt, psychiatrische Kategorien zu veranschaulichen, wird kurz in Kapitel 14 der *Neun Typen der Persönlichkeit* behandelt. Aber erst ein Buch über die Theorie des

Enneagramms wird der Komplexität eines solchen Systems Gerechtigkeit widerfahren lassen und dessen viele verschiedene Aspekte beleuchten. Bis dahin werden wir uns auf einen der eher *praktisch* orientierten Aspekte der Theorie beschränken müssen – auf die Entwicklungsstufen.

Obwohl das Enneagramm im wesentlichen – in der genauen Darstellung der neun Persönlichkeitstypen – immer der Wahrheit entsprochen hat, mußten doch viele Fehler ausgeräumt werden, ehe es sich wirklich auf das Leben der Menschen anwenden ließ. Zum Beispiel waren die von den Jesuiten überlieferten frühen Typenbeschreibungen kurz (meist nicht einmal eine Seite lang) und gaben nur einen flüchtigen Eindruck, gerade soviel, um ein Gespür für jeden Typ zu vermitteln, aber für eine befriedigende Beschreibung nicht ausführlich genug, geschweige denn für ein tieferes Verständnis. Die Beschreibungen mußten viel umfassender werden, um auch wirklich alle Charakterzüge jedes Typs zu berücksichtigen.

Ein gewaltiges Problem war darüber hinaus die Frage, welche Züge zu welchem Typ gehören, denn es wurde nie eine "Gesamtliste" der Charakterzüge erarbeitet, und die abstrakte innere Struktur eines jeden Typs war noch nicht erkannt worden (falls doch, ist sie nie mit dem anderen Quellenmaterial überliefert worden). Das Enneagramm war und ist ein junger, wachsender Forschungsbereich; wer von den Jesuiten unterrichtet wurde, war eher von den darin enthaltenen essentiellen Einsichten, den psychologischen und spirituellen Schlüssen fasziniert und achtete weniger darauf, was daran dunkel oder gar widersprüchlich war.

In diesem Kapitel werden die neun Entwicklungsstufen innerhalb eines jeden Typs eingehender behandelt, die ein Kontinuum miteinander in Wechselbeziehung stehender Charakterzüge bilden und ein Spektrum von gesund über durchschnittlich bis hin zu gestört abdecken. Bei den Entwicklungsstufen handelt es sich um die abstrakten inneren Persönlichkeitsstrukturen, das Vorstellungsgerüst, das erst durch die Charakterzüge, Abwehrmechanismen, sozialen Verhaltensweisen, Einstellungen und viele andere komplexe Faktoren mit Leben erfüllt wird.

Wie es bei vielen Entdeckungen der Fall ist, entstand meine Arbeit über die Entwicklungsstufen aus praktischen Erwägungen heraus. Als ich mit meiner Beschreibung der Persönlichkeitstypen anfing, ging ich von der Thematik aus und skizzierte das Verhalten eines jeden Typs im Privatleben und im Beruf, die sozialen Beziehungen, die bewußten und unbewußten Einstellungen, die Ängste und Wünsche und so weiter. Ich merkte jedoch bald, daß ein thematisches Vorgehen eine Menge Wiederholungen mit sich brachte und die Beschreibungen lang wurden und mühsam zu lesen waren, weil keine Gesamtstruktur da war. Die fließenden Übergänge von gesunden zu durchschnittlichen und schließlich zu gestörten Verhaltensweisen waren nicht nachzuvollziehen, da mir noch nicht klar geworden war, wie das Material entsprechend geordnet werden konnte. Wie ich es auch drehte und wendete, die Beschreibungen schienen sich einfach zyklisch zu wiederholen und auszuufern.

Eine thematische Vorgehensweise hat natürlich unweigerlich etwas von der Unbestimmtheit, wie sie im Alltagsleben anzutreffen ist, und sie weist leider eine ebensolche Schwammigkeit auf. Eigentlich sollten die Beschreibungen nicht die gleichen Trugschlüsse enthalten, auf die die Menschen verfallen, sondern darüber hinausführen. Sie sollten das Wesen des Menschen beleuchten und nicht so unbestimmt sein, wie die Menschen selbst es manchmal sind. Um eine Methode zu finden, mit der die Persönlichkeitstypen knapp zu beschreiben sind, muß man durch die Wirrnisse des Alltagslebens hindurchstoßen und größere Strukturen erkennen.

Nach zwei Jahren, in denen ich mich mit dem Problem herumschlug, Hunderte von Beobachtungen in eine einheitliche Form zu bringen, ergab sich endlich eine Lösung: die Entwicklungsstufen. Was ich darüber weiß, hat sich seit 1977, als ich darauf stieß, über die Jahre weiter vertieft, aber ich bin noch immer weit davon entfernt, alle Zusammenhänge herausgefunden zu haben.

Ich ging nach folgender Methode vor: Ich schrieb jeden Charakterzug und jede Beobachtung über die verschiedenen Typen auf Karteikarten. Statt nun irgendeine Ordnung hineinzubringen, beschloß ich, erst abzuwarten, welche Muster sich abzeichnen würden, wenn ich die Karten sortierte, und welche Kategorien sich von selbst ergeben würden. Ich begann, wie ich es meistens tue, in der Gefühlstriade mit Persönlichkeitstyp zwei. Nachdem ich die Karten durchgelesen und die Charakterzüge in einzelnen Packen heraussortiert hatte, die zuzutreffen schienen, hatte ich schließlich acht Stapel. Als nächstes waren die Karten für Typ drei an der Reihe und ergaben neun Stapel; noch bedeutsamer war, daß ich eine gewisse Abstufung erkennen konnte. Anfangs hatte ich gedacht, die Charakterzüge würden sich in zwei Gruppen teilen – in gesunde und gestörte (mit jeweils vier Stapeln für gesund, einen in der Mitte für den Übergangspunkt und vier Stapel für gestört).

Als ich die Karten der anderen Typen durchging, wurde mir allmählich klar, daß es auch ein "durchschnittliches" Mittelfeld von Charakterzügen gab. Zu diesem Zeitpunkt kamen schon immer neun Stapel mit den Zügen der Typen zusammen, und es dauerte nicht lange, da ging mir auf, daß sie sehr wohl in drei Dreiergruppen eingeteilt werden konnten – drei Stapel für die gesunden, drei für die durchschnittlichen und drei für die gestörten Charaktereigenschaften. Die Vorbereitungszeit für diese Erkenntnis hat zwei Jahre beansprucht, und es dauerte weitere fünf Jahre, in denen ich mir Gedanken machte und Beobachtungen anstellte, bis ich die Entwicklungsstufen, wie ich sie nannte, detaillierter ausarbeiten konnte. (Und um kurz auf eine wichtige, damit zusammenhängende Sache einzugehen: Ich war schließlich in der Lage, vollkommen abstrakte Modelle für jede Stufe aufzustellen, gewissermaßen die Grundmuster der psychischen Aktivitäten, die auf jeder Entwicklungsstufe ablaufen. Über diese psychischen Grundstrukturen habe ich noch nichts veröffentlicht, aber sie sind letztlich das konzeptionelle Fundament, auf dem auch die Entwicklungsstufen ruhen; sie bilden die Grundlage für die Existenz und Plazierung eines jeden Charakterzugs innerhalb des Typs. Die psychischen Grundstrukturen sind abstrakte "Gleichungen", die in Sprache übertragen werden können – in eine Sprache, die dann in vollständige Beschreibungen einfließen kann.)

So nützlich die Entdeckung der Entwicklungsstufen war, hat sie doch keineswegs automatisch die Typen oder auch die Entwicklungsstufen selbst restlos erklärt. Ich lerne bei beidem noch immer dazu, und dieser Lernprozeß wird noch Jahre andauern. Was ich in diesem Kapitel sage, ist daher vereinfacht und nicht so umfassend, wie eine vollständige Darlegung der Entwicklungsstufen sein könnte. Aber da dieses Kapitel praktischen Zwecken wie dem einfachen Verständnis der Entwicklungsstufen und ihrer Anwendung dienen soll, ist es unnötig, zu weit auszuholen oder zu sehr in die technischen Einzelheiten zu gehen. Die Entwicklungsstufen innerhalb eines Typs (wie auch die Symmetrien zwischen den verschiedenen Typen) zu erkennen ist nicht nur ein intellektueller Genuß, sondern auch von ungeheurer Bedeutung für die Praxis, wie dieses Buch deutlich machen wird. Vor allem in Teil III ("Ausblicke") werden wir uns noch einmal eingehend mit den Entwicklungsstufen befassen. Dann wird sich zeigen, daß es nicht nur hilfreich ist, die innere Struktur eines jeden Typs zu erkennen, sondern daß es darüber hinaus außerordentlich nützlich sein kann, die Bedeutung dieser Struktur für seine weitere Entwicklung zu verstehen.

DIE PSYCHOLOGIE DER ENTWICKLUNGSSTUFEN

Jede Stufe ist durch einen bestimmten psychologischen und sozialen Prozeß gekennzeichnet, der an diesem Punkt auf dem Kontinuum in Erscheinung tritt. Diese Prozesse habe ich in den *Neun Typen der Persönlichkeit* (S. 458-460) bereits beschrieben, will sie hier jedoch noch ausführlicher behandeln.

Rechts sehen Sie noch einmal die Grafik, in der das Kontinuum der Entwicklungsstufen übersichtlich dargestellt ist.

Die Entwicklungsstufen sind in mancher Hinsicht nützlich. Sie beschreiben 81 einzelne Subtypen, da ja die neun Stufen innerhalb jedes Typs feste Formen annehmen können. Das heißt, die Persönlichkeiten einiger Menschen sind unter Umständen so eingeschränkt und eng, daß schon die auf einer einzigen Stufe ihres Typs auftretenden Charakterzüge beispielhaft für sie sind. Theoretisch ist jede Stufe sowohl integraler Bestandteil des Gesamttyps als auch ein Persönlichkeitssubtyp für sich, der in sich einzigartig ist. Die überwiegende Mehrzahl der Leute gibt jedoch kein festes Beispiel ab für nur eine Entwicklungsstufe; sie bewegen sich auf dem Kontinuum nach oben und nach unten, machen gelegentlich eine Abwärtsentwicklung über das gesamte Kontinuum hinweg zur Neurose durch oder bewegen sich auf-

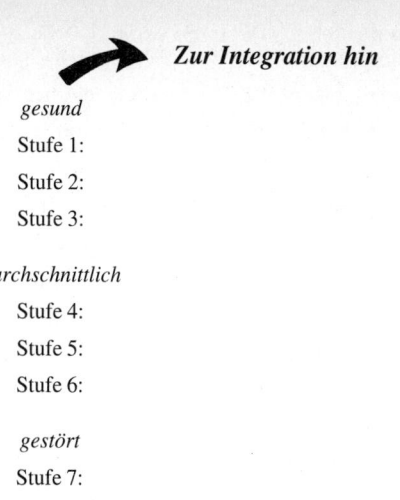

Zur Integration hin

gesund

Stufe 1:

Stufe 2:

Stufe 3:

durchschnittlich

Stufe 4:

Stufe 5:

Stufe 6:

gestört

Stufe 7:

Stufe 8:

Stufe 9:

Zur Desintegration hin

Das Kontinuum der Entwicklungsstufen

wärts in Richtung Gesundheit und Integration. Auf ihrem Wege entlang des Kontinuums treten bei ihnen verschiedene Charakterzüge und Abwehrmechanismen in Erscheinung und verbinden sich mit den bereits vorhandenen Zügen und Abwehrmechanismen zu den komplexen Mustern, die wir bei individuellen Menschen sehen.

Der kurze Überblick auf den folgenden Seiten über die 81 Entwicklungsstufen macht diese Muster deutlicher und zeigt, wie jeder Typ ein zusammenhängendes Ganzes bildet. Die anschaulichen Titel habe ich selbst erfunden, sie sind der beste Kompromiß zwischen Fach- und Umgangssprache zur Beschreibung dessen, was auf jeder Ebene geschieht. Zur Vereinfachung habe ich die Entwicklungsstufen "abwärts" aufgelistet von gesund über durchschnittlich bis gestört, als handle es sich stets um den progressiven Abbau der betreffenden Person in den genannten Stufen. Dabei darf jedoch nicht außer acht gelassen werden, daß es auch die stufenweise "Aufwärtsentwicklung" gibt, die eine Verbesserung der psychischen Gesundheit und Ausgeglichenheit bedeutet (in Kapitel 8 werden Empfehlungen für das persönliche Wachstum gegeben). Eine stufenweise Entwicklung ist in beiden Richtungen möglich, und wie bereits festgestellt, bewegt sich jeder von uns auf dieser Stufenleiter fortwährend auf seine eigene Weise hinauf und hinunter. Aber im Sinne einer komprimierten Beschreibung betrachten wir die Stufen "von oben nach unten", als würde stets nur eine Richtung eingeschlagen – zu immer neurotischeren Verhaltensweisen hin.

Jeder Typ hat eine komplexe innere Struktur, wie aus den symmetrischen Beziehungen unter den Entwicklungsstufen ersichtlich ist. Sie bilden den inneren Zusammenhalt eines jeden Typs, aus dem eine Einheit entsteht – ein Ganzes, dessen Teile präzise und elegant zusammenpassen. Der innere Zusammenhalt macht auch deutlich, warum die jeweiligen Charakterzüge kein Zufall sind: Jeder Zug muß sich in das größere Ganze einfügen, das den Typ ausmacht.

Zum Beispiel laufen bei Typ zwei die psychischen Prozesse auf Stufe 1, 4 und 7 parallel. Der uneigennützige Altruist von Stufe 1 entwickelt sich auf Stufe 4 zum großsprecherischen Freund und auf Stufe 7 schließlich zum selbstbetrügerischen Manipulierer – aus Uneigennützigkeit wird schmeichlerische Überschwenglichkeit und zuletzt Manipulation. Die Stufen 2, 5 und 8 laufen ebenfalls parallel. Der Einfühlsame von Stufe 2 entwickelt sich negativ zum besitzergreifenden "Intimfreund" auf Stufe 5 und schließlich zum dominanten Erpresser der Stufe 8 – das Einfühlungsvermögen sinkt ab zu Besitzgier und Nötigung. Auch die Stufen 3, 6 und 9 verlaufen parallel. Der Fürsorgliche von Stufe 3 wandelt sich auf Stufe 6 zum überheblichen Heiligen und dann auf Stufe 9 zum psychosomatischen Opfer – Hochherzigkeit verkümmert zur ungewollten Selbstaufopferung und letztlich zu dem Gefühl, ein armes, übervorteiltes Opfer zu sein. Mit diesen drei symmetrischen Gruppen sind die inneren Entsprechungen jedes Typs noch nicht erschöpft: Es bestehen noch andere Symmetrien, die wir aber an dieser Stelle nicht erörtern wollen.

Außerdem gibt es noch Symmetrien zwischen allen Typen. Man kann beispielsweise alle Typen "horizontal" auf der gleichen Stufe miteinander vergleichen, um Unterschiede und Ähnlichkeiten festzustellen.

Obwohl die Entwicklungsstufen die Möglichkeit bieten, die Typen analytisch zu erfassen und zu ordnen, dürfen wir nicht vergessen, daß sie ein künstliches Konstrukt sind: Echte Menschen sind natürlich nicht so durchstrukturiert oder voraussagbar. Doch da sie mit einem so hohen Abstraktionsgrad dargestellt werden können, beweisen die Persönlichkeitstypen des Enneagramms erneut, wie erstaunlich reichhaltig sie sowohl in ihrer Spezifizierung als auch in ihrer Generalisierung sind.

In den nachfolgenden Tabellen werden die Entwicklungsstufen jedes Typs entlang des Kontinuums aufgeführt und ein zusammenfassender Überblick gegeben über das, woran der innere Zusammenhalt eines Typs deutlich wird.

KONTINUUM DER CHARAKTERZÜGE VON TYP ZWEI: DER HELFER

Gesund

Stufe 1: Der uneigen-
nützige Altruist   Uneigennützigkeit

Stufe 2: Der Einfühl-
same   Einfühlungsvermögen

Stufe 3: Der Fürsorg-
liche   Hochherzigkeit

Durchschnittlich

Stufe 4: Der groß-
sprecherische Freund   Schmeichelei

Stufe 5: Der besitzergrei-
fende Intimfreund   Besitzgier

Stufe 6: Der überhebli-
che Heilige   Selbstaufopferung

Gestört

Stufe 7: Der selbstbetrü-
gerische Manipulierer   Manipulation

Stufe 8: Der dominante
Erpresser   Nötigung

Stufe 9: Das psycho-
somatische Opfer   Das Gefühl des
Geopfertseins

Zusammenfassender Überblick: Der Verlauf des Kontinuums von Typ zwei läßt sich stark verkürzt wie folgt darstellen: Zweien machen eine progressive Negativentwicklung von gesundem uneigennützigem Altruismus, einfühlsamer Sorge um andere und Hochherzigkeit über durchschnittliche überschwengliche Freundlichkeit, allesergreifende Besitzgier und selbstaufopfernde Überheblichkeit zum gestörten Verhalten selbstbetrügerischer Manipulation und herrschsüchtiger Nötigung und schließlich zu psychosomatischen Beschwerden durch (die durch ihre verdrängten Aggressionen ausgelöst werden).

Eine innere Symmetrie besteht unter anderem zwischen der Uneigennützigkeit der gesunden Zwei (Stufe 1), der Schmeichelei der durchschnittlichen Zwei (Stufe 4) und der Manipulation der gestörten Zwei (Stufe 7). Weitere Symmetrien sind zwischen dem Einfühlungsvermögen (Stufe 2), der Besitzgier (Stufe 5) und der Nötigung (Stufe 8) gegeben. Die Hochherzigkeit (Stufe 3) hat ihre Parallele in der Selbstaufopferung (Stufe 6) und im Gefühl des Geopfertseins (Stufe 9).

KONTINUUM DER CHARAKTERZÜGE VON TYP DREI: DER MACHER

Gesund

Stufe 1: Die authentische Persönlichkeit	Selbstbestimmtheit
Stufe 2: Der selbstsichere Mensch	Anpassungsfähigkeit
Stufe 3: Das große Vorbild	Ehrgeiz

Durchschnittlich

Stufe 4: Der Statusbesessene	Konkurrenzdenken
Stufe 5: Der imageorientierte Pragmatiker	Imageprojektion
Stufe 6: Der durchsetzungsstarke Narzißt	Geringschätzigkeit

Gestört

Stufe 7: Der ausbeuterische Opportunist	Opportunismus
Stufe 8: Der böswillige Verräter	Doppelzüngigkeit
Stufe 9: Der rachsüchtige Psychopath	Rachsucht

Zusammenfassender Überblick: Der Verlauf des Kontinuums von Typ drei läßt sich stark verkürzt wie folgt darstellen: Dreien machen eine progressive Negativentwicklung von gesunder Selbstakzeptanz und Authentizität, anpassungsfähiger Selbstsicherheit und bewundernswerten Formen der Eigenentwicklung über durchschnittliches Konkurrenz- und Statusdenken, berechnende Sorge um ihr Image und selbsterhöhenden Narzißmus zum gestörten Verhalten des ausbeuterischen Opportunismus und arglistigen Betrugs und schließlich zu sadistischem psychopathischem Verhalten durch.

Eine innere Symmetrie besteht unter anderem zwischen der Selbstbestimmtheit (Stufe 1), dem Konkurrenzdenken (Stufe 4) und dem Opportunismus (Stufe 7). Weitere Symmetrien sind in der Anpassungsfähigkeit (Stufe 2), der Imageprojektion (Stufe 5) und der Doppelzüngigkeit (Stufe 8) gegeben. Gesunder Ehrgeiz (Stufe 3) entwickelt sich negativ zu Geringschätzigkeit gegenüber anderen (Stufe 6) und psychopathischer Rachsucht (Stufe 9).

KONTINUUM DER CHARAKTERZÜGE VON TYP VIER: DER KÜNSTLER

Gesund

Stufe 1: Der inspiriert-schöpferische Mensch	Kreativität
Stufe 2: Der aus der Intuition Lebende	Selbstbewußtheit
Stufe 3: Der sich offen-barende Mensch	Individualität

Durchschnittlich

Stufe 4: Der phantasie-volle Künstler	Phantasie
Stufe 5: Der selbstver-liebte Introvertierte	Befangenheit
Stufe 6: Der schwache Ästhet	Besonderheit

Gestört

Stufe 7: Der selbstent-fremdete Depressive	Gehemmtheit
Stufe 8: Der emotional Leidende	Selbstquälerei
Stufe 9: Der Selbst-zerstörerische	Selbstzerstörungslust

Zusammenfassender Überblick: Der Verlauf des Kontinuums von Typ vier läßt sich stark verkürzt wie folgt darstellen: Vieren machen eine progressive Negativentwicklung von gesunder selbstüberschreitender Kreativität, sensibler Selbstbewußtheit und selbstoffenbarender Individualität über das durchschnittliche Verhalten des Phantasierens und Ästhetisierens, introvertiertes Rückzugsverhalten, das Gefühl, etwas Besonderes zu sein, sowie Zügellosigkeit zum gestörten Verhalten depressiver Gehemmtheit, geringschätziger Selbstquälerei und schließlich selbstzerstörerischer Verzweiflung durch.

Eine Symmetrie besteht unter anderem zwischen der gesunden Kreativität (Stufe 1), der Phantasie (Stufe 4) und der Gehemmtheit (Stufe 7). Weitere Symmetrien sind zwischen der Selbstbewußtheit (Stufe 2), der Befangenheit (Stufe 5) und der Selbstquälerei (Stufe 8) gegeben. Gesunde Individualität (Stufe 3) entwickelt sich negativ zur überheblichen Selbstbehauptung (Stufe 6) und schließlich zu selbstzerstörerischem Verhalten (Stufe 9).

KONTINUUM DER CHARAKTERZÜGE VON TYP FÜNF:
DER DENKER

Gesund

    Stufe 1: Der Pionier und   Einsicht
           Visionär

    Stufe 2: Der erkennende   Engagement
           Beobachter

    Stufe 3: Der kundige   Können
           Experte

Durchschnittlich

    Stufe 4: Der Analytiker   Analytischer Verstand
           und Spezialist

    Stufe 5: Der versponne-   Gedankenverlorenheit
           ne Theoretiker

    Stufe 6: Der extreme   Reduktionismus
           Reduktionist

Gestört

    Stufe 7: Der isolierte   Zurückweisung
           Nihilist

    Stufe 8: Der von Wahn-   Verzerrung
           vorstellungen Gequälte

    Stufe 9: Der leere   Abnormes Verhalten
           Schizoide

Zusammenfassender Überblick: Der Verlauf des Kontinuums von Typ fünf läßt sich stark verkürzt wie folgt darstellen: Fünfen machen eine progressive Negativentwicklung von gesunder verständnisvoller Einsicht, aufschlußreicher Beobachtung und Sachkenntnis über durchschnittliches analytisch-zergliederndes Denken, versponnene Spekulation und reduktionistische Interpretationen zum gestörten Verhalten antagonistischer Ablehnung der Wirklichkeit, paranoider Entstellung und abnormen Verhaltensweisen durch.

Eine innere Symmetrie besteht beim gesunden Typ fünf unter anderem zwischen dem tiefgreifenden Verständnis (Stufe 1), dem analytischen Verstand (Stufe 4) und der Zurückweisung von widersprüchlichen Daten (Stufe 7). Weitere Symmetrien sind zwischen der Fähigkeit zum Nachdenken (Stufe 2), der Gedankenverlorenheit (Stufe 5) und in den verzerrten Wahrnehmungen (Stufe 8) gegeben. Gesundes Expertentum (Stufe 3) entwickelt sich negativ zu extremem Reduktionismus (Stufe 6) und unter Umständen sogar zu Wahnvorstellungen, die eine Quelle ungeheurer Angst und geistiger Labilität werden (Stufe 9).

KONTINUUM DER CHARAKTERZÜGE VON TYP SECHS: DER LOYALE

Gesund

Stufe 1: Die selbstbejahende Persönlichkeit	Selbstbejahung
Stufe 2: Der liebenswerte Mensch	Liebenswürdigkeit
Stufe 3: Der engagierte und loyale Freund	Kooperation

Durchschnittlich

Stufe 4: Der gehorsame Traditionalist	Gehorsam
Stufe 5: Der Ambivalente	Ausweichendes Verhalten
Stufe 6: Der überkompensierende "harte Mann"	Defensivverhalten

Gestört

Stufe 7: Der unsichere Mensch	Minderwertigkeit
Stufe 8: Der Hysteriker	Überreaktion
Stufe 9: Der selbstzerstörerische Masochist	Masochismus

Zusammenfassender Überblick: Der Verlauf des Kontinuums von Typ sechs läßt sich stark verkürzt wie folgt darstellen: Sechsen machen eine progressive Negativentwicklung von gesundem selbstbejahendem Gleichwertigkeitsgefühl gegenüber anderen, gewinnender Verbindlichkeit und engagierter Loyalität über durchschnittlichen gehorsamen Traditionalismus, passiv-aggressive Ambivalenz und defensiven Autoritarismus zum gestörten Verhalten der Abhängigkeit und Minderwertigkeit, irrationalen Überreaktionen und schließlich zum selbstzerstörerischen Masochismus durch.

Eine innere Symmetrie besteht beim gesunden Typ sechs unter anderem zwischen Selbstbejahung (Stufe 1), Autoritätshörigkeit (Stufe 4) und Minderwertigkeitsgefühlen (Stufe 7). Weitere Symmetrien sind zwischen der Liebenswürdigkeit (Stufe 2), dem ausweichenden Verhalten (Stufe 5) und den Überreaktionen (Stufe 8) gegeben. Die Kooperation der gesunden Sechs (Stufe 3) hat ihre Parallele in autoritärer Defensivhaltung (Stufe 6) und masochistischer Selbstzerstörung (Stufe 9).

KONTINUUM DER CHARAKTERZÜGE VON TYP SIEBEN: DER VIELSEITIGE

Gesund

Stufe 1: Der ekstatische Genießer — Dankbarkeit

Stufe 2: Der glückliche Enthusiast — Enthusiasmus

Stufe 3: Der tüchtige Alleskönner — Produktivität

Durchschnittlich

Stufe 4: Der welterfahrene Lebenskünstler — Gewinnsucht

Stufe 5: Der hyperaktive Extravertierte — Impulsivität

Stufe 6: Der exzessive Materialist — Übermäßigkeit

Gestört

Stufe 7: Der impulsive Eskapist — Ausschweifung

Stufe 8: Der manisch-triebhafte Mensch — Triebhaftigkeit

Stufe 9: Der von panischer Angst befallene "Hysteriker" — Hysterie

Zusammenfassender Überblick: Der Verlauf des Kontinuums von Typ sieben läßt sich stark verkürzt wie folgt darstellen: Sieben machen eine progressive Negativentwicklung von gesunder dankbarer Anerkennung, anteilnehmendem Enthusiasmus und tätiger Produktivität über durchschnittliches Streben nach Sinnesgenüssen, hyperaktive Extravertiertheit und materialistische Ausschweifung zum gestörten Verhalten impulsiver Wirklichkeitsflucht und schließlich hysterischer Panik durch.

Eine innere Symmetrie besteht unter anderem zwischen der Dankbarkeit des gesunden Typs sieben (Stufe 1), der Gewinnsucht der durchschnittlichen Sieben (Stufe 5) und der Ausschweifung und Wirklichkeitsflucht der gestörten Sieben (Stufe 7). Weitere Symmetrien sind zwischen dem Enthusiasmus (Stufe 2), der Impulsivität (Stufe 5) und der manischen Triebhaftigkeit (Stufe 8) gegeben. Die gesunde Produktivität (Stufe 3) entwickelt sich negativ zu exzessivem Materialismus (Stufe 6) und panischer Hysterie (Stufe 9).

KONTINUUM DER CHARAKTERZÜGE VON TYP ACHT: DER FÜHRER

Gesund

Stufe 1: Der großmütige Held	Selbstbeherrschung
Stufe 2: Der von Selbstvertrauen erfüllte Mensch	Selbstvertrauen
Stufe 3: Der konstruktive Anführer	Einfluß

Durchschnittlich

Stufe 4: Der unternehmungslustige Abenteurer	Unabhängigkeit
Stufe 5: Der dominierende Machtmensch	Nachdrücklichkeit
Stufe 6: Der feindselige Kämpfer	Einschüchterung

Gestört

Stufe 7: Der skrupellose Tyrann	Skrupellosigkeit
Stufe 8: Der allmächtige Größenwahnsinnige	Rücksichtslosigkeit
Stufe 9: Der gewalttätige Zerstörer	Zerstörungswut

Zusammenfassender Überblick: Der Verlauf des Kontinuums von Typ acht läßt sich stark verkürzt wie folgt darstellen: Achten machen eine progressive Negativentwicklung von gesunder selbstbeherrschter Großmütigkeit, selbstsicherer Kraft und couragierter Führerschaft über durchschnittliche eigennützige Abenteuerlust, Expansionsdrang, Widerspruchsgeist und Einschüchterungstaktik zum gestörten Verhalten skrupelloser Aggressivität, rücksichtslosen Größenwahns und schließlich zu rachsüchtiger Zerstörungswut durch.

Eine innere Symmetrie besteht unter anderem zwischen der Selbstbeherrschung des gesunden Typs acht (Stufe 1), der Unabhängigkeit der durchschnittlichen Acht (Stufe 4) und der Skrupellosigkeit der gestörten Acht (Stufe 7). Weitere Symmetrien sind zwischen dem Selbstvertrauen (Stufe 2), der Nachdrücklichkeit (Stufe 5) und der Rücksichtslosigkeit (Stufe 8) gegeben. Das konstruktive, einflußnehmende Führungsverhalten (Stufe 3) läßt bereits die Einschüchterung und Tyrannei (Stufe 6) ahnen und mündet unter Umständen schließlich in gewalttätige Zerstörungswut (Stufe 9).

KONTINUUM DER CHARAKTERZÜGE VON TYP NEUN: DER FRIEDLIEBENDE

Gesund

Stufe 1: Der in sich ruhende Mensch — Eigenständigkeit

Stufe 2: Der empfängliche Mensch — Unbefangenheit

Stufe 3: Der gutherzige Friedensstifter — Gutherzigkeit

Durchschnittlich

Stufe 4: Der Angepaßte, der seine Rolle spielt — Zurückhaltung

Stufe 5: Der passiv-gleichgültige Mensch — Passivität

Stufe 6: Der resignierte Fatalist — Fatalismus

Gestört

Stufe 7: Der Nachlässige — Nachlässigkeit

Stufe 8: Der gespaltene Mensch — Gespaltenheit

Stufe 9: Der Mensch, der sich aufgegeben hat — Selbstaufgabe

Zusammenfassender Überblick: Der Verlauf des Kontinuums von Typ neun läßt sich stark verkürzt wie folgt darstellen: Neunen machen eine progressive Negativentwicklung von gesunder disziplinierter Autonomie, rezeptiver Unbefangenheit und anteilnehmender Gutherzigkeit gegenüber anderen über durchschnittliche Zurückhaltung und Anpassung, teilnahmslose Passivität und selbstherabsetzende Resignation zum gestörten Verhalten der Nachlässigkeit, Gespaltenheit und Verwirrung und schließlich zur Selbstaufgabe und Bewußtseinsspaltung durch.

Eine innere Symmetrie besteht unter anderem zwischen der Autonomie der gesunden Neun (Stufe 1), der Zurückhaltung der durchschnittlichen Neun (Stufe 4) und der Nachlässigkeit der gestörten Neun (Stufe 7). Weitere Symmetrien sind zwischen Unbefangenheit und Empfänglichkeit (Stufe 2), Passivität (Stufe 5) sowie Gespaltenheit und Verleugnung (Stufe 8) gegeben. Die Unterstützung, die gesunde Neunen anderen gewähren (Stufe 3) läßt bereits auf die Veranlagung zu resigniertem Fatalismus (Stufe 6) und einer selbstverachtenden Wirklichkeitsverleugnung (Stufe 9) schließen.

KONTINUUM DER CHARAKTERZÜGE VON TYP EINS: DER REFORMER

Gesund

Stufe 1: Der weise Realist	Toleranz
Stufe 2: Der vernunftbegabte Mensch	Vernünftigkeit
Stufe 3: Der prinzipientreue Lehrer	Objektivität

Durchschnittlich

Stufe 4: Der idealistische Reformer	Idealismus
Stufe 5: Der Ordnungssüchtige	Strenge Logik
Stufe 6: Der besserwisserische Perfektionist	Perfektionismus

Gestört

Stufe 7: Der Intolerante	Intoleranz
Stufe 8: Der zwanghafte Heuchler	Zwanghaftigkeit
Stufe 9: Der gnadenlose Rächer	Zum Strafen berufen

Zusammenfassender Überblick: Der Verlauf des Kontinuums von Typ eins läßt sich stark verkürzt wie folgt darstellen: Einsen machen eine progressive Negativentwicklung von gesunder kritischer Toleranz, objektiver Rationalität und prinzipientreuer Objektivität über durchschnittliche idealistische Besserungslust, disziplinierte Ordnungsliebe und besserwisserischen Perfektionismus zum gestörten Verhalten selbstgerechter Intoleranz, zwanghaften Getriebenseins und sadistischen Rächertums durch. Eine innere Symmetrie besteht zwischen der weisen Toleranz gesunder Einsen (Stufe 1), dem hochgestochenen Idealismus durchschnittlicher Einsen (Stufe 4) und der selbstgerechten Intoleranz gestörter Einsen (Stufe 7). Weitere Symmetrien sind zwischen ihrer Vernünftigkeit (Stufe 2), ihrer einengenden strengen Logik (Stufe 5) und ihren aufreibenden (irrationalen) Zwängen (Stufe 8) gegeben. Ihre humane Objektivität und Ausgewogenheit (Stufe 3) geht unter Umständen in einen engstirnigen Perfektionismus (Stufe 6) und schließlich sogar in unmenschliches Rächertum (Stufe 9) über.

Um das, was auf jeder Entwicklungsstufe passiert, ausführlicher zu erklären, habe ich die kurzen Ausführungen aus *Die neun Typen der Persönlichkeit* (S. 458-460) hier erweitert. Die Beschreibungen und Profile in diesem wie auch im vorigen Buch gliedern sich wie folgt:

Im Bereich der gesunden Entwicklung

Stufe 1: das Stadium der Befreiung. Indem der Mensch seine Grundangst (die aufgrund seiner Elternbeziehung in der Kindheit entstanden ist) ins Auge faßt und überwindet, wird er frei und geht in einen Zustand der Egotranszendenz über, in dem er sein Selbst zu verwirklichen beginnt. Paradoxerweise stößt er dabei auch auf sein Grundverlangen und fängt an, seine wahren Bedürfnisse zu erfüllen. Außerdem treten jetzt, bei jedem Typ anders, bestimmte spirituelle Fähigkeiten und Tugenden in Erscheinung. Das ist ein Idealzustand, und der betreffende Mensch ist kerngesund, im Gleichgewicht und frei. Er ist dabei, von der "Persönlichkeit" zum "inneren Wesen" überzuwechseln, auch wenn er noch nicht den Weg zur Integration eingeschlagen hat (siehe auch Kapitel 9: "Persönlichkeit, wahres Wesen und Spiritualität").

Stufe 2: das Stadium der psychischen Möglichkeiten. Wenn der Mensch seine Grundangst wahrnimmt, wird auf dieser Stufe ein Grundverlangen zur Kompensation wach. Der Mensch ist zwar noch gesund, aber in Reaktion auf die Ängste, die durch das Ausgeliefertsein an die Grundangst entstehen, entwickeln sich das Ego und seine Abwehrmechanismen. Auf dieser Stufe manifestieren sich das Selbstgefühl des betreffenden Menschen (siehe Kapitel 2) und sein "kognitiver Stil" (der mit C. G. Jungs Einstellungen und Funktionen verwandt ist). Das Grundverlangen ist ein universelles Bedürfnis der menschlichen Psyche, das bei richtigem Handeln alles bietet, was der Mensch braucht, und ihm darüber hinaus als Schlüssel dient, über sich selbst hinauszugehen.

Stufe 3: das Stadium der sozialen Werte. In Reaktion darauf, daß er sekundären Ängsten und Wünschen erlegen ist, wird das Ego des betreffenden Menschen kraft seiner sozialen und interpersonalen Fähigkeiten aktiver und erzeugt eine charakteristische Persona. Der Mensch ist immer noch gesund, aber nicht mehr ganz so wie zuvor, da sowohl Ego als auch Persona durch Abwehrmechanismen geschützt werden (siehe Kapitel 2). Auf dieser Stufe werden die gesunden sozialen Eigenschaften des jeweiligen Typs für andere bemerkbar. Während Persönlichkeit, Ego und Abwehrmechanismen operieren, ist der betreffende Mensch kaum aus dem Gleichgewicht geworfen und noch in der Lage, durch Überwindung seiner Grundangst und durch angemessenes Handeln in bezug auf sein Grundbedürfnis zur Funktionsweise von Stufe 1 zu gelangen (oder zurückzukehren).

Im Bereich der durchschnittlichen Entwicklung

Stufe 4: das Stadium des Ungleichgewichts. Da der Mensch einer bedeutenden charakteristischen Versuchung (siehe Kapitel 2) erlegen ist, die seinen Eigeninteressen und seiner Entwicklung zuwiderläuft, kommt es zur Egoinflation und verstärken sich die Abwehrmechanismen, so daß ein Ungleichgewicht eintritt. Diese

147

Unausgewogenheit bleibt erhalten, weil sie sich aus der Quelle der psychischen Energie des Typs speist. Auf dieser Stufe vollzieht sich der Abstieg des Individuums in die psychische "Sackgasse", durch den, wenn nichts dagegen getan wird, innerpsychische und soziale Konflikte entstehen.

Stufe 5: das Stadium der sozialen Kontrolle. Das Ego bläht sich noch bedeutend mehr auf, während der Mensch versucht, seine Umgebung (und besonders seine Mitmenschen) auf typische Weise unter Kontrolle zu bringen. (Bei den nach innen gekehrten Typen, siehe *PT,* S. 469, verläuft die "Egoinflation" negativ und ist vom Abbau der Persona und dem charakteristischen Rückzug des betreffenden Menschen von sozialen Interaktionen gekennzeichnet.) Abwehrmechanismen verursachen soziale und innerpsychische Konflikte und steigern die Angst, wenn sie versagen. Die Charakterzüge, die auf dieser Stufe in Erscheinung treten, sind deutlich negativer als alle, die sich vor diesem Stadium abgezeichnet haben. Diese Entwicklungsstufe ist ein Wendepunkt zum Schlechteren für diesen Typ, denn von hier an abwärts wird er immer egozentrischer, abwehrender und konfliktbeladener.

Stufe 6: das Stadium der Überkompensation. Der Mensch beginnt, Konflikte und Ängste, die durch die zunehmende Egoinflation wie auch durch das Versagen des Verhaltens von Stufe 5 ausgelöst wurden, übermäßig zu kompensieren, um doch noch das zu erlangen, was er ersehnt. Eine typische Form von Selbstbezogenheit entwickelt sich (bei jedem Typ verschieden), und darüber hinaus kommt es im Sinne der Überkompensation zu extremen Verhaltensweisen, die auf andere im allgemeinen unangenehm wirken (wenn auch nicht neurotisch). Konflikte mit anderen entstehen, weil der betreffende Mensch ichbezogen handelt, um die Egoinflation zu erhalten.

Im Bereich der gestörten Entwicklung

Stufe 7: das Stadium der Gewalt. Aus den verschiedensten Gründen haben die Abwehrmechanismen des Menschen versagt, und schwerwiegende Reaktionen sind die Folge. Jeder Typ wendet eine eigene Überlebenstaktik an, verfällt auf eine gestörte "Selbstschutzreaktion" in dem verzweifelten Bemühen, das Ego zu stärken (das jetzt von wachsenden Ängsten überfallen wird). Durch diese Reaktion verletzt er die eigene Integrität oder die Integrität anderer (oder beides) und verursacht tiefgreifende zwischenmenschliche Konflikte. Er ist völlig aus dem Gleichgewicht geraten und zutiefst gestört, aber noch nicht ganz neurotisch.

Stufe 8: das Stadium der Wahnvorstellungen und zwanghaften Verhaltensweisen. Sowie die Angst zunimmt, kommt es zu schwerwiegenden innerpsychischen Konflikten; der betreffende Mensch versucht, sich eine eigene Wirklichkeit zu schaffen, statt sich der Angst auszuliefern. Sein Denken und seine Wahrnehmungen, sein Fühlen und seine Verhaltensweisen werden davon stark in Mitleidenschaft gezogen und gelähmt; es handelt sich also um einen durch und durch neurotischen Zustand. Der Mensch verliert dabei den Kontakt zur Realität (und entwickelt irgendeinen Wahn), jeder Typ auf eine andere Weise, und das Verhalten, das sich daraus herleitet, muß als "zwanghaft" bezeichnet werden. Man beachte, daß die psychische Kraft, die auf Stufe zwei in Erscheinung getreten ist und auf Stufe 5 übersteigert wurde, in diesem Stadium schließlich zum leeren Wahn verkümmert ist.

Stufe 9: das Stadium der pathologischen Zerstörungswut. Hierbei handelt es sich um einen neurotischen Zustand, in dem zerstörerisches Verhalten offen zutage tritt. Der Mensch, in seinem Wahn völlig realitätsfern, will jetzt andere, sich selbst oder beide zerstören, um der massiven Angst zu begegnen, die eine Auseinandersetzung mit den Folgen seines früheren Handelns in ihm weckt, und der Notwendigkeit zu entgehen, sein Leben neu aufzubauen. Das äußert sich sofort oder später in bewußter oder unbewußter Zerstörungswut (einschließlich einer latenten Selbstzerstörungsneigung), die schließlich einen schweren Nervenzusammenbruch, Gewalttätigkeit oder sogar den Tod zur Folge hat.

Diese kurzen Ausführungen werden den Entwicklungsstufen in ihrer Bedeutung noch immer nicht gerecht. Aber es sollte trotz der Kürze der Erläuterungen doch möglich sein, die allgemeine Struktur der Stadien zu begreifen und dadurch die Muster zu erkennen, die sich bei jedem Typ abzeichnen. Man beachte, daß das Ego auf Stufe 2 in Erscheinung tritt und seine Inflation und sein Zerstörungswillen bis Stufe 9 immer mehr zunehmen. Zudem läuft es bei der persönlichen Freiheit genau umgekehrt: Der Mensch besitzt auf Stufe 1 die größte Freiheit und verliert sie auf seinem Weg in die Neurose von Stufe 9 immer mehr an seine Zwangsvorstellungen.

Die Merkmale der Entwicklungsstufen können folgendermaßen schematisch dargestellt werden:

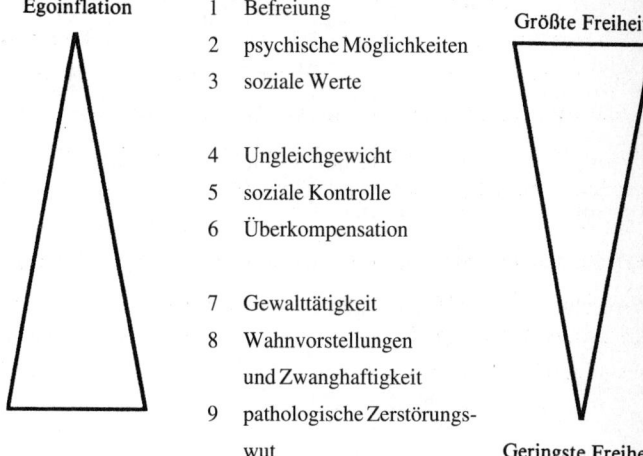

Entwicklungsstufe,
gekennzeichnet durch:

Egoinflation	1	Befreiung
	2	psychische Möglichkeiten
	3	soziale Werte
	4	Ungleichgewicht
	5	soziale Kontrolle
	6	Überkompensation
	7	Gewalttätigkeit
	8	Wahnvorstellungen
		und Zwanghaftigkeit
	9	pathologische Zerstörungs-
		wut

Größte Freiheit

Geringste Freiheit

DIE MERKMALE DER ENTWICKLUNGSSTUFEN

Ein Blick in *Die neun Typen der Persönlichkeit* zeigt, daß jedes Stadium bestimmte wesentliche Merkmale hat. Obwohl sie hier vereinfacht und schematisiert wiedergegeben sind, wird doch erkennbar, inwiefern diese Charakterzüge das "Grundthema" jedes Stadiums bilden; außerdem sind die folgenden Hauptmerkmale als Grundlage für einen "horizontalen" Vergleich zwischen den verschiedenen Typen auf gleicher Entwicklungsstufe geeignet.

Die Hauptmerkmale werden einmal in Form einer Aufzählung der Charakterzüge und zum anderen im Enneagramm dargelegt.

Stufe 1   Gekennzeichnet durch: *Befreiung* (Selbstüberschreitung)

Typ zwei: Uneigennützigkeit: Altruismus

Typ drei: Selbstakzeptanz: Authentizität

Typ vier: Selbsterneuerung: Kreativität

Typ fünf: Aufgeschlossenheit: Entdeckungsfreude

Typ sechs: Selbstbejahung: Mut

Typ sieben: Anpassung: Dankbarkeit

Typ acht: Selbstbescheidung: Großmütigkeit

Typ neun: Selbstbeherrschung: Erfüllung

Typ eins: Einsichtigkeit: Toleranz

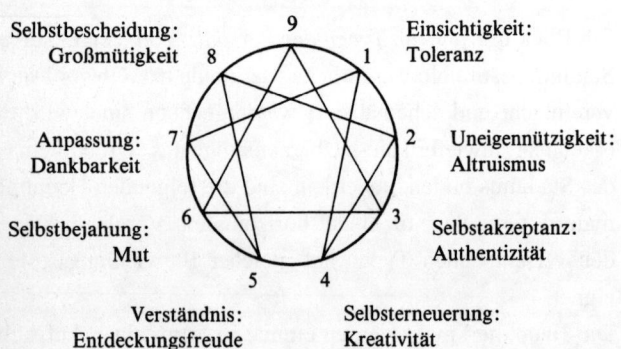

Enneagramm der Befreiung

152

Stufe 2   Gekennzeichnet durch: *psychische Möglichkeiten*
             und *Selbstgefühl*

Typ zwei: Einfühlsamkeit: "Ich bin teilnahmsvoll."

Typ drei: Anpassungsfähigkeit: "Ich bin angenehm."

Typ vier: Selbstbewußtheit: "Ich folge meiner Intuition."

Typ fünf: Beobachtungsgabe: "Ich bin aufnahmefähig."

Typ sechs: Emotionales Engagement: "Ich bin liebenswert."

Typ sieben: Aufgeschlossenheit: "Ich bin glücklich."

Typ acht: Anmaßung: "Ich bin stark."

Typ neun: Empfänglichkeit: "Ich bin friedfertig."

Typ eins: Rationalität: "Ich bin vernünftig."

Empfänglichkeit:
„Ich bin friedfertig.“

Anmaßung: 9   Rationalität:
„Ich bin stark.“   8   1   „Ich bin vernünftig.“

Aufgeschlossenheit: 7   2
„Ich bin glücklich.“   Einfühlsamkeit:
                                                  „Ich bin teilnahmsvoll.“

Emotionales Engagement: 6   3
„Ich bin liebenswert.“   Anpassungsfähigkeit:
                            5   4   „Ich bin angenehm.“

Beobachtungsgabe: Selbstbewußtheit:
„Ich bin aufnahmefähig.“   „Ich folge meiner Intuition.“

Enneagramm der psychischen Möglichkeiten

153

Stufe 3   Gekennzeichnet durch: *soziale Werte* (Beitrag zum Wohl anderer)

Typ zwei: Hochherzigkeit: Dienstbarkeit
Typ drei: Ehrgeiz: Selbstverwirklichungsdrang
Typ vier: Individualität: Ausdruck der eigenen Persönlichkeit
Typ fünf: Kenntnisreichtum: Sachverständigkeit
Typ sechs: Pflichtgefühl: Kooperationsbereitschaft
Typ sieben: Praktischer Verstand: Produktivität
Typ acht: Autorität: Führungsvermögen
Typ neun: Festigkeit: Bestärkungsvermögen
Typ eins: Prinzipientreue: Objektivität

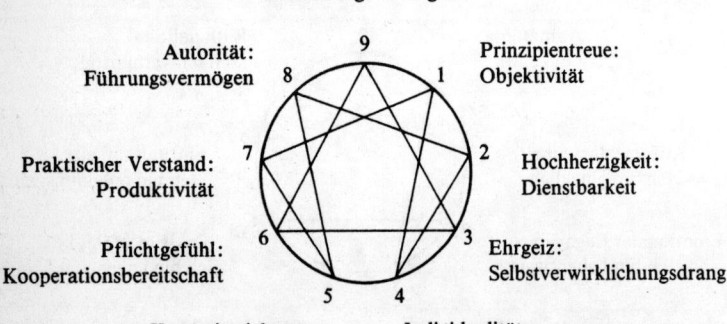

Enneagramm der sozialen Werte

Stufe 4	Gekennzeichnet durch: *Ungleichgewicht* (und das Bestreben ...)

Typ zwei: seine Absichten für lauter zu halten

Typ drei: mit anderen um Überlegenheit zu konkurrieren

Typ vier: in einer Phantasiewelt zu leben

Typ fünf: alles unentwegt zu analysieren

Typ sechs: von anderen abhängig zu werden

Typ sieben: immer gewinnsüchtiger zu werden

Typ acht: nur noch eigennützige Interessen zu verfolgen

Typ neun: zu entgegenkommend und nachgiebig zu werden

Typ eins: sich dauernd persönlich verpflichtet zu fühlen

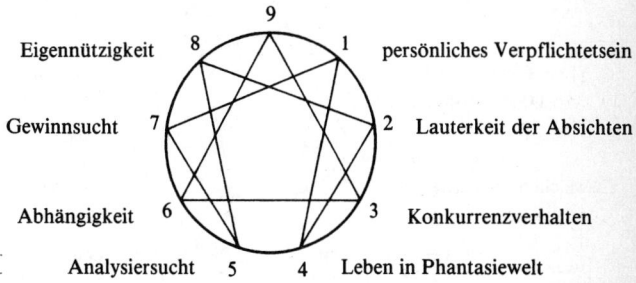

Enneagramm des Ungleichgewichts

Stufe 5	Gekennzeichnet durch: *soziale Kontrolle* (Ursache und Wirkung)

Typ zwei:	Aufdringlichkeit: Besitzgier
Typ drei:	Berechnung: Projektion von Bildern
Typ vier:	Selbstbezogenheit: Rückzug
Typ fünf:	Versponnenheit: Distanziertheit
Typ sechs:	Ambivalenz: ausweichendes Verhalten
Typ sieben:	Ungehemmtheit: Hyperaktivität
Typ acht:	Expansivität: Dominanz
Typ neun:	Teilnahmslosigkeit: Passivität
Typ eins:	emotionale Kontrolle; strenge Ordnungssucht

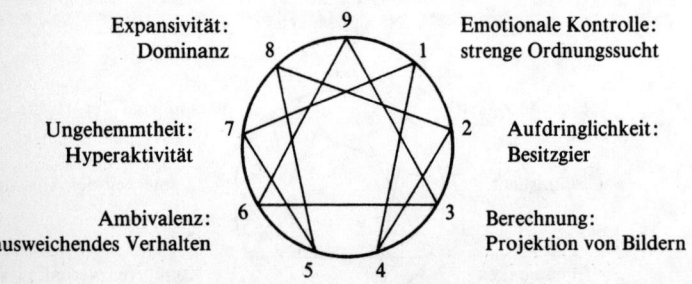

Enneagramm der sozialen Kontrolle

Stufe 6	Gekennzeichnet durch : *Überkompensation* (und offensives Verhalten)

Typ zwei:	Selbstüberhebung: Unentbehrlichkeit
Typ drei:	Narzißmus: Arroganz
Typ vier:	Selbstmitleid: Maßlosigkeit
Typ fünf:	Streitsucht: Extremismus
Typ sechs:	Aufsässigkeit: Herrschergebaren
Typ sieben:	Unersättlichkeit: Zügellosigkeit
Typ acht:	Starrsinnigkeit: Kampfbereitschaft
Typ neun:	Resignation: Fatalismus
Typ eins:	Perfektionismus: Dogmatismus

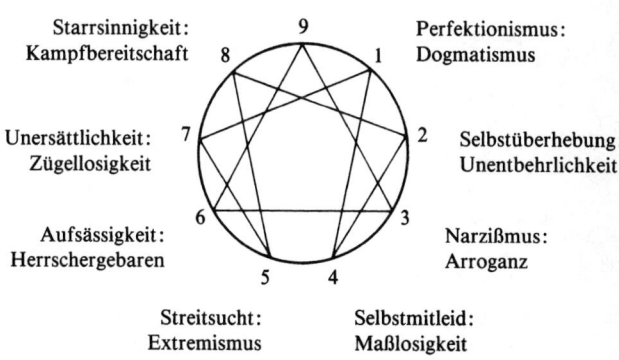

Enneagramm der Überkompensation

Stufe 7	Gekennzeichnet durch: *Gewalt* (gegen sich selbst und andere)

Typ zwei:	Selbstbetrug: Manipulation anderer
Typ drei:	Feindseligkeit: Ausbeutung anderer
Typ vier:	Gehemmtheit: Entfremdung von anderen
Typ fünf:	Zurückweisung: Isolation von anderen
Typ sechs:	Selbstverachtung: Abhängigkeit von anderen
Typ sieben:	Impulsivität: Mißbrauch anderer
Typ acht:	Skrupellosigkeit: Gewalt gegen andere
Typ neun:	Verdrängung: Gleichgültigkeit gegenüber anderen
Typ eins:	Selbstgerechtigkeit: Intoleranz gegenüber anderen

Verdrängung:
Gleichgültigkeit gegenüber anderen

Skrupellosigkeit:
Gewalt gegen andere

Selbstgerechtigkeit:
Intoleranz gegenüber anderen

Impulsivität:
Mißbrauch anderer

Selbstbetrug:
Manipulation anderer

Selbstverachtung:
Abhängigkeit von anderen

Feindseligkeit:
Ausbeutung anderer

Zurückweisung:
Isolation von anderen

Gehemmtheit:
Entfremdung von anderen

Enneagramm der Gewalt

Stufe 8   Gekennzeichnet durch: *Wahn-* und *Zwangsvorstellungen* (in Denken und Verhalten)

Typ zwei: Rechthaberei: Zwangausübung

Typ drei: Böswilligkeit: Doppelzüngigkeit

Typ vier: Selbsthaß: Gequältheit

Typ fünf: Verfolgungswahn: Phobien

Typ sechs: Überreaktion: irrationales Verhalten

Typ sieben: Manien: Sprunghaftigkeit

Typ acht: Größenwahn: Selbstüberschätzung

Typ neun: Gespaltenheit: Verwirrtheit

Typ eins: Besessenheit: zwanghafte Widersprüchlichkeit

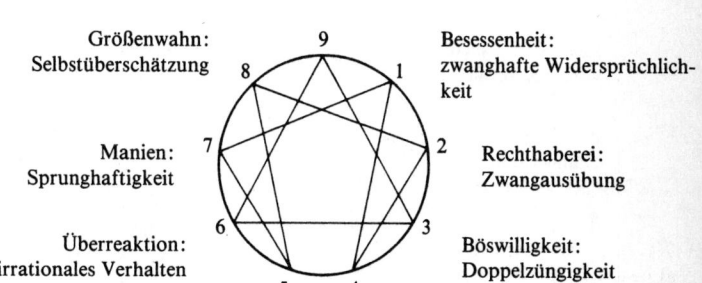

Enneagramm der Wahn- und Zwangsvorstellungen

159

Stufe 9	Gekennzeichnet durch: *pathologische Zerstö-rungswut* (Pathologie und ihre Folgen)
Typ zwei:	Konversionsneurose: psychosomatische Probleme
Typ drei:	Sadismus: psychopathisches Verhalten
Typ vier:	Selbstzerstörungsdrang: Selbstmordverhalten
Typ fünf:	psychotische Zustände: verwirrtes Verhalten
Typ sechs:	Selbstangriff: masochistisches Verhalten
Typ sieben:	Panikanfälle: hysterisches Verhalten
Typ acht:	Rachsucht: asoziales Verhalten
Typ neun:	Nervenzusammenbruch: entpersonalisiertes Verhalten
Typ eins:	Bestrafungsverlangen: Vergeltungsverhalten

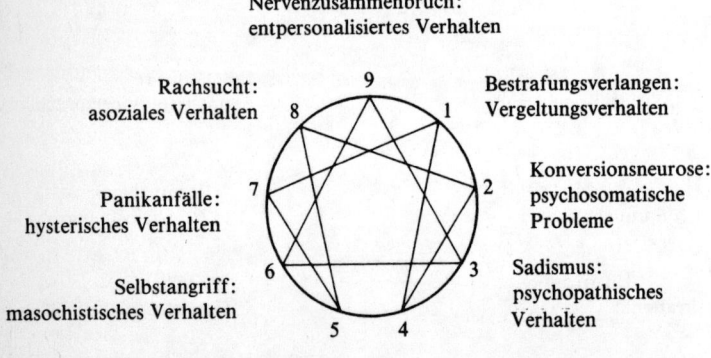

Enneagramm der pathologischen Zerstörungswut

ंसंंसंंंंंंंंंंंंंंंंं

II EIN NEUES TESTINSTRUMENT

4 Der Riso-Enneagramm-Typ-Indikator
   (RETI)

Gleichgültig, ob das Enneagramm zum Zwecke der Selbsterkenntnis, zum besseren Verständnis von Beziehungen, zur Therapie oder auf das Geschäftsleben angewendet wird, immer muß
der jeweilige Persönlichkeitstyp genau ermittelt werden. Der
neuentwickelte *Riso-Enneagramm-Typ-Indikator,* ein Fragen-
katalog, ermöglicht als einziger eine so genaue Auswertung. Wer
sich bereits mit dem Enneagramm befaßt hat, spürt intuitiv, daß
dieses System funktioniert; der RETI versucht, die Persönlichkeitstypen über die Intuition hinaus empirisch zu ermitteln. Bei
zunehmendem Bekanntheitsgrad des Enneagramms wird es nötig
sein, seine intuitiv erfaßte Gültigkeit durch stichhaltige Beweise
zu erhärten. Mit der Veröffentlichung dieses Fragenkatalogs beginnt der wissenschaftliche Nachweis für die Gültigkeit des Enneagramms.
Die Testbögen sollen also dazu verhelfen, den jeweiligen Persönlichkeitsgrundtyp möglichst präzise zu ermitteln; wenn Sie die
Fragen des *Riso-Enneagramm-Typ-Indikators* aufrichtig beantworten, wird Ihnen das mit großer Zuverlässigkeit gelingen.

Der *Riso-Enneagramm-Typ-Indikator* besteht aus 144 Satzpaaren. Sie können nur jeweils zwischen zwei Feststellungen diejenige auswählen, die am besten auf Sie zutrifft. Bei manchen Sätzen werden Sie finden, daß keiner Sie recht beschreibt oder, umgekehrt, daß beide gleichermaßen stimmen. Trotzdem müssen Sie nach Möglichkeit immer die Feststellung ankreuzen, die Sie so beschreibt, *wie Sie die meiste Zeit Ihres Lebens gewesen sind.* Machen Sie in der Spalte rechts neben dem Satz, den Sie als zutreffend empfinden, ein Kreuz.

Wenn Sie zum Beispiel meinen, der Satz "Ich mag Orangen gern" paßt in Ihrem Fall besser als der Satz "Ich mag Äpfel gern", machen Sie Ihr Kreuz in der Spalte neben dem Orangensatz. Nun kann es natürlich sein, daß Sie weder Orangen noch Äpfel mögen oder beide Obstsorten gleich gern essen. Aber wenn Sie gezwungen wären, zwischen beiden zu wählen, welche würden Sie dann aussuchen? Wählen Sie den Satz, der Ihre lebenslangen Einstellungen und Verhaltensweisen eher widerspiegelt als der andere. (Wenn Sie zum Beispiel Ihr Leben lang lieber Äpfel als Orangen gegessen haben, inzwischen aber Orangen lieber mögen, kreuzen Sie die Äpfel an.)

Achten Sie darauf, daß Sie von jedem der 144 Satzpaare immer nur einen Satz ankreuzen und Ihr Kreuz in die richtige Spalte zeichnen. Um Ihnen das Auffinden der richtigen Spalte zu erleichtern, führt eine gepunktete Linie vom Ende jedes Satzes in die zugehörige Spalte, so daß Sie sich kaum vertun können.

Vielleicht fällt Ihnen bei fünf oder zehn der Satzpaare die Wahl ganz besonders schwer. Im RETI werden sehr feine Unterscheidungen gemacht zwischen den Persönlichkeitstypen, und um richtig wählen zu können, müssen Sie sorgfältig überlegen, welche Behauptung am ehesten auf Sie zutrifft. Bei manchen Satz-paaren entsprechen unter Umständen beide Feststellungen *nahezu* der Wahrheit. Bei genauem Überlegen werden Sie jedoch merken, daß die eine doch zutreffender ist als die andere. Wählen Sie von jedem Paar immer diesen Satz.

Vergessen Sie nicht, daß es keine "richtigen" Antworten gibt. Es geht darum, den Persönlichkeitsgrundtyp zu ermitteln, und wenn Sie verschiedene Male eine "falsche" Wahl getroffen haben, so wird der Test im allgemeinen dadurch nicht ungültig. Zu "unkorrekten" Antworten kommt es meistens bei anderen Faktoren als denen, die für den Persönlichkeitsgrundtyp maßgeblich sind. Darum ist der Ungenauigkeitsgrad, den sie in den Test einbringen, verhältnismäßig gering.

Damit der Test jedoch insgesamt seine Gültigkeit behält, sollten Sie Ihre Entscheidung unbedingt wahrheitsgemäß und mit Bedacht treffen und immer die Feststellung eines jeden Satzpaars ankreuzen, die die Haupteinstellungen und -gefühle Ihres Lebens wiedergibt. In allen 144 Satzpaaren müssen Sie jeweils einen Satz ankreuzen; wenn Sie das eine oder andere Satzpaar auslassen, weil es Ihnen zu schwierig oder unzutreffend erscheint, erhalten Sie unweigerlich ein schiefes Ergebnis. Mit Hilfe des RETI soll übrigens keinesfalls bestimmt werden, ob Sie gesund oder gestört sind. Eine solche Diagnose ist im Rahmen dieses Tests unmöglich zu stellen.

Vielleicht übergehen Sie besonders schwierige Satzpaare, um später, nachdem Sie zum Ende des Tests gekommen sind, wieder zu ihnen zurückzukehren. Oder Sie überdenken Ihre Auswahl nach Beendigung des Tests noch einmal. Nehmen Sie sich ruhig die Freiheit, eine Antwort zu ändern, falls Ihnen nach weiterem Nachdenken die andere Feststellung zutreffender erscheint. Selbstverständlich müssen Sie dabei aufpassen, das Ergebnis nicht zugunsten des einen oder anderen Typs zu "schönen". Aber es könnte ja sein, daß Sie aus Nervosität, innerem Widerstand oder anderen Gründen beim ersten Durchgang die eine oder andere Frage nicht richtig beantworten können. Wenn das der Fall ist, sehen Sie den Test getrost noch einmal durch.

Das Profil, das Sie durch den RETI erhalten, wird die prinzipiellen psychologischen Funktionen Ihrer Persönlichkeit widerspiegeln, deren Gewichtung sich mit der Zeit verändert. Während Ihr Persönlichkeitsgrundtyp immer gleich bleibt, ändern sich manche Züge im Laufe Ihrer Entwicklung, je nachdem, in welcher Verfassung Sie sind, ob Sie zu anderen Einstellungen gelangen, Streß erfahren und so fort. Es dürfte informativ für Sie sein, den RETI mehrere Male durchzuführen, um zu sehen, welche Veränderungen (falls überhaupt) in Ihrem Persönlichkeitsprofil in Erscheinung treten.

Sollten Sie Probleme haben, Ihren Typ zu ermitteln, weil zwei oder mehr Punktzahlen sehr dicht beieinander liegen, nützt es Ihnen vielleicht, sich mit jemandem darüber zu unterhalten, der Sie gut kennt, etwa mit Ihrem Partner, einem guten Freund oder dem Theapeuten. Oder Sie bitten einen Bekannten, als außenstehender Beobachter den RETI an Ihrer Stelle durchzuführen und die Festellungen anzukreuzen, die seiner eigenen Meinung nach auf Sie zutreffen. Diese Vorgehensweise, bei der man selbst durch die Brille eines anderen gesehen wird, kann außerordentlich aufschlußreich sein.

Am Schluß des Tests finden Sie mehrere Auswertungstabellen, so daß Sie sich nicht auf einen Durchgang zu beschränken brauchen. Den RETI durchzuführen und auszuwerten dauert ungefähr eine Stunde.

Lesen Sie nach Abschluß der RETI-Auswertung das entsprechende Persönlichkeitsprofil für Ihren Typ und Ihre Tendenzen in

Kapitel 2 und vergleichen Sie alles, was Sie dort über sich erfahren, mit dem, was Sie über sich selbst wissen.

Denken Sie daran, daß es das vorrangige Ziel dieses Tests ist, den Persönlichkeitsgrundtyp zu bestimmen; in vielen Fällen wird es notwendig sein, die Resultate genauer zu interpretieren. Richtlinien zur Interpretation des RETI finden Sie in Kapitel 5. Vergessen Sie nie, Ihre Wahl immer unter dem Gesichtspunkt zu treffen, wie Sie sich *die meiste Zeit Ihres Lebens* gefühlt und verhalten haben.

DIE TESTBÖGEN

Auf den folgenden Seiten finden Sie die Testbögen des RETI mit ihren 144 Satzpaaren. Kreuzen Sie jeweils nur die eher auf Sie zutreffende Alternative an, und addieren Sie Ihre Punkte spaltenweise auf jeder Seite.

	A	B	C	D	E	F	G	H	I

1. Einer meiner größten Vorzüge ist
   meine Gefühlstiefe . . . . ( )
   Einer meiner größten Vorzüge ist
   mein durchdringender Verstand . . . .( )

2. Obwohl ich entspannen könnte,
   bin ich ständig auf Trab . . . .( )
   Obwohl ich ehrgeizig bin, bleibe
   ich doch immer gelassen . . . . ( )

3. Es gefällt mir, wenn Leute von
   mir abhängig sind . . . .( )
   Es gefällt mir nicht, wenn Leute
   von mir abhängig sind . . . . ( )

4. Andere finden, daß ich gelassen
   bin und in mir selbst ruhe . . . . ( )
   Andere finden, daß ich lebhaft bin
   und aus mir herausgehe . . . . ( )

5. Sicher, manchmal grüble ich zuviel über meine Probleme nach . . . ( )
   Sicher, manchmal vermeide ich
   es, allzuviel über meine Proble-
   me nachzudenken . . . . ( )

6. Ich bin im allgemeinen teilnahmsvoll und höre mir an, was andere
   von sich erzählen . . . .( )
   Ich bin im allgemeinen skeptisch
   und glaube nicht alles, was ich
   höre . . . . ( )

	A	B	C	D	E	F	G	H	I

Zwischensumme

7. Warum immer das Schlechte sehen, wo es doch so viel Wunderbares im Leben gibt? . . . . ( )
Ich nörgele nicht gern, aber ich kann einfach nicht darüber hinwegsehen, wenn etwas im argen liegt . . . . ( )

8. Ich bin nicht so sehr an praktischen Ergebnissen interessiert, sondern folge lieber meiner Eingebung . . . . ( )
Ich bin ein praktischer Mensch und will mit meiner Arbeit konkrete Ergebnisse erzielen . . . . ( )

9. Ich gebe es ungern zu, aber ich mische mich mehr in anderer Leute Angelegenheiten ein, als ich sollte . . . . ( )
Ich gebe es ungern zu, aber lasse kleinere Probleme auf sich beruhen, bis sie sich zu großen ausgewachsen haben . . . . ( )

10. Unter Druck schalte ich meist emotional ab und denke mir mein Teil . . . . ( )
Unter Druck mache ich mir meist sofort Sorgen und reagiere heftig . . . . ( )

A B C D E F G H I

Zwischensumme

	A	B	C	D	E	F	G	H	I

11. Ich bin anpassungsfähig und
finde schnell eine Möglichkeit,
mit fast jeder Situation zurecht-
zukommen . . . . ( )
Ich meide Situationen, die mir
neu sind, und brauche immer
einige Zeit, bis ich mich einge-
wöhnt habe . . . . ( )

12. Ich brauche Menschen um mich,
die mir ihre Zuneigung zeigen . . . . ( )
Ich bleibe lieber auf Distanz zu
anderen Menschen . . . .( )

13. Ich habe etwas von einem Märchenerzähler und Unterhalter an
mir . . . . ( )
Ich habe etwas von einem Leh-
rer und Kämpfer an mir . . . .( )

14. Ich klage zwar manchmal darüber, aber ich brauche Druck,
um in Gang zu kommen . . . . ( )
Druck kann ich nicht gut ertragen, ich leiste am meisten,
wenn ich mein Tempo selbst
bestimmen kann . . . .( )

15. Meinen Erfolg verdanke ich großenteils meinem Talent, einen
guten Eindruck zu machen . . . .( )

	A	B	C	D	E	F	G	H	I

Zwischensumme

			A	B	C	D	E	F	G	H	I

Meinen Erfolg habe ich großenteils trotz meiner Versäumnisse im zwischenmenschlichen Bereich erlangt . . . . ( )

16. Ich überzeuge viele Menschen durch mein Selbstvertrauen und meine starke Ausstrahlung . . . .( )
Ich überzeuge die Leute durch meine Aufrichtigkeit und vernünftige Argumente . . . . ( )

17. Es beunruhigt mich, daß ich vielleicht meine Möglichkeiten nicht voll ausschöpfe . . . . ( )
Es beunruhigt mich, daß ich vielleicht die guten Seiten des Lebens versäume . . . . ( )

18. Ich beobachte meine Mitmenschen, bis ich sicher sein kann, daß sie vertrauenswürdig sind . . . ( )
Ich bin meinen Mitmenschen gegenüber vertrauensselig und überrascht, wenn sie anders sind, als ich dachte . . . . ( )

19. Andere würden mich diplomatisch, charmant und anspruchsvoll nennen . . . .)
Andere würden mich direkt, formell und idealistisch nennen . . . . ( )

			A	B	C	D	E	F	G	H	I

Zwischensumme

20. Ich brüte über meinen Proble-
    men, bis sie von mir abfallen . . . . ( )
    Ich lenke mich so lange durch
    Zerstreuungen von meinen Pro-
    blemen ab, bis ich eine Möglich-
    keit gefunden habe, sie zu beheben . . . . ( )

21. Wenn es sein muß, übernehme
    ich die Führung, obwohl ich ent-
    scheidungsschwach bin . . . . ( )
    Ich übernehme bereitwillig die
    Führung und habe kaum Proble-
    me damit, Entscheidungen zu
    fällen . . . .( )

22. Ich bin romantisch und überlasse
    mich gern starken Empfindungen . . . . ( )
    Ich bin ein Verstandesmensch
    und lasse mich nicht gern von
    Gefühlen mitreißen . . . .( )

23. Ich bin ein "stürmischer" Mensch
    mit kurzlebigen Gefühlen . . . . ( )
    Ich bin ein "stilles Wasser" mit
    Tiefgang . . . . ( )

24. Ich opfere gern Zeit für soziale
    und emotionale Belange . . . .( )
    Ich opfere gern Zeit für abstrak-
    te, geistige Dinge . . . . ( )

Zwischensumme

25. Nach Meinung anderer bin ich
oft gereizt . . . . ( )
Nach Meinung anderer bin ich
oft "abgehoben" . . . . ( )

26. Ich werte im allgemeinen praktische Ergebnisse höher als abstrak-
te Ideale . . . . ( )
Ich werte im allgemeinen meine
Ideale höher als praktische Ergeb-
nisse . . . . ( )

27. Wenn ich nicht genau weiß, was
ich machen soll, hole ich mir bei
anderen Rat . . . . ( )
Wenn ich eine Entscheidung
treffen muß, probiere ich Verschiedenes aus, um herauszufin-
den, was für mich am besten ist . . . . ( )

28. Ich weiß, daß ich ziemlich sentimental bin und manchmal ins
Schwärmen gerate . . . . ( )
Ich weiß, daß ich manchmal
ziemlich kalt und unnahbar bin . . . . ( )

29. Ich habe kein Zeitgefühl und arbeite am besten, wenn mir möglichst wenig Vorgaben gemacht
werden . . . .( )

Zwischensumme

	A	B	C	D	E	F	G	H	I

Ich bin sehr zeitbewußt und
brauche Vorgaben, um etwas ge-
schafft zu bekommen . . . . ( )

30. Es macht mir nichts aus, anderen
meine Schwächen zu zeigen,
was ich oft tue . . . . ( )
Ich will anderen meine Schwä-
chen nicht zeigen, was ich auch
höchst selten tue . . . . ( )

31. Ich habe ein tiefes Verlangen,
meine Umwelt zu verstehen . . . . ( )
Ich habe ein tiefes Verlangen,
anderen nahe zu sein . . . . ( )

32. Meine Gesundheitsbeschwerden
dürften daher kommen, daß ich
mir zu viele Sorgen mache, was
ich bedauere . . . . ( )
Meine Gesundheitsbeschwerden
dürften daher kommen, daß ich
zu viele schlechte Angewohnhei-
ten habe, was ich bedauere . . . . ( )

33. Wenn ich zwischen beruflicher
Karriere und Freunden wählen
müßte, würde ich den Beruf wählen . . . . ( )
Wenn ich zwischen Freunden und
beruflicher Karriere wählen müßte,
würde ich die Freunde wählen . . . ( )

	A	B	C	D	E	F	G	H	I

Zwischensumme

172

34. Ich handle erst, wenn ich alles
gründlich durchdacht habe . . . .( )
Ich handle sofort und vertraue
darauf, daß ich es schon schaffen
werde . . . .( )

35. Wenn ich in Schwierigkeiten ge-
rate, ändere ich meine Taktik . . . . ( )
Wenn ich in Schwierigkeiten ge-
rate, lege ich mich noch mehr
ins Zeug . . . .( )

36. Ich orientiere mich im Grunde an
der Vergangenheit . . . . ( )
Ich orientiere mich im Grunde an
der Zukunft . . . . ( )

37. Ich kann niemanden leiden sehen, deshalb schalte ich mich
meist ein und helfe . . . .( )
Ich will niemanden zum Faulen-
zen anregen, aber wer zur Selbst-
hilfe bereit ist, dem zeige ich, wie . . . .( )

38. Ich würde alles dafür geben, auf
irgendeinem Gebiet Experte zu
sein . . . .( )
Ich würde alles dafür geben,
meine Existenz und die Existenz
meiner Lieben absichern zu kön-
nen . . . . ( )

A B C D E F G H I

Zwischensumme

173

	A	**B**	**C**	**D**	**E**	**F**	**G**	**H**	**I**

39. Ich lasse mich gerne gehen und
kenne keine Grenzen ....( )
Ich lasse mich nicht gern gehen ....( )

40. Ich habe das Gefühl, etwas dafür
tun zu müssen, daß andere mich
mögen...( )
Andere scheinen mich ganz von
selbst gern zu haben ....( )

41. Ich bin wie das Wetter: veränder-
lich ....( )
Ich bin wie ein Fels: solide und
fest ....( )

42. Ich mißtraue jedweder Autorität
und halte mich an keine Regeln ....( )
Ich werde wild, wenn andere
gegen die Regeln verstoßen und
damit durchkommen ....( )

43. Ich denke mich gern in andere
Menschen hinein ....( )
Mitgefühl ist okay, aber andere
müssen schon selbst die Verant-
wortung für sich tragen ....( )

44. Ich habe eine poetische Ader,
aber dazu gesellt sich meist auch
ein Gefühl der Einsamkeit und
emotionalen Verletzlichkeit ....( )

	A	**B**	**C**	**D**	**E**	**F**	**G**	**H**	**I**

Zwischensumme

Ich bin praktisch veranlagt und
habe viele Ideen, von denen ich
allerdings nicht so viele verwirk-
liche, wie ich möchte . . . . ( )

45. Ich schütte meinen Freunden
    gern mein Herz aus oder bestehe
    Abenteuer mit ihnen . . . . ( )
    Ich entspanne mich gern im Krei-
    se meiner Freunde . . . . ( )

46. Sozialen Verpflichtungen nach-
    zukommen steht bei mir nicht
    gerade hoch im Kurs . . . . ( )
    Ich nehme meine sozialen Ver-
    pflichtungen sehr ernst . . . . ( )

47. Ich neige eher dazu, jemandem
    zu schmeicheln . . . . ( )
    Ich neige eher dazu, jemanden
    zu kritisieren . . . . ( )

48. Ich bin gerne unbeschwert und
    binde mich nicht an materielle
    Güter . . . . ( )
    Ich bin erdverbunden und genie-
    ße die materiellen Freuden des
    Lebens . . . . ( )

49. Ich arbeite schwerer und bin ver-
    antwortungsbewußter als viele
    meiner Freunde . . . . ( )

Zwischensumme

Ich bin positiver und enthusiasti-
scher als viele meiner Freunde . . . . ( )

50. Ein großes Plus ist bei mir die
Fähigkeit, innere Vorgänge be-
schreiben zu können . . . . ( )
Ein großes Plus ist bei mir die
Fähigkeit, immer Herr der Lage
zu sein . . . .( )

51. Andere kommen zu mir, weil ich
Kenntnisse besitze, die sie brau-
chen . . . .( )
Andere kommen zu mir, weil ich
ihnen ein Gefühl der Sicherheit
und Anerkennung gebe . . . . ( )

52. Es wurmt mich zutiefst, wenn an-
dere nicht gut von mir denken . . . . ( )
Es ist mir egal, ob andere mich
mögen oder nicht, solange sie
mich respektieren . . . .( )

53. Ich kann ziemlich spartanisch
leben und brauche auch beim
Arbeiten kaum etwas . . . .( )
Für mich ist es wichtig, mich bei der
Arbeit rundum wohl zu fühlen . . . . ( )

54. Ich habe das Gefühl, andere unterschätzen mich, wenn ich mich
nicht irgendwie hervortue . . . . ( )

Zwischensumme

176

Ich habe das Gefühl, den Anschluß zu verlieren, wenn ich
keine Fortschritte mache . . . .( )

55. Ich nehme mir immer Zeit zum
Ausruhen und zur Besinnung. . . . .( )
Ich mag keine Zeit ans Nichts-
tun verschwenden . . . . ( )

56. Ich zögere meist und ergreife ungern die Initiative . . . . ( )
Ich ergreife die Initiative und gebrauche durchaus meine Ellenbogen, um meinen Willen durchzu-
setzen . . . .( )

57. Mir ist es wichtig, anderen meine Gefühle zu offenbaren, obwohl ich sie vielleicht nur indirekt zum Ausdruck bringe . . . . ( )
Mir ist es nicht unbedingt wich-
tig, anderen zu zeigen, wie ich
mich fühle . . . .( )

58. Ich bin mitteilsam und gesellig . . . . ( )
Ich bin ernst und diszipliniert . . . .( )

59. Ich bin manchmal besitzergreifend meinen Lieben gegenüber –
es fällt mir schwer, ihnen ihren
Freiraum zu lassen . . . .( )

Zwischensumme

Ich bin manchmal ambivalent
meinen Lieben gegenüber und
stoße sie von mir, wenn ich
eigentlich ihre Nähe ersehne .... ( )

60. Ich neige dazu, auf Konfronta-
tionskurs zu gehen . . . . ( )
Ich neige zur Zurückhaltung . . . . ( )

61. Ich brauche unbedingt eine ästhetisch ansprechende Umgebung . . . . . ( )
Eine ästhetisch ansprechende
Umgebung steht bei mir nicht
unbedingt an erster Stelle . . . . ( )

62. Ein Hauptmotiv ist bei mir der
Wunsch, mich als Mensch hervor-
zutun und gewürdigt zu werden . . . . ( )
Ein Hauptmotiv ist bei mir der
Wunsch, als Mensch mehr Macht
und Einfluß zu gewinnen . . . . ( )

63. Ich ärgere mich schwarz, wenn
andere selbstverständlich finden,
was ich für sie getan habe . . . . ( )
Ich ärgere mich schwarz, wenn
andere meinen Anweisungen
nicht genau folgen . . . . ( )

64. Ich habe meinen eigenen Kopf
und Schwierigkeiten, mit anderen
zusammenzuarbeiten . . . . ( )

Zwischensumme

Ich muß wissen, was andere von mir erwarten, und habe Schwierigkeiten, einfach selbst loszulegen .. ( )

65. Auf den ersten Blick mache ich einen sonnigen, unbekümmerten Eindruck auf andere .... ( )
Auf den ersten Blick mache ich einen reifen, würdevollen Eindruck auf andere .... ( )

66. Auf meinen Schultern lasten eine Menge undankbarer Aufgaben, ich wünschte, andere würden zur Abwechslung auch mal an mich denken .... ( )
Ich halte mich manchmal zu sehr zurück und habe Hemmungen, von mir aus etwas Gutes zu tun ..... ( )

67. Ich identifiziere mich stark mit anderen und gehe langfristig vertrauensvolle, freundschaftliche Beziehungen ein .... ( )
Ich trete für andere ein und nutze meine Möglichkeiten, um ihnen dabei zu helfen, etwas aus sich zu machen .... ( )

68. Ich brauche Anregung und Spannung .... ( )
Ich will zufrieden sein und meine Ruhe haben .... ( )

Zwischensumme

                                    A B C D E F G H I

69. Im zwischenmenschlichen Be-
    reich bin ich bereit, mehr für an-
    dere zu tun, als sie für mich tun . . . . ( )
    Im zwischenmenschlichen Be-
    reich erwarte ich von anderen,
    mich in meinen Anliegen zu
    unterstützen . . . . ( )

70. Bei Problemen neige ich dazu,
    mich in Phantasien zu flüchten . . . . . ( )
    Bei Problemen kämpfe ich mich
    bis zum bitteren Ende durch . . . . ( )

71. Es fällt mir schwer, um etwas zu
    bitten . . . . ( )
    Ich mache meine Wünsche im
    allgemeinen bekannt . . . . ( )

72. Ich bin im Grunde ein warmher-
    ziger, fröhlicher Mensch und gern
    in Gesellschaft anderer . . . . ( )
    Ich bin eher ernst und zurückhal-
    tend und unterhalte mich gern
    über bestimmte Themen . . . . ( )

73. Ich verbringe viel Zeit damit,
    meine Begabungen und Fähig-
    keiten weiterzuentwickeln . . . . ( )
    Ich verbringe viel Zeit damit,
    mich selbst zu ergründen . . . . ( )

                                    A B C D E F G H I

    Zwischensumme

74. Ob man's mag oder nicht, man
spielt doch die Hauptrolle in sei-
nem Leben . . . .( )
Wer nur an sich selbst denkt, wird
einmal einsam und unglücklich sein . . . . ( )

75. Ich bin ein ganz normaler Mensch
und in vieler Hinsicht konservativ ( )
Ich bin eher unkonventionell und
in vieler Hinsicht sehr eigen . . . .( )

76. Ich glaube, ich bin mehr auf andere Menschen ausgerichtet als
auf Ziele . . . .( )
Ich glaube, ich bin mehr auf Zie-
le ausgerichtet als auf andere
Menschen . . . . (

77. Ich stehe zu meinen Freunden,
auch wenn sie im Unrecht sein
mögen . . . . ( )
Ich kompromittiere mich nicht
für Freunde . . . .( )

78. Wenn mir etwas auf die Nerven
geht, schlage ich zum Ausgleich
gern einmal über die Stränge . . . . ( )
Wenn mir etwas auf die Nerven
geht, schalte ich einfach ab . . . . ( )

Zwischensumme

	A	B	C	D	E	F	G	H	I

79. Das Leben ist mitunter rätselhaft, aber mit einigem Scharfblick läßt sich in allem ein Sinn sehen . . . . ( )
Das Leben ist ein Kampf, aber mit Mut läßt sich etwas Großes schaffen . . . . ( )

80. Ich bin manchmal feindselig und abweisend . . . . ( )
Ich bin manchmal eigensinnig und defensiv . . . . ( )

81. Ich lasse andere ihren eigenen Weg finden und ruhig Fehler machen . . . . ( )
Ich finde es besser, anderen die Augen zu öffnen, wenn sie einen Fehler machen . . . . ( )

82. Ich verwende mein Geld in erster Linie für meinen Unterhalt und zur Hebung meines Lebensstandards . . . . ( )
Ich verwende mein Geld in erster Linie für interessante, angeneh-me Erfahrungen . . . . ( )

83. Ich bin selbstbewußt und weiß, wie ich bei anderen landen kann . . . . ( )
Ich bin nicht sehr selbstbewußt im Umgang mit anderen . . . . ( )

	A	B	C	D	E	F	G	H	I

Zwischensumme

	A	B	C	D	E	F	G	H	I

84. Ich bin geduldig: Ich halte mich
zurück und beobachte erst einmal ......( )
Ich bin ungeduldig: Ich springe
sofort auf ein Problem an und versuche es zu lösen .... ( )

85. Ich gebe meinen Mitmenschen
oft Rat und persönliche Empfeh-
lungen ....( )
Ich mische mich nicht zu sehr
ins Leben anderer ein .... ( )

86. Ich fühle mich normalerweise als
Außenseiter .... ( )
Ich fühle mich normalerweise in
Gesellschaft anderer wohl .... ( )

87. Es fällt mir schwer, den Mund zu
halten, wenn andere ihre Arbeit
nicht richtig machen und mich dadurch in Schwierigkeiten bringen .. ( )
Es fällt mir schwer, Leute, die
nicht mit mir Schritt halten kön-
nen, nicht herunterzuputzen .... ( )

88. Ich denke im stillen, daß ich bes-
ser bin als die meisten Leute .... ( )
Ich denke im stillen, daß ich
mehr Fehler habe als die meisten
anderen Leute .... ( )

	A	B	C	D	E	F	G	H	I

Zwischensumme

89. Ich gehe oft zu sehr aus mir
heraus und bin emotional leichte
Beute für andere . . . .( )
Es fällt mir äußerst schwer, vor
anderen Menschen meinen Schutzpanzer fallenzulassen, selbst vor
denen, die ich liebe . . . .( )

90. Mir wird nachgesagt, ich sei zu
streitlustig – ich würde sagen, ich
genieße handfeste Diskussionen . . . .( )
Mir wird nachgesagt, ich sei zu
entgegenkommend – ich mag
einfach keinen Streit . . . .( )

91. Ich wirke unter Umständen auf
andere so, als sei ich ein sinnenfreudiger Genießer . . . . ( )
Ich wirke unter Umständen auf
andere so, als sei ich unpersönlich
und hätte mich immer vollkom-
men in der Gewalt . . . .( )

92. Ich bin sehr diszipliniert und ziehe
eine Sache in allen Einzelheiten
wie gewünscht durch . . . . ( )
Ich bin nicht sehr diszipliniert,
sondern eher spontan und gut im
Improvisieren . . . .( )

Zwischensumme

93. Ich weiß, daß ich manchmal zu
versonnen bin und Tagträumen
nachhänge ....( )
Ich weiß, daß ich manchmal vorschnell urteile und zu ungeduldig
bin....................................( )

94. Ich gebe es ungern zu, aber ich
vergleiche mich oft mit anderen ....( )
Ich gebe es ungern zu, aber ich
bin selten zufrieden mit dem, was
ich habe ....( )

95. Ich bin ein Trost für Leute, die
vom Pech verfolgt sind ....( )
Es gibt Stellen, an die sich je-
mand, der in Not ist, um Hilfe
wenden kann ....( )

96. Typisch für mich ist, daß ich auf
Distanz gehe und sehr kühl wer-
de, wenn ich wütend bin ....( )
Typisch für mich ist, daß ich los-
brülle und anderen ordentlich Be-
scheid gebe, wenn ich wütend bin ....( )

97. Ich bin oft gehemmt und kann
mich nicht gut ausdrücken .... ( )
Ich bin sehr direkt, andere wünsch-
ten, sie hätten den Nerv, auch
solche Sachen zu sagen wie ich ....( )

Zwischensumme

98. Ich habe keine Angst vor Kon-
flikten mit anderen Menschen . . . .( )
Ich habe Angst vor Konflikten
mit anderen Menschen . . . . ( )

99. Ich bin ziemlich launisch und
selbstsüchtig . . . . ( )
Ich bin oft emotional unbetei-
ligt und geistesabwesend . . . .( )

100. Es stimmt wohl, daß ich das Gefühl haben möchte, gebraucht zu
werden – aber wer will das nicht? . . . .( )
Es stimmt wohl, daß ich gern
auf eigenen Füßen stehe und es
nicht mag, wenn andere mich
zu nötig brauchen . . . . ( )

101. Ich rede gern über mich selbst
und stehe gern im Brennpunkt
der Aufmerksamkeit . . . . ( )
Ich finde es unangenehm, über
mich selbst zu reden und im
Brennpunkt der Aufmerksam-
keit zu stehen . . . . ( )

102. Ich stoße andere manchmal vor den
Kopf, weil ich zu energisch bin . . . .( )
Ich stoße andere manchmal vor
den Kopf, weil ich zu unpersön-
lich bin . . . . ( )

Zwischensumme

103. Ich meide körperliche Betäti-
gung nach Möglichkeit . . . . ( )
Ich betätige mich oft und gern
körperlich . . . . ( )

104. Im Grunde bin ich immer ziemlich pessimistisch gewesen . . . . ( )
Im Grunde bin ich immer ziem-
lich optimistisch gewesen . . . . ( )

105. Bei der Arbeit mache ich lieber
einen Unterschied zwischen Vor-
gesetzten und Untergebenen . . . . ( )
Ich arbeite gern mit anderen im
Team zusammen . . . . ( )

106. Mir ist es wichtig, daß mich die
Leute bewundern . . . . ( )
Mir ist es wichtig, Einfluß auf
das Leben anderer auszuüben . . . . ( )

107. Es ist schwierig, sich zu einer
bestimmten Handlungsweise
zu entschließen, denn Moral ist
ein relativer Begriff . . . . ( )
Es ist leicht, sich zu einer be-
stimmten Handlungsweise zu
entschließen, denn Moral ist
ein objektiver Begriff . . . . ( )

A B C D E F G H I

Zwischensumme

	A	B	C	D	E	F	G	H	I

108. Ich verlasse mich auf meine Freunde, und sie wissen, daß sie sich auch auf mich verlassen können .... ( )

Ich verlasse mich auf niemanden: Ich will selbst am Hebel sein .... ( )

109. Ich folge eher meiner Intuition als meinem Kopf .... ( )

Ich folge eher meinem Kopf als meiner Intuition .... ( )

110. Ich habe ein starkes Sicherheitsbedürfnis .... ( )

Ich muß unbedingt das Gefühl haben, im Recht zu sein .... ( )

111. Ich habe gemerkt, daß das Leben um so leichter wird, je mehr ich meine Bedürfnisse einschränke .... ( )

Ich habe gemerkt, daß das Leben um so leichter wird, je mehr ich habe .... ( )

112. Ich bin ein Perfektionist und übe Druck aus, damit etwas richtig gemacht wird, auch wenn das anderen unangenehm ist .... ( )

	A	B	C	D	E	F	G	H	I

Zwischensumme

188

Ich bin eigentlich kein Perfektionist – mir ist es wichtiger, gut mit anderen auszukommen ....( )

113. Bei Konflikten mit anderen neige ich dazu, mich in mich selbst zu verkriechen .... ( )
Bei Konflikten mit anderen gebe ich höchst selten nach ....,( )

114. Ich schließe leicht und oft Freundschaft ....( )
Ich schließe nicht gerade leicht Freundschaft ....( )

115. Ich schweige über mein Privatleben .... ( )
Ich spreche offen über mein Privatleben .... ( )

116. Andere sagen mir immer, ich sollte nicht so lange zögern, sondern endlich etwas tun ....( )
Andere sagen mir immer, ich sollte ausspannen und das Leben zur Abwechslung mal genießen ....( )

117. Ich bin ziemlich unpraktisch und irgendwie ein Träumer .... ( )
Ich bin praktisch veranlagt und stehe mit beiden Beinen auf der Erde .... ( )

Zwischensumme

118. Ich widme anderen Aufmerk-
     samkeit und Zuwendung ....( )
     Ich sage anderen, wo es lang-
     geht, und sorge dafür, daß sie
     motiviert sind ....( )

119. Ich gehe methodisch und behut-
     sam vor ....( )
     Ich bin abenteuerlustig und
     risikofreudig ....( )

120. Ich bin ehrgeizig und setze mich
     selbst unter Druck, um meine
     Träume zu verwirklichen ....( )
     Ich habe keine persönlichen
     Ambitionen, aber für meine
     Lieben arbeite ich hart ....( )

121. Ich kann mich gut konzentrieren
     und intensiv arbeiten ....( )
     Ich bin eher spontan und zu
     Späßen aufgelegt ....( )

122. Meine Handlungsweise richtet
     sich im allgemeinen nach der
     jeweiligen Situation ....( )
     Meine Handlungsweise gründet
     sich im allgemeinen auf Prinzi-
     pien.............................( )

123. Es fällt mir schwer, anderen zu
     sagen, wie sehr ich sie schätze .....( )

Zwischensumme

Es fällt mir leicht, anderen zu
sagen, wie sehr ich sie schätze . . . . ( )

124. Das positive Feedback, das ich von
anderen erhalte, ist mir wichtig . . . . ( )
Ich weiß, wann ich etwas gut
gemacht habe, und brauche
mich nicht erst durch andere
darin bestätigen zu lassen . . . .( )

125. Ich gehe sehr locker mit Geld
um und gebe entschieden mehr
aus, als ich sollte . . . . ( )
Ich habe hart für mein Geld
gearbeitet und gehe sehr acht-
sam damit um . . . .( )

126. Ich weiß, wie man richtig lebt . . . .( )
Ich weiß, wie ich etwas aus
mir machen kann . . . . ( )

127. Ich kann andere dazu bewegen,
mir zu vertrauen . . . .( )
Was andere machen, ist ihre Sa-
che und interessiert mich nicht . . . .( )

128. Ich nehme mir Zeit, herauszufinden, was mir mein Gefühl
und meine Impulse sagen . . . . ( )
Nabelschau zu halten ist Zeitverschwendung: Etwas geschafft
zu bekommen ist das, was zählt . . . .( )

A B C D E F G H I

Zwischensumme

129. Mir geht es in Gruppen gut .... ( )
Ich finde Gruppen frustrierend ....( )

130. Es macht mich wahnsinnig,
wenn andere unangenehmen
Tatsachen nicht ins Gesicht sehen wollen ....( )
Es macht mich wahnsinnig,
wenn andere mich mit Sachen
nerven, die ohnehin nicht zu
ändern sind ....( )

131. Ich folge für gewöhnlich mei-
nen Gefühlen und Impulsen .... ( )
Ich folge für gewöhnlich mei-
nem Gewissen und meiner Vernunft ....( )

132. Meines Erachtens schließe ich
mich oft an andere an ....( )
Meines Erachtens konkurriere
ich oft mit anderen .... ( )

133. In Gesellschaft unterhalte ich
mich gern mit höchstens ein bis
zwei Leuten, sonst bleibe ich
lieber für mich .... ( )
In Gesellschaft versuche ich
meist, mit möglichst vielen Leuten ins Gespräch zu kommen
und mich zu zerstreuen .... ( )

A B C D E F G H I

Zwischensumme

134. Ich habe gern viele Menschen
um mich . . . . ( )
Ich brauche nicht viele Men-
schen um mich . . . .( )

135. Wenn ich wütend bin auf andere, fällt es mir schwer, sie zur
Rede zu stellen . . . . ( )
Wenn ich wütend bin auf ande-
re, sage ich ihnen, was ich denke . . . .( )

136. Ich zeige meine Gefühle . . . .( )
Ich zeige meine Gefühle kaum . . . .( )

137. Aus mir wird man nicht so
schnell schlau – ich lasse die
Leute gern herumrätseln . . . . ( )
In mir kann man lesen wie in
einem offenen Buch . . . . ( )

138. In einer schwierigen Situation
brauche ich von anderen Rücken-
deckung . . . . ( )
In einer schwierigen Situation
weiß ich meist, wo ich stehe . . . .( )

139. Ich gehe auf andere Menschen zu . . . .( )
Ich gehe kaum auf andere Men-
schen zu . . . . ( )

140. Ich will gesellschaftlich ankom-
men . . . . ( )

Zwischensumme

Mir ist es ziemlich egal, ob ich
gesellschaftlich ankomme . . . .( )

141. Ich mag Vielfalt und bin auf im-
mer neue Erfahrungen aus . . . . ( )
Ich weiß, was ich mag, warum
sollte ich also meine Zeit an etwas verschwenden, das mir viel-
leicht gar nicht zusagt? . . . .( )

142. Ich habe unter anderem Angst,
ausgenutzt zu werden . . . . ( )
Ich habe unter anderem Angst,
von jemandem abhängig zu wer-
den . . . .( )

143. Ich zweifle oft an meinen Moti-
ven und Gefühlen . . . . ( )
Ich zweifle selten an meinen
Motiven und Gefühlen . . . . ( )

144. Ich glaube nicht, daß Persönlichkeitstests Gültigkeit haben, weil
sie nur einen Teil der unbegrenzten Möglichkeiten des Menschen
berücksichtigen können . . . . ( )
Ich glaube, daß Persönlichkeits-
tests durchaus Gültigkeit haben
können, weil das menschliche
Verhalten Grenzen hat und im
Grunde voraussagbar ist . . . .( )

Zwischensumme

Zählen Sie Ihre Kreuze aus Spalte A, dann aus Spalte B, C und so weiter bis I zusammen, und tragen Sie die Summe in das entsprechende Kästchen unten auf jeder Seite als Zwischensumme ein. Wenn Sie in jeder Spalte für jede Feststellung eines Satzpaars ein Kreuz gemacht und die Kreuze richtig addiert haben, muß die Endsumme 144 betragen. Sonst müssen Sie den Test noch einmal durchgehen und nach Fehlern suchen, denn dann haben Sie sich entweder beim Zählen oder beim Rechnen vertan. Jede Spalte entspricht einem Persönlichkeitstyp, wie in der nachfolgenden Aufschlüsselung zu sehen ist. Sie werden bemerken, daß die Typen wahllos angeordnet sind und *nicht* in numerischer Reihenfolge.

Spalte	**A**	**B**	**C**	**D**	**E**	**F**	**G**	**H**	**I**
Punktzahl	☐	☐	☐	☐	☐	☐	☐	☐	☐
Persönlich-keitstyp	sechs	vier	fünf	eins	neun	sieben	drei	acht	zwei

Kreuzen Sie nacheinander für jeden Persönlichkeitstyp die entsprechende Zahl in den Auswertungstabellen auf den Seiten 197 bis 200 an. Beachten Sie, daß die Persönlichkeitstypen in dieser Tabelle in *numerischer Reihenfolge* geordnet sind, beginnend mit Typ zwei, drei und vier (in der Gefühlstriade), und so fort.

Außer in ungewöhnlichen Fällen (von denen einige später eingehender behandelt werden), gibt Ihre höchste Punktzahl Ihren *Persönlichkeitsgrundtyp* an – der Gegenstand dieses Tests ist. Zur Bestätigung Ihrer Testergebnisse lesen Sie am besten das Persönlichkeitsprofil Ihres Grundtyps sowie die ausführlichen Beschreibungen in den *Neun Typen der Persönlichkeit*.

Eine Alternativmethode zur Ermittlung Ihres Persönlichkeitstyps besteht, wie bereits gesagt, darin, den RETI von einem guten Freund oder mehreren Leuten, denen Sie gut bekannt sind, an Ihrer Statt ausfüllen zu lassen. Bei dieser Methode zeigt sich, wie die anderen Sie sehen; wenn deren Ergebnisse und die Ihren gleich sind (zumindest, was den Grundtyp betrifft), können Sie sicher sein, daß der RETI Ihren Typ genau ermittelt hat. Kommt hingegen ein anderer Grundtyp dabei heraus (oder zeichnet sich ein vollkommen anderes Muster bei den übrigen acht Typen ab), könnte das die Grundlage für eine Diskussion über die verschiedenen Dimensionen Ihrer Persönlichkeit sein.

Die mittlere Punktzahl ist für jeden Typ 16. Wenn die Funktionen Ihrer Persönlichkeit vollkommen ausgewogen wären, würden Sie bei jedem der neun Typen auf die Zahl 16 kommen. Dieses Ergebnis ist aber ziemlich selten; normal sind größere Abweichungen vom Mittelwert. Diese Abweichungen zeichnen ein Bild von Ihrer Persönlichkeit, das in seiner Unausgewogenheit Ihre ständig wechselnden Reaktionen im Leben widerspiegelt. Die verschiedenen Bereiche in der Auswertungstabelle mit den Bezeichnungen "mehr als normal" und "weniger als normal" sowie "überentwickelt" und "unterentwickelt" sollten deshalb nicht als Anzeichen für einen neurologischen Befund oder als Werturteile interpretiert werden. Sie deuten nur die *relative* Entwicklung Ihrer Persönlichkeitszüge an. Nur wollen Sie solche Züge, die sich bereits übernormal ausgeprägt haben, wahrscheinlich nicht unbedingt noch weiterentwickeln, sondern sich lieber auf die unterentwickelten konzentrieren.

Wenn Sie Ihre Punktzahlen ausgewertet und in Kapitel 2 den Abschnitt über Ihr Persönlichkeitsprofil nachgelesen haben, dann schlagen Sie Kapitel 5 auf, wo Sie weitere Informationen zur Interpretation Ihres Ergebnisses finden.

AUSWERTUNGSTABELLE I

Typ	zwei	drei	vier	fünf	sechs	sieben	acht	neun	eins	
Punktzahl										
32										
31										
30										
29										
28										
27										
26										
25										
24										überentwickelt
23										
22										
21										
20										mehr als normal
19										
18										
17										
16										Mittelwert
15										
14										
13										
12										weniger als normal
11										
10										
9										
8										unterentwickelt
7										
6										
5										
4										
3										
2										
1										
0										
	zwei	**drei**	**vier**	**fünf**	**sechs**	**sieben**	**acht**	**neun**	**eins**	
	Gefühlstriade			*Handlungstriade*			*Beziehungstriade*			

AUSWERTUNGSTABELLE II

Typ	zwei	drei	vier	fünf	sechs	sieben	acht	neun	eins	
Punktzahl										
32										
31										
30										
29										
28										
27										
26										
25										
24	. . . .									überentwickelt
23										
22										
21										
20	. . . .									mehr als normal
19										
18										
17										
16	. . . .									Mittelwert
15										
14										
13										
12	. . . .									weniger als normal
11										
10										
9										
8	. . . .									unterentwickelt
7										
6										
5										
4										
3										
2										
1										
0										

zwei	drei	vier	fünf	sechs	sieben	acht	neun	eins
Gefühlstriade			*Handlungstriade*			*Beziehungstriade*		

AUSWERTUNGSTABELLE III

Typ Punktzahl	zwei	drei	vier	fünf	sechs	sieben	acht	neun	eins	
32										
31										
30										
29										
28										
27										
26										
25										
24	. . . .									überentwickelt
23										
22										
21										
20	. . . .									mehr als normal
19										
18										
17										
16	. . . .									Mittelwert
15										
14										
13										
12	. . . .									weniger als normal
11										
10										
9										
8	. . . .									unterentwickelt
7										
6										
5										
4										
3										
2										
1										
0										

zwei	**drei**	**vier**	**fünf**	**sechs**	**sieben**	**acht**	**neun**	**eins**
Gefühlstriade			*Handlungstriade*			*Beziehungstriade*		

AUSWERTUNGSTABELLE IV

Typ	zwei	drei	vier	fünf	sechs	sieben	acht	neun	eins	
Punktzahl										
32										
31										
30										
29										
28										
27										
26										
25										
24	. . . .									überent-
23										wickelt
22										
21										
20	. . . .									mehr als
19										normal
18										
17										
16	. . . .									Mittel-
15										wert
14										
13										
12	. . . .									weniger
11										als normal
10										
9										
8	. . . .									unterent-
7										wickelt
6										
5										
4										
3										
2										
1										
0										
	zwei	drei	vier	fünf	sechs	sieben	acht	neun	eins	
	Gefühlstriade			*Handlungstriade*			*Beziehungstriade*			

5 Die Interpretation des RETI

Obwohl mit dem RETI in erster Linie der Persönlichkeitsgrundtyp ermittelt werden soll, gibt der Test darüber hinaus auch Aufschlüsse über die Persönlichkeit und ihre Dynamik.

In den meisten Fällen gibt die höchste Punktzahl den Persönlichkeitsgrundtyp an; es kommt jedoch gelegentlich vor, daß die Summe für den Grundtyp nur um zwei oder drei Punkte höher liegt als für einen anderen Typ oder daß mehrere Typen die gleiche Punktzahl haben. Es können auch noch andere ungewöhnliche Ergebnisse erzielt werden. In diesem Kapitel wird dargelegt, wie der RETI interpretiert werden kann, besonders in Fällen, in denen die Ergebnisse in irgendeiner Weise von dem abweichen, was zu erwarten gewesen wäre.

Im folgenden werden wir die neun Persönlichkeitstypen in ihrer Eigenschaft als psychologische Funktionen im Innern eines jeden von uns betrachten. Wir werden auch kurz die Möglichkeiten und Fragen ansprechen, die bei diesem Test häufig auftreten, und fünf Fallstudien wiedergeben, die verschiedene Auslegungsmöglichkeiten deutlich machen.

DIE FUNKTIONEN

Unter einem bestimmten Gesichtspunkt ist jeder Persönlichkeitstyp eine Metapher für eine ganze Palette von Verhaltensweisen und Einstellungen, ebenso wie in der Astrologie die "Häuser" bestimmten Bereichen des menschlichen Handelns entsprechen. Die neun Persönlichkeitstypen des Enneagramms können folglich als psychologische "Funktionen" und "Veranlagungen" innerhalb eines weiten Spektrums von gesunden und gestörten Charakterzügen betrachtet werden. Ein Grund dafür, warum wir uns alle ähnlich sind, ist der, daß alle neun Funktionen in jedem von uns wirksam sind; ein Grund dafür, warum wir alle verschieden sind, ist der, daß deren Verhältnis und Gewichtung in unserer Psyche unterschiedlich ist.

Ich habe jeder Funktion zwei Namen gegeben, da jeder Persönlichkeitstyp zwei Hauptaktionsbereiche abdeckt – eine Funktion, die eine innere *Einstellung* kennzeichnet, und eine Funktion, die das äußere *Verhalten* des Typs charakterisiert. Hohe Punktzahlen bei einem oder mehr Typen lassen darauf schließen, daß die Funktionen oder Fähigkeiten dieser Typen bereits entwickelt wurden, während relativ niedrige Zahlen darauf hinweisen, daß der Entwicklung dieser anderen Potentiale mehr Aufmerksamkeit gewidmet werden sollte. (Die nachfolgenden kurzen Skizzen der Funktionen behandeln diesen Aspekt des Enneagramms keineswegs erschöpfend, sondern nur andeutungsweise. Genauere Aufschlüsse über die Typen in ihrer Eigenschaft als Funktionen siehe Kapitel 2 sowie in den *Neun Typen der Persönlichkeit.*)

Als eine Reihe von miteinander in Wechselbeziehung stehende psychologische Funktionen verstanden, offenbaren die neun Persönlichkeitstypen des Enneagramms das ganze Spektrum der Persönlichkeit. Das Verhältnis der Funktionen zueinander ist für den "Fingerabdruck" oder die "Handschrift" des betreffenden Menschen verantwortlich: Während der Grundtyp immer gleich bleibt, ändern sich die anderen Funktionen in der Gesamtstruktur mit der Zeit.

Von den Funktionen her kann der Persönlichkeitsgrundtyp als das gesehen werden, was er ist – als vorherrschende Funktion (Seinsweise), um die herum sich unsere zentralen Reaktionen auf die Wirklichkeit gruppieren –, während die anderen acht Typen das

weite Spektrum an Möglichkeiten repräsentieren, die in jedem
von uns angelegt sind.

DIE GEFÜHLSTRIADE

Typ zwei mit den Funktionen *Einfühlungsvermögen* und *Altruismus:* Veranlagung zu Konformismus, Achtsamkeit gegenüber
anderen, ehrlicher Selbstaufopferung, Hochherzigkeit und Fürsorglichkeit. Negative Veranlagung zu Aufdringlichkeit, Besitzgier, Manipulation und Selbstbetrug.

Typ drei mit den Funktionen *Selbstachtung* und *Selbstverwirklichung:* Veranlagung zu Ehrgeiz, Selbstverbesserung, persönlicher Vortrefflichkeit, Sachkompetenz, Selbstsicherheit und Statusdenken. Negative Veranlagung zu pragmatischer Berechnung,
arrogantem Narzißmus, Ausbeutung anderer und Feindseligkeit.

Typ vier mit den Funktionen *Selbstbewußtheit* und *künstlerische
Kreativität:* Veranlagung zu Intuition, Sensibilität, Individualität,
Selbstdarstellung und Selbstoffenbarung. Negative Veranlagung
zu Selbstbezogenheit, Befangenheit, Selbstzweifeln, Gehemmtheit und Depression.

DIE HANDLUNGSTRIADE

Typ fünf mit den Funktionen *Aufgeschlossenheit* und *Originalität:* Veranlagung zu Neugier, Wahrnehmungsfähigkeit, Wißbegier, Erfindungsreichtum und technischem Können. Negative
Veranlagung zu spekulativem Theoretisieren, emotionaler Los-

gelöstheit, Exzentrizität, sozialer Isolation und geistigen Projektionen.

Typ sechs mit den Funktionen *Vertrauen* und *soziales Zugehörigkeitsgefühl:* Veranlagung zu emotionaler Bindung an andere, Gruppenidentifikation, Geselligkeit, Betriebsamkeit, Loyalität gegenüber anderen und Leistungswillen. Negative Veranlagung zu Abhängigkeit, Ambivalenz, Aufsässigkeit, Angst und Minderwertigkeitsgefühlen.

Typ sieben mit den Funktionen *Enthusiasmus* und *praktischer Verstand:* Veranlagung zu Empfänglichkeit, Produktivität, Leistung, zum Erwerben von Fähigkeiten und zum Verlangen nach Veränderung und Abwechslung. Negative Veranlagung zu Hyperaktivität, Oberflächlichkeit, Impulsivität, Exzeß und Eskapismus.

DIE BEZIEHUNGSTRIADE

Typ acht mit den Funktionen *Geltungsbewußtsein* und *Führungsanspruch:* Veranlagung zu Selbstsicherheit, Selbstbestimmtheit, Selbständigkeit, Großmut und der Fähigkeit, persönlich die Initiative zu ergreifen. Negative Veranlagung zur Dominanz über andere, unsensibler Grobheit, Konkurrenzdenken, Skrupellosigkeit und Größenwahn.

Typ neun mit den Funktionen *Akzeptanz* und *Empfänglichkeit:* Veranlagung zu emotionaler Stabilität, Bescheidenheit, bewußter Uneigennützigkeit, emotionaler und physischer Ausdauer und der Fähigkeit zu harmonischen Beziehungen mit anderen. Negative Veranlagung zu Passivität, Labilität in Emotionen und Aufmerksamkeit, Gleichgültigkeit und mentaler Dissoziation.

Typ eins mit den Funktionen *Rationalität* und *Sozialverantwortlichkeit:* Veranlagung zum Maßhalten, zu Gewissenhaftigkeit, Reife, Selbstdisziplin und dazu, nur zögernd zufriedengestellt zu sein. Negative Veranlagung zu strenger Selbstkontrolle, unpersönlichem Perfektionismus, Vorurteilen, Selbstgerechtigkeit und Intoleranz.

Das Enneagramm der Funktionen

MÖGLICHKEITEN UND FRAGEN

Schwankende Ergebnisse
Auch bei mehrmaliger Durchführung des RETI sollte Ihr Grundtyp immer der gleiche bleiben, obwohl Sie vielleicht feststellen werden, daß die Punktzahlen für die anderen Typen je nach anderen Einflüssen auf Ihr Leben steigen oder fallen. Wer zum Beispiel Probleme mit einer wichtigen Beziehung hat, wird wahr-

scheinlich höhere oder niedrigere Werte bei Typen haben, die mit Beziehungsbelangen in Verbindung stehen wie etwa Typ zwei, sechs und neun. Jemand, der viel Zeit und Energie in die Arbeit gesteckt oder Schwierigkeiten im Beruf hat, wird wahrscheinlich erhöhte Werte bei Typ drei, acht und eins haben. Sind die Beziehungsprobleme oder beruflichen Schwierigkeiten behoben (auf die eine oder andere Art), ändert sich das Persönlichkeitsprofil der betreffenden Person womöglich erneut. Selbst die Punkte für den Persönlichkeitsgrundtyp können betroffen sein, obgleich der Typ selbst gleich bleibt.

Die Tendenztypen

Ihr (vorherrschender) Tendenztyp wird durch die höhere Punktzahl bei einem der Ihrem Grundtyp benachbarten Typen angezeigt. Wenn Sie sich zum Beispiel im Test als Typ zwei erweisen, ist Ihr Tendenztyp die Eins oder die Drei, je nach höherer Punktzahl. Die zweithöchste *Gesamtzahl* im RETI gibt nicht unbedingt den Tendenztyp an. Die zweithöchste Punktzahl einer Sechs könnte beispielsweise die Neun sein; das heißt aber noch nicht, daß Ihr Tendenztyp die Neun ist. (Schauen Sie sich die Zahlen für Typ fünf und sieben an; die höhere kennzeichnet den Tendenztyp der Sechs.)

In jedem Fall muß das Zahlenverhältnis des Tendenztyps zum Grundtyp berücksichtigt werden. Bei manchen Leuten ist die Punktzahl beim Tendenztyp im Verhältnis zu der beim Grundtyp relativ hoch. Bei manchen ist die Punktzahl des Tendenztyps im Verhältnis zu der des Grundtyps eher mittelmäßig bis niedrig. Diese Feststellung ist wichtig für das Verständnis der Motive und Verhaltensweisen eines Menschen, insbesondere dann, wenn eine Voraussage über seine Leistung angestrebt wird wie etwa im geschäftlichen Bereich. Die Einsicht in das relative Verhältnis von Tendenz- und Grundtyp ermöglicht auch Einblicke in die Kindheitsursprünge, in damit zusammenhängende Fragen und mögliche Krankheitsbilder. (Eine genauere Erklärung des Verhältnisses von Tendenz- und Grundtyp finden Sie in *PT,* S. 451ff.) Gelegentlich erzielt der "falsche" Tendenztyp eine höhere Punktzahl als der tatsächliche Tendenztyp (wie er vom Ausführenden selbst oder von erfahrenen Enneagrammexperten ermittelt wurde). Eine solche Anomalie kann entstehen, wenn die Qualitäten von Grund- und Tendenztyp im Konflikt miteinander stehen. In den Typenbeschreibungen der *Neun Typen der Persönlichkeit* habe ich angemerkt, daß sich Grund- und Tendenztyp in manchen Kombinationen gegenseitig verstärken, während sie in anderer Kombination unter Umständen gegeneinander arbeiten. Zum Beispiel stehen viele Qualitäten von Typ vier und Typ drei im Widerspruch zueinander, wohingegen sich die Qualitäten von Typ vier und Typ fünf vorteilhaft ergänzen; diese Situation kann sich bei allen Typen und Tendenztypen ergeben.

Eine hohe Punktzahl bei einem anderen Tendenztyp als dem, den Sie erwartet haben, kann durch die derzeitigen Gegebenheiten Ihres Leben entstanden sein. Da hat sich zum Beispiel jemand, der nach eigenem Urteil oder dem Urteil ausgebildeter Enneagrammlehrer ein Typ sieben mit einer Tendenz zu Typ sechs ist, durch den RETI als Typ sieben mit einer Tendenz zu Typ acht herausgestellt. In diesem Fall wurde zwar mit Hilfe des RETI der Grundtyp des Betreffenden richtig ermittelt, aber der Tendenztyp entsprach nicht den Erwartungen. Eine vernünftige Auslegung wäre die, daß der Betreffende unter großem Druck im Wettbewerb steht und nur durch Selbstvertrauen und Eigeninitiative Erfolg haben wird. Der betreffende Mensch hat sich wahrscheinlich verstärkt dem Berufsleben gewidmet und eine bewußte Anstrengung unternommen, sich zu behaupten. Dies im Zusammenhang mit der Tatsache, daß die Typen sieben und sechs im Konflikt miteinander stehen, hat den Betreffenden dann vermutlich dazu gebracht, mehr auf die Acht als auf die Sechs anzusprechen. Wenn Sie Ihren Tendenztyp bestimmen wollen, rate ich Ihnen, die Testergebnisse auszuwerten, indem Sie die Beschreibungen *beider* Tendenztypen in den *Neun Typen der Persönlichkeit* nachlesen und dann entscheiden, welcher am ehesten auf Sie zutrifft.

Ähnliche Zahlenwerte

Ab und zu kommt jemand zu einem Ergebnis, bei dem die jeweiligen Punktzahlen der neun Typen fast gleich sind. Natürlich kennzeichnet auch hier im allgemeinen die höchste Punktzahl den Persönlichkeitsgrundtyp. In seltenen Fällen jedoch besteht eine Punktgleichheit bei den hohen Zahlen, so daß es schwierig wird, nur aufgrund des Testergebnisses Schlüsse über den Grundtyp zu ziehen. Es kommt auch vor, daß zwar eine Zahl höher ist als die anderen, die Zahlenwerte für mehrere andere Typen aber sehr nahe daran liegen und die Feststellung eines erkennbaren Musters erschweren. In einem speziellen Fall erzielte jemand einmal 19 Punkte – den höchsten Zahlenwert – bei drei Typen und 18 Punkte bei zwei weiteren Typen. (Dieses Ergebnis wird später in der Fallgeschichte 3 eingehender behandelt.)

Es gibt zwei Erklärungen für diese Ähnlichkeit. Erstens kann der Betreffende jahrelang in Therapie oder in einer spirituellen Entwicklung begriffen gewesen sein und so die Probleme und Konflikte seiner Persönlichkeit gelöst haben. (Je stärker das wahre Wesen ausgeprägt ist, um so schwächer wird die Herrschaft der Persönlichkeit; je mehr also jemand an sich arbeitet, um so schwieriger wird es mit der Zeit, die Persönlichkeit zu ermitteln, denn die Zahlenwerte dürften etwa gleich sein.) Allerdings sei bemerkt, daß wohl nur sehr wenige Menschen diesen Grad der

Integration und Nichtidentifikation mit ihrem Ego erreicht haben. Diese Erklärung sollte folglich selten und mit großer Vorsicht hinzugezogen werden.

Die zweite Erklärung für eine relativ gleichmäßige Punktverteilung ist die, daß der Betreffende vielleicht *kaum* Zeit an seine persönliche Entwicklung gewendet hat und daher nicht die für den RETI nötige Selbsterkenntnis besitzt. (Interessanterweise ist diese Erklärung das genaue Gegenteil der ersten.) In dieser Situation entsteht die Ähnlichkeit im Muster durch die wahllose Identifikation des betreffenden Menschen mit zu vielen Charakterzügen. Sollte das der Fall sein, kann der Persönlichkeitstyp des Betreffenden dadurch gefunden werden, daß jemand, der diese Person gut kennt, den RETI mit ihr zusammen oder an ihrer Stelle ausfüllt, wie zu Beginn des Kapitels geschildert. Wer bei mehreren Typen die gleiche Punktzahl erzielt hat, sollte die Persönlichkeitsprofile in diesem Buch und in den *Neun Typen der Persönlichkeit* genau nachlesen, um dann den Test ein zweites Mal durchzuführen.

Der Persönlichkeitstyp, bei dem dieses Problem am häufigsten auftritt, ist die Neun. Neunen haben keinen rechten Blick für sich selbst, da ihr Selbstgefühl relativ unbestimmt ist. Sie haben die Fähigkeit entwickelt, sich selbst bewußt zu übersehen und ganz Ohr für andere zu sein, so daß sie sich meist in allen Typen wiederfinden, in keinem aber sehr stark (obgleich bei weiblichen Neunen die Neigung besteht, sich fälschlicherweise als Zweien zu identifizieren und bei männlichen Neunen, sich fälschlicherweise als Fünfen einzustufen, siehe auch den Abschnitt über "Probleme und Fehldiagnosen" in diesem Kapitel). Da Neunen außerdem dazu tendieren, sich stark mit anderen zu identifizieren, machen sie leicht den Fehler, die Persönlichkeitsmerkmale ihrer Lieben auf sich zu übertragen. Neunen, die mit Vieren verheiratet sind, erreichen dann zum Beispiel wegen ihrer Identifikation mit dem Partner einen hohen Zahlenwert bei Typ vier, und das nicht unbedingt, weil sie selbst inzwischen die Qualitäten der Vier entwickelt hätten.

Neunen sind aber nicht der einzige Typ, der sich unkorrekt ermittelt. Aufgrund eines vorgefaßten Selbstbildes, emotionaler Bedürfnisse oder sozialer Ängste haben auch Menschen anderen Typs unter Umständen extreme Schwierigkeiten, sich richtig zu erkennen, und können deshalb zu unerwarteten (oder gar falschen) Testergebnissen kommen. Eine Drei beispielsweise erzielt womöglich bei einem anderen Typ einen gleich hohen oder sogar höheren Zahlenwert, weil sie viel daransetzt, ein bestimmtes Image abzugeben, insbesondere im Berufsleben. Dreien, die sich als unternehmerisch einstufen, haben vermutlich bei Typ fünf eine hohe Punktzahl, während Künstler vielleicht bei Typ vier einen hohen Zahlenwert erreichen. Überdies besteht bei Frauen aufgrund des gesellschaftlich bedingten Rollenverständnisses kulturspezifisch eine Neigung zu hohen Zahlenwerten bei Typ zwei. Darum ist es wichtig, die vollständige Beschreibung eines jeden Typs zu lesen, um die versteckten Motivationen und Einstellungen des betreffenden Menschen zu erkennen und ein treffendes Urteil abgeben zu können.

Darüber hinaus sollte im Auge behalten werden, daß manche Leute zwar ihren Typ richtig ermitteln, aber bestimmte Aspekte ihrer selbst weder sich selbst noch anderen eingestehen wollen. Selbstverständlich kann ein Persönlichkeitstest nur dann funktionieren, wenn die Testperson dazu bereit und in der Lage ist, sich ehrlich mit sich selbst auseinanderzusetzen.

Hohe Zahlenwerte als Hinweis auf eine gestörte Entwicklung
Eine hohe Punktzahl für einen Typ im Bereich der Desintegra-

tionslinie bedeutet nicht gleich, daß der betreffende Mensch gestört ist. Es ist vielmehr möglich, daß er im Enneagramm entweder eine Entwicklung in Richtung Integration genommen hat und dabei ist, die positiven Aspekte der Funktion auszubilden, die durch den betreffenden Typ symbolisiert ist, oder daß vorübergehende Lebensumstände diesen Typ besonders ans Licht bringen.

Der RETI gibt keineswegs vor, ein Meßinstrument für den Grad der Gesundheit oder Krankheit, Selbstverwirklichung oder Gestörtheit zu sein. Vielmehr soll mit Hilfe dieses Tests in erster Linie der Persönlichkeitsgrundtyp ermittelt werden; irgendwelche anderen Erkenntnisse, die daraus abgeleitet werden, sind Spekulation.

Die Satzpaare im Test sind zudem eigens so ausgearbeitet worden, daß sie den *gesunden bis durchschnittlichen* Bereich der Entwicklungsstufen abdecken, das heißt, den zwischen Stufe 2 und 6 auf dem Kontinuum. Es ist daher praktisch unmöglich, durch den Test zu einem pathologischen Befund zu kommen. Eine hohe Punktzahl beim Typ Ihrer Desintegrationslinie macht Sie also nur auf eine gewisse "Störanfälligkeit" aufmerksam, aber darüber hinaus werden durch den RETI keinesfalls Neurosen oder geistige Störungen nachgewiesen.

Vergessen Sie nicht, daß der Typ auf Ihrer Desintegrationslinie, wenn Sie ihn als psychologische Funktion verstehen, Teil Ihrer Gesamtpersönlichkeit ist und als solcher in sie integriert werden muß. Alle Typen, wie hoch oder niedrig sie in diesem Test auch beziffert werden mögen, müssen mit in die Betrachtungen einbezogen werden.

Wenn Sie Ihre Typenpunktzahlen noch weiter analysieren wollen, lesen Sie am besten die 32 Aussagen zum jeweiligen Typ in Kapitel 5 genau durch.

Die folgenden Fallbeispiele erhellen einige der Grundprinzipien und Probleme bei der Auswertung des RETI.

Zunächst wollen wir einen normalen Fall untersuchen, bei dem die Antworten eindeutig den Grundtyp, den Tendenztyp sowie die Desintegrations- und Integrationslinie der Testperson ergaben. Im zweiten Fall handelt es sich um eine Person, die unerwartet hohe Punktzahlen erzielte, wohl im Zusammenhang mit bewußten Anstrengungen, die sie in letzter Zeit unternommen hatte, um ihre sozialen und finanziellen Umstände zu verändern. Der dritte Fall zeigt auf, wie ziemlich unbestimmte Reaktionen auf alle neun Typen die Diagnose erschweren. Am vierten Fall werden die Auswirkungen einer gestörten Entwicklung deutlich, und der fünfte illustriert Schwankungen in den Persönlichkeitsfunktionen bei einer Person, die den Test mehrmals zu verschiedenen Zeiten durchgeführt hat.

Fall eins: Ein normales Muster
Die Zahlen dieser Person sind klar und deutlich: Die Person hat sich im Test als Sechs mit einer Tendenz zu Typ sieben erwiesen; die ungewöhnlich hohe Punktzahl bei Typ neun weist darauf hin, daß sie sich wahrscheinlich in Richtung Integration entwickelt. Der Typ auf ihrer Desintegrationslinie, die Drei, liegt ebenfalls zahlenmäßig höher, was in diesem Fall allerdings eher eine Bewegung im Enneagramm zu weiterer Integration über die Neun hinaus zur Drei vermuten läßt, der Persönlichkeitsfunktion, die am dringendsten weiterentwickelt werden muß (siehe auch *PT,* S. 445f.). Man beachte, daß (mit Ausnahme der Fünf, der intellektuellen Komponente) die meisten anderen Punktzahlen dieser Person ziemlich nahe am Mittelwert 16 liegen und auf ein

Gleichgewicht in der Zusammensetzung der Persönlichkeit schließen lassen. Die relativ niedrige Punktzahl bei Typ fünf legt die Vermutung nahe, daß die Person vielleicht mehr Zeit an ihre intellektuellen Aktivitäten und Ziele wenden sollte. Die Person meinte selbst, eine Sechs mit Tendenz zu Typ sieben zu sein, und fand sich in ihrer Selbsterfahrung durch das Muster, das sich in der Tabelle abzeichnete, bestätigt.

Fall zwei: Ein unerwartet hoher Funktionswert
Besondere Umstände können zu einer hohen Punktzahl bei einem Typ führen, der wie bei dieser Testperson weder die Tendenz noch die Integrations- oder Desintegrationsrichtung angibt. In diesem Fall fiel die höchste Punktzahl auf Typ sieben, die zweithöchste auf Typ drei, dicht gefolgt von Typ acht. Nachdem sie die Persönlichkeitsprofile in Kapitel 2 gelesen hatte, fand die Person bestätigt, daß sie Persönlichkeitstyp sieben mit einer Tendenz zu Typ acht ist. Das wurde noch mehr erhärtet durch die sachkundige Meinung eines ausgebildeten Enneagrammlehrers. Die betreffende Person war allerdings verwundert über den hohen Wert bei Typ drei, da dieser Typ nicht in ihrer Integrations- oder Desintegrationsrichtung lag. Das Ergebnis ließ sich dadurch erklären, daß sich die Person bewußt darum bemüht hatte, sich in einer Reihe von privaten und beruflichen Dingen weiterzuentwickeln. So war es kein Wunder, daß die Drei eine hohe Punktzahl erzielte, gefolgt vom Typ auf der Integrationslinie, der Fünf.
In diesem speziellen Fall wurden durch den RETI nicht nur Grundtyp, Tendenztyp und Integrationsrichtung der betreffenden Person korrekt ermittelt, der Test gab auch einen Hinweis auf den Faktor, der sie vorrangig bewegte – den persönlichen Ehrgeiz, der sich im hohen Wert für Typ drei niederschlug. Angesichts dieses

Fall eins: Ein normales Muster

Typ	zwei	drei	vier	fünf	sechs	sieben	acht	neun	eins
Punktzahl									
32									
31									
30					30				
25								26	
20									
15		18							
10	14		12			14	12		11
5				7					
	zwei	drei	vier	fünf	sechs	sieben	acht	neun	eins

Fall zwei: Ein unerwartet hoher Funktionswert

Typ	zwei	drei	vier	fünf	sechs	sieben	acht	neun	eins
Punktzahl									
32									
31						32			
30									
25									
20		21					20		
15			17	17					
10					11			10	10
5	6								
	zwei	drei	vier	fünf	sechs	sieben	acht	neun	eins

Ergebnisses hatte die Person das Gefühl, daß der RETI ihre Persönlichkeit und alles, was damit zusammenhängt, richtig wiedergab.

Fall drei: Antwortenmuster ohne Höhen und Tiefen
Als diese Person den Test zum ersten Mal durchführte, kam sie bei den Typen von zwei, drei, vier usw. bis eins auf die Punktzahlen 19, 19, 18, 19, 11, 17, 18, 9 und 14. Aufgrund dieses ungewöhnlich reaktionsschwachen Ergebnisses wurde sie gebeten, den Test noch einmal zu machen, woraufhin sich das in der Tabelle dargestellte Muster abzeichnete. Die Person hatte jetzt versucht, sich entweder auf Typ vier oder auf Typ fünf festzulegen, und das Ergebnis war klar, obgleich die Zahlenwerte immer noch nahe beieinander lagen.

Wie die Zahlen in der Tabelle zeigen, hat sich die betreffende Person als Typ vier mit Tendenz zu Typ fünf herausgestellt und sich darin auch bestätigt gefunden, nachdem sie die Beschreibungen in Kapitel 2 gelesen hatte. Die Entscheidung, ob sie nun eine Vier mit starker Tendenz zu Typ fünf oder eine Fünf mit starker Tendenz zu Typ vier war, wurde dadurch erleichtert, daß die Person bei jeder der vier Feststellungen, bei denen sie gezwungen war, zwischen der Vier und der Fünf zu wählen, die auf die Vier zutreffende Bemerkung ankreuzte.

Das sehr gleichmäßige Antwortenmuster bei allen beiden Tests kann auch dadurch entstanden sein, daß es sich bei der Person um einen Therapeuten handelt, der Jahre damit verbracht hat, sich selbst weiterzuentwickeln, und bewußte Anstrengungen unternahm, sich nicht mit seinem Ego oder seiner Persönlichkeit zu identifizieren. Diese Erklärung beansprucht zwar keine Allgemeingültigkeit, läßt jedoch vermuten, daß sich spirituelle Entwicklungen in Testergebnissen niederschlagen können.

Fall drei: Antwortenmuster ohne Höhen und Tiefen

Typ	zwei	drei	vier	fünf	sechs	sieben	acht	neun	eins
Punktzahl									
32									
31									
30									
25									
			22						
20	19			19					
		17				16	15		
15									15
					11				
10								10	
5									
	zwei	drei	vier	fünf	sechs	sieben	acht	neun	eins

Fall vier: Auswirkungen einer gestörten Entwicklung

Typ	zwei	drei	vier	fünf	sechs	sieben	acht	neun	eins
Punktzahl									
32									
31									
30									
25					23			24	
20	21		20						
15		15							
						14			
10							11		
									8
5				8					
	zwei	drei	vier	fünf	sechs	sieben	acht	neun	eins

Fall vier: Auswirkungen einer gestörten Entwicklung

Nach Meinung fachkundiger Enneagrammexperten handelte es sich bei dieser Person um eine Neun mit einer Tendenz zu Typ acht. Der RETI bestätigte dieses Urteil. Auffallend an dem Profil, das diese Tabelle nachzeichnet, ist die hohe Punktzahl für den Typ in der Desintegrationsrichtung, den Persönlichkeitstyp sechs. Dieses Ergebnis könnte durch den Alkoholismus und die selbstzerstörerischen Tendenzen, die geringe Selbstachtung und die Abhängigkeit der Testperson von Frau und Familie bedingt sein. Wie die Tabelle zeigt, ist die Punktzahl für Typ zwei die zweithöchste. Diese Zahl ist einerseits einleuchtend, da die Person Kinder hat, das für den Unterhalt nötige Geld verdienen muß und sich mit der Rolle des Helfers identifiziert hat, reflektiert aber andererseits möglicherweise die Tatsache, daß sie sich in ihrer Rolle nicht bestätigt fühlt; bei einer Untersuchung ihrer Typ-zwei-Reaktionen wird ihre Neigung offenbar, mit den Feststellungen übereinzustimmen, die die untere Hälfte ihrer Entwicklungsstufen widerspiegeln. Die hohe Punktzahl bei Typ vier ist auch ein Hinweis auf Selbstachtungsprobleme und Depressionen. Ein solches Muster, zu dem sich nachweislich Alkoholmißbrauch gesellt, wäre sicherlich etwas für einen Therapeuten, der in diesen Dingen Erfahrung hat und Behandlungsmöglichkeiten kennt.

Fall fünf: Zeitbedingte Veränderungen in der Persönlichkeitsstruktur

Die doppelten Zahlenwerte in dieser Tabelle stammen von derselben Testperson und haben sich im Abstand von etwa zwei Wochen ergeben; der Wert aus dem ersten Test ist in der Tabelle jeweils in kursiver Schrift wiedergeben. Daß bei Typ drei, fünf und acht nur eine Zahl steht, bedeutet, daß das Ergebnis in beiden Tests gleich war.

Typ Punktzahl	zwei	drei	vier	fünf	sechs	sieben	acht	neun	eins
32				*32*					
31									
30									
			26						
25									
			22						
20					19				
						16			*16*
15	14	*13*			*14*				14
					12				
10	*10*								
							9	9	
5								8	
	zwei	drei	vier	fünf	sechs	sieben	acht	neun	eins

Die Testperson erwies sich in beiden Durchgängen eindeutig als Fünf mit einer Tendenz zu Typ vier, was sie selbst bestätigte, nachdem sie die entsprechenden Beschreibungen gelesen hatte, und was auch die Meinung von ausgebildeten Enneagrammlehrern war. Beachtenswert ist, daß beide Male der in der Desintegrationsrichtung liegende Typ, die Sieben, eine hohe Punktzahl erzielte, wodurch möglicherweise eine negative Tendenz zu Impulsivität und emotionaler Labilität angedeutet wird. Die Zahl bei Typ acht auf der Integrationslinie der Person ist niedrig, ein Anzeichen dafür, daß unter den Funktionen dieses Typs Geltungsbewußtsein und Selbstvertrauen einer Stärkung bedürfen. Ebenso waren in beiden Tests die Werte der Testperson bei Typ neun niedrig, was darauf hindeutet, daß Gleichgültigkeit und Unaufgeschlossenheit gegenüber anderen ein auffälliger Aspekt ihrer Persönlichkeit sind. Dieses Ergebnis stimmt mit der Tatsache überein, daß sich die betreffende Person zweimal eindeutig als Persönlichkeitstyp fünf herausstellte und, wie es für diesen Typ charakteristisch ist, höchst eigenwillig und gesellschaftsfern ist. Die zweite bedeutsame Erkenntnis ist die, daß trotz einiger bemerkenswerter Variationen in einigen Funktionen der Grundtyp und die "Gesamtverfassung" der betreffenden Person gleich geblieben sind. Dieses Ergebnis, das sich auch bei anderen Personen einstellte, die mehrmals getestet wurden, deutet darauf hin, daß sich der Persönlichkeitsgrundtyp, wie vorausgesagt, nicht verändert. Verschiedene innerpsychische, soziale und milieuabhängige Faktoren können allerdings die anderen Komponenten der Persönlichkeit geringfügig in Bewegung bringen.

DIE AUSSAGEN NACH TYPEN GEORDNET

Die 144 Satzpaare des RETI beinhalten 288 Aussagen beziehungsweise 32 Aussagen über jeden der neun Persönlichkeitstypen.

Die 32 Aussagen pro Typ sind in diesem Kapitel so angeordnet, daß Sie Ihre Testergebnisse in der Zusammenschau überprüfen können. Zuerst kommen die Feststellungen, die gesunde Einstellungen und Verhaltensweisen widerspiegeln, und dann die, in denen durchschnittliche Einstellungen und Verhaltensweisen zum Ausdruck kommen. Achten Sie darauf, wo sich Ihre Markierungen häufen. Wenn Sie jeweils mit den meisten Bemerkungen in der oberen Hälfte der Aussagen zu jedem Typ übereinstimmen, ist es sehr unwahrscheinlich, daß Sie sich bei diesem Typ zur Desintegration hin entwickeln. Wenn umgekehrt besonders viele Behauptungen jeweils im unteren Bereich der Aussagen eines Typs angekreuzt wurden, kann das ein Warnsignal sein, daß eine

Neigung zu einem gestörten Entwicklungsverlauf besteht, die Sie sich vielleicht bewußtmachen sollten. Wie zuvor bereits erwähnt, werden durch diesen Aussagenkatalog keine gestörten (oder pathologischen) Einstellungen und Verhaltensweisen aufgezeigt.

Wie es meine Gewohnheit ist, fangen wir mit Typ zwei an und gehen dann in numerischer Reihenfolge weiter, um mit Persönlichkeitstyp eins zu schließen.

Persönlichkeitstyp zwei: Der Helfer

6. Ich bin im allgemeinen teilnahmsvoll und höre mir an, was andere von sich erzählen.

118. Ich widme anderen Aufmerksamkeit und Zuwendung.

48. Ich bin gerne unbeschwert und binde mich nicht an materielle Güter.

105. Bei der Arbeit mache ich lieber einen Unterschied zwischen Vorgesetzten und Untergebenen.

76. Ich glaube, ich bin mehr auf andere Menschen ausgerichtet als auf Ziele.

114. Ich schließe leicht und oft Freundschaft.

72. Ich bin im Grunde ein warmherziger, fröhlicher Mensch und gern in Gesellschaft anderer.

55. Ich nehme mir immer Zeit zum Ausruhen und zur Besinnung.

92. Ich bin nicht sehr diszipliniert, sondern eher spontan und gut im Improvisieren.

136. Ich zeige meine Gefühle.

139. Ich gehe auf andere Menschen zu.

40. Ich habe das Gefühl, etwas dafür tun zu müssen, daß andere mich mögen.

132. Meines Erachtens schließe ich mich oft an andere an.

24. Ich opfere gern Zeit für soziale und emotionale Belange.

123. Es fällt mir leicht, anderen zu sagen, wie sehr ich sie schätze.

45. Ich schütte meinen Freunden gern mein Herz aus oder bestehe Abenteuer mit ihnen.

37. Ich kann niemanden leiden sehen, deshalb schalte ich mich meist ein und helfe.

85. Ich gebe meinen Mitmenschen oft Rat und persönliche Empfehlungen.

95. Ich bin ein Trost für Leute, die vom Pech verfolgt sind.

28. Ich weiß, daß ich ziemlich sentimental bin und manchmal ins Schwärmen gerate.

47. Ich neige eher dazu, jemandem zu schmeicheln.

12. Ich brauche Menschen um mich, die mir ihre Zuneigung zeigen.

69. Im zwischenmenschlichen Bereich bin ich bereit, mehr für andere zu tun, als sie für mich tun.

127. Ich kann andere dazu bewegen, mir zu vertrauen.

9. Ich gebe es ungern zu, aber ich mische mich mehr in anderer Leute Angelegenheiten, als ich sollte.

100. Es stimmt wohl, daß ich das Gefühl haben möchte, gebraucht zu werden – aber wer will das nicht?

3. Es gefällt mir, wenn Leute von mir abhängig sind.

89. Ich gehe oft zu sehr aus mir heraus und bin emotional leichte Beute für andere.

59. Ich bin manchmal besitzergreifend meinen Lieben gegenüber – es fällt mir schwer, ihnen ihren Freiraum zu lassen.

63. Ich ärgere mich schwarz, wenn andere selbstverständlich finden, was ich für sie getan habe.

66. Auf meinen Schultern lasten eine Menge undankbarer Aufgaben – ich wünschte, andere würden zur Abwechslung auch mal an mich denken.

32. Meine Gesundheitsprobleme dürften daher kommen, daß ich mir zu viele Sorgen mache, was ich bedaure.

4. Andere finden, daß ich gelassen bin und in mir selbst ruhe.

73. Ich verbringe viel Zeit damit, meine Begabungen und Fähigkeiten weiterzuentwickeln.

19. Andere würden mich diplomatisch, charmant und anspruchsvoll nennen.

17. Es beunruhigt mich, daß ich vielleicht meine Möglichkeiten nicht voll ausschöpfe.

76. Ich glaube, ich bin mehr auf Ziele ausgerichtet als auf andere Menschen.

120. Ich bin ehrgeizig und setze mich selbst unter Druck, um meine Träume zu verwirklichen.

108. Ich verlasse mich auf niemanden: Ich will selbst am Hebel sein.

62. Ein Hauptmotiv ist bei mir der Wunsch, mich als Mensch hervorzutun und gewürdigt zu werden.

126. Ich weiß, wie ich etwas aus mir machen kann.

54. Ich habe das Gefühl, andere unterschätzen mich, wenn ich mich nicht irgendwie hervortue.

33. Wenn ich zwischen beruflicher Karriere und Freunden wählen müßte, würde ich den Beruf wählen.

132. Meines Erachtens konkurriere ich oft mit anderen.

94. Ich gebe es ungern zu, aber ich vergleiche mich oft mit anderen.

64. Ich habe meinen eigenen Kopf und Schwierigkeiten, mit anderen zusammenzuarbeiten.

43. Mitgefühl ist okay, aber andere müssen schon selbst die Verantwortung für sich tragen.

140. Ich will gesellschaftlich ankommen.

15. Meinen Erfolg verdanke ich großenteils meinem Talent, einen guten Eindruck zu machen.

83. Ich bin selbstbewußt und weiß, wie ich bei anderen landen kann.

124. Das positive Feedback, das ich von anderen erhalte, ist mir wichtig.

11. Ich bin anpassungsfähig und finde schnell eine Möglichkeit, mit fast jeder Situation zurechtzukommen.

35. Wenn ich in Schwierigkeiten gerate, ändere ich meine Taktik.

115. Ich schweige über mein Privatleben.

137. Aus mir wird man nicht so schnell schlau – ich lasse die Leute gern herumrätseln.

69. Im zwischenmenschlichen Bereich erwarte ich von anderen, mich in meinen Anliegen zu unterstützen.

101. Ich rede gern über mich selbst und stehe gern im Brennpunkt der Aufmerksamkeit.

144. Ich glaube nicht, daß Persönlichkeitstests Gültigkeit haben, weil sie nur einen Teil der unbegrenzten Möglichkeiten des Menschen berücksichtigen können.

106. Mir ist es wichtig, daß mich die Leute bewundern.

52. Es wurmt mich zutiefst, wenn andere nicht gut von mir denken.

88. Ich denke im stillen, daß ich besser bin als die meisten Leute.

80. Ich bin manchmal feindselig und abweisend.

96. Typisch für mich ist, daß ich auf Distanz gehe und sehr kühl werde, wenn ich wütend bin.

28. Ich weiß, daß ich manchmal ziemlich kalt und unnahbar bin.

Persönlichkeitstyp vier: Der Künstler

1. Einer meiner größten Vorzüge ist meine Gefühlstiefe.

109. Ich folge eher meiner Intuition als meinem Kopf.

73. Ich verbringe viel Zeit damit, mich selbst zu ergründen.

128. Ich nehme mir Zeit, herauszufinden, was mir mein Gefühl und meine Impulse sagen.

36. Ich orientiere mich im Grunde an der Vergangenheit.

50. Ein großes Plus ist bei mir die Fähigkeit, innere Vorgänge beschreiben zu können.

30. Es macht mir nichts aus, anderen meine Schwächen zu zeigen, was ich oft tue.

81. Ich lasse andere ihren eigenen Weg finden und ruhig Fehler machen.

57. Mir ist es wichtig, anderen meine Gefühle zu offenbaren, obwohl ich sie vielleicht nur indirekt zum Ausdruck bringe.

61. Ich brauche unbedingt eine ästhetisch ansprechende Umgebung.

22. Ich bin romantisch und überlasse mich gern starken Empfindungen.

117. Ich bin ziemlich unpraktisch und irgendwie ein Träumer.

70. Bei Problemen neige ich dazu, mich in Phantasien zu flüchten.

11. Ich meide Situationen, die mir neu sind, und brauche immer einige Zeit, bis ich mich eingewöhnt habe.

133. In Gesellschaft unterhalte ich mich gern mit höchstens ein bis zwei Leuten, sonst bleibe ich lieber für mich.

123. Es fällt mir schwer, anderen zu sagen, wie sehr ich sie schätze.

135. Wenn ich wütend bin auf andere, fällt es mir schwer, sie zur Rede zu stellen.

113. Bei Konflikten mit anderen neige ich dazu, mich in mich selbst zu verkriechen.

44. Ich habe eine poetische Ader, aber dazu gesellt sich mei-

stens auch ein Gefühl der Einsamkeit und emotionalen Verletzlichkeit.

86. Ich fühle mich normalerweise als Außenseiter.

20. Ich brüte über meinen Problemen, bis sie von mir abfallen.

99. Ich bin ziemlich launisch und selbstsüchtig.

143. Ich zweifle oft an meinen Motiven und Gefühlen.

104. Im Grunde bin ich immer ziemlich pessimistisch gewesen.

97. Ich bin oft gehemmt und kann mich nicht gut ausdrücken.

101. Ich finde es unangenehm, über mich selbst zu reden und im Brennpunkt der Aufmerksamkeit zu stehen.

139. Ich gehe kaum auf andere Menschen zu.

88. Ich denke im stillen, daß ich mehr Fehler habe als die meisten anderen Leute.

3. Es gefällt mir nicht, wenn Leute von mir abhängig sind.

46. Sozialen Verpflichtungen nachzukommen steht bei mir nicht gerade hoch im Kurs.

91. Ich wirke unter Umständen auf andere so, als sei ich ein sinnenfreudiger Genießer.

66. Ich halte mich manchmal zu sehr zurück und habe Hemmungen, von mir aus etwas Gutes zu tun.

Persönlichkeitstyp fünf: Der Denker

1. Einer meiner größten Vorzüge ist mein durchdringender Verstand.

109. Ich folge eher meinem Kopf als meiner Intuition.

31. Ich habe ein tiefes Verlangen, meine Umwelt zu verstehen.

79. Das Leben ist mitunter rätselhaft, aber mit einigem Scharfblick läßt sich in allem ein Sinn sehen.

84. Ich bin geduldig: Ich halte mich zurück und beobachte erst einmal.

121. Ich kann mich gut konzentrieren und intensiv arbeiten.

51. Andere kommen zu mir, weil ich Kenntnisse besitze, die sie brauchen.

8. Ich bin nicht so sehr an praktischen Ergebnissen interessiert, sondern folge lieber meiner Eingebung.

24. Ich opfere gern Zeit für abstrakte, geistige Dinge.

38. Ich würde alles dafür geben, auf irgendeinem Gebiet Experte zu sein.

29. Ich habe kein Zeitgefühl und arbeite am besten, wenn mir möglichst wenig Vorgaben gemacht werden.

75. Ich bin eher unkonventionell und in vieler Hinsicht sehr eigen.

15. Meinen Erfolg habe ich großenteils trotz meiner Versäumnisse im zwischenmenschlichen Bereich erlangt.

53. Ich kann ziemlich spartanisch leben und brauche auch beim Arbeiten kaum etwas.

61. Eine ästhetisch ansprechende Umgebung steht bei mir nicht unbedingt an erster Stelle.

10. Unter Druck schalte ich meist emotional ab und denke mir mein Teil.

34. Ich handle erst, wenn ich alles gründlich durchdacht habe.

116. Andere sagen mir immer, ich sollte nicht so lange zögern, sondern endlich etwas tun.

107. Es ist schwierig, sich zu einer bestimmten Handlungsweise zu entschließen, denn Moral ist ein relativer Begriff.

12. Ich bleibe lieber auf Distanz zu anderen Menschen.

136. Ich zeige meine Gefühle kaum.

114. Ich schließe nicht gerade leicht Freundschaft.

71. Es fällt mir schwer, um etwas zu bitten.

124. Ich weiß, wann ich etwas gut gemacht habe, und brauche mich nicht erst durch andere darin bestätigen zu lassen.

103. Ich meide körperliche Betätigung nach Möglichkeit.

99. Ich bin oft emotional unbeteiligt und geistesabwesend.

111. Ich habe gemerkt, daß das Leben um so leichter wird, je mehr ich meine Bedürfnisse einschränke.

140. Mir ist es ziemlich egal, ob ich gesellschaftlich ankomme.

144. Ich glaube, daß Persönlichkeitstests durchaus Gültigkeit haben können, weil das menschliche Verhalten Grenzen hat und im Grunde voraussagbar ist.

42. Ich mißtraue jedweder Autorität und halte mich an keine Regeln.

90. Mir wird nachgesagt, ich sei zu streitlustig – ich würde sagen, ich genieße handfeste Diskussionen.

130. Es macht mich wahnsinnig, wenn andere unangenehmen Tatsachen nicht ins Gesicht sehen wollen.

Persönlichkeitstyp sechs: Der Loyale

67. Ich identifiziere mich stark mit anderen und gehe langfristig vertrauensvolle, freundschaftliche Beziehungen ein.

117. Ich bin praktisch veranlagt und stehe mit beiden Beinen auf der Erde.

108. Ich verlasse mich auf meine Freunde, und sie wissen, daß sie sich auch auf mich verlassen können.

92. Ich bin sehr diszipliniert und ziehe eine Sache in allen Einzelheiten wie gewünscht durch.

110. Ich habe ein starkes Sicherheitsbedürfnis.

49. Ich arbeite schwerer und bin verantwortungsbewußter als viele meiner Freunde.

38. Ich würde alles dafür geben, meine Existenz und die Existenz meiner Lieben absichern zu können.

105. Ich arbeite gern mit anderen im Team zusammen.

129. Mir geht es in Gruppen gut.

75. Ich bin ein ganz normaler Mensch und in vieler Hinsicht konservativ.

133. In Gesellschaft versuche ich meist, mit möglichst vielen Leuten ins Gespräch zu kommen und mich zu zerstreuen.

33. Wenn ich zwischen Freunden und beruflicher Karriere wählen müßte, würde ich die Freunde wählen.

119. Ich gehe methodisch und behutsam vor.

85. Ich mische mich nicht zu sehr ins Leben anderer ein.

64. Ich muß wissen, was andere von mir erwarten, und habe Schwierigkeiten, einfach selbst loszulegen.

70. Bei Problemen kämpfe ich mich bis zum bitteren Ende durch.

46. Ich nehme meine sozialen Verpflichtungen sehr ernst.

77. Ich stehe zu meinen Freunden, auch wenn sie im Unrecht sein mögen.

27. Wenn ich nicht genau weiß, was ich machen soll, hole ich mir bei anderen Rat.

138. In einer schwierigen Situation brauche ich von anderen Rückendeckung.

21. Wenn es sein muß, übernehme ich die Führung, obwohl ich entscheidungsschwach bin.

14. Ich klage zwar manchmal darüber, aber ich brauche Druck, um in Gang zu kommen.

18. Ich beobachte meine Mitmenschen, bis ich sicher bin, daß sie vertrauenswürdig sind.

59. Ich bin manchmal ambivalent meinen Lieben gegenüber und stoße sie von mir, wenn ich eigentlich ihre Nähe ersehne.

142. Ich habe unter anderem Angst, ausgenutzt zu werden.

5. Sicher, manchmal grüble ich zuviel über meine Probleme nach.

56. Ich zögere meist und ergreife ungern die Initiative.

25. Nach Meinung anderer bin ich oft gereizt.

10. Unter Druck mache ich mir meist sofort Sorgen und reagiere heftig.

87. Es fällt mir schwer, den Mund zu halten, wenn andere ihre Arbeit nicht richtig machen und mich dadurch in Schwierigkeiten bringen.

80. Ich bin manchmal eigensinnig und defensiv.

42. Ich werde wild, wenn andere gegen die Regeln verstoßen und damit durchkommen.

Persönlichkeitstyp sieben: Der Vielseitige

121. Ich bin eher spontan und zu Späßen aufgelegt.

41. Ich bin wie das Wetter: veränderlich.

68. Ich brauche Anregung und Spannung.

36. Ich orientiere mich im Grunde an der Zukunft.

58. Ich bin mitteilsam und gesellig.

49. Ich bin positiver und enthusiastischer als viele meiner Freunde.

4. Andere finden, daß ich lebhaft bin und aus mir herausgehe.

103. Ich betätige mich oft und gern körperlich.

115. Ich spreche offen über mein Privatleben.

13. Ich habe etwas von einem Märchenerzähler und Unterhalter an mir.

141. Ich mag Vielfalt und bin auf immer neue Erfahrungen aus.

134. Ich habe gern viele Menschen um mich.

17. Es beunruhigt mich, daß ich vielleicht die guten Seiten des Lebens versäume.

119. Ich bin abenteuerlustig und risikofreudig.

82. Ich verwende mein Geld in erster Linie für interessante, angenehme Erfahrungen.

125. Ich gehe sehr locker mit Geld um und gebe entschieden mehr aus, als ich sollte.

53. Für mich ist es wichtig, mich bei der Arbeit rundum wohl zu fühlen.

44. Ich bin praktisch veranlagt und habe viele Ideen, von denen ich allerdings nicht so viele verwirkliche, wie ich möchte.

27. Wenn ich eine Entscheidung treffen muß, probiere ich Verschiedenes aus, um herauszufinden, was für mich am besten ist.

20. Ich lenke mich so lange durch Zerstreuungen von meinen Problemen ab, bis sich eine Möglichkeit ergibt, sie zu beheben.

100. Es stimmt wohl, daß ich gern auf eigenen Füßen stehe und es nicht mag, wenn andere mich nötig brauchen.

55. Ich mag keine Zeit ans Nichtstun verschwenden.

131. Ich folge für gewöhnlich meinen Gefühlen und Impulsen.

39. Ich lasse mich gerne gehen und kenne keine Grenzen.

97. Ich bin sehr direkt – andere wünschen, sie hätten den Nerv, auch solche Sachen zu sagen wie ich.

71. Ich mache meine Wünsche im allgemeinen bekannt.

6. Ich bin im allgemeinen skeptisch und glaube nicht alles, was ich höre.

23. Ich bin ein "stürmischer" Mensch mit kurzlebigen Gefühlen.

87. Es fällt mir schwer, Leute, die nicht mit mir Schritt halten können, nicht herunterzuputzen.

94. Ich gebe es ungern zu, aber ich bin selten zufrieden mit dem, was ich habe.

78. Wenn mir etwas auf die Nerven geht, schlage ich zum Ausgleich gern einmal über die Stränge.

32. Meine Gesundheitsbeschwerden dürften daher kommen, daß ich zu viele schlechte Angewohnheiten habe, was ich bedauere.

67. Ich trete für andere ein und nutze meine Möglichkeiten, um ihnen dabei zu helfen, etwas aus sich zu machen.

79. Das Leben ist ein Kampf, aber mit Mut läßt sich etwas Großes schaffen.

41. Ich bin wie ein Fels: solide und fest.

48. Ich bin erdverbunden und genieße die materiellen Freuden des Lebens.

50. Ein großes Plus ist bei mir die Fähigkeit, immer Herr der Lage zu sein.

118. Ich sage anderen, wo es langgeht, und sorge dafür, daß sie motiviert sind.

16. Ich überzeuge viele Menschen durch mein Selbstvertrauen und meine starke Ausstrahlung.

21. Ich übernehme bereitwillig die Führung und habe kaum Probleme damit, Entscheidungen zu fällen.

106. Mir ist es wichtig, Einfluß auf das Leben anderer auszuüben.

34. Ich handle sofort und vertraue darauf, daß ich es schon schaffen werde.

8. Ich bin ein praktischer Mensch und will mit meiner Arbeit konkrete Ergebnisse erzielen.

62. Ein Hauptmotiv ist bei mir der Wunsch, als Mensch mehr Macht und Einfluß zu gewinnen.

122. Meine Handlungsweise richtet sich im allgemeinen nach der jeweiligen Situation.

26. Ich werte im allgemeinen praktische Ergebnisse höher als abstrakte "Ideale".

2. Obwohl ich entspannen könnte, bin ich ständig auf Trab.

82. Ich verwende mein Geld in erster Linie für meinen Unterhalt und zur Hebung meines Lebensstandards.

37. Ich will niemanden zum Faulenzen anregen, aber wer zur Selbsthilfe bereit ist, dem zeige ich, wie.

125. Ich habe hart für mein Geld gearbeitet und gehe sehr achtsam damit um.

111. Ich habe gemerkt, daß das Leben um so leichter wird, je mehr ich habe.

128. Nabelschau zu halten ist Zeitverschwendung: Etwas geschafft zu bekommen ist das, was zählt.

142. Ich habe unter anderem Angst, von jemandem abhängig zu werden.

56. Ich ergreife die Initiative und gebrauche durchaus meine Ellenbogen, um meinen Willen durchzusetzen.

30. Ich will anderen meine Schwächen nicht zeigen, was ich auch höchst selten tue.

98. Ich habe keine Angst vor Konflikten mit anderen Menschen.

74. Ob man's mag oder nicht, man spielt doch die Hauptrolle in seinem Leben.

134. Ich brauche nicht viele Menschen um mich.

102. Ich stoße andere manchmal vor den Kopf, weil ich zu energisch bin.

52. Es ist mir egal, ob andere mich mögen oder nicht, solange sie mich respektieren.

89. Es fällt mir äußerst schwer, vor anderen Menschen meinen Schutzpanzer fallenzulassen, selbst vor denen, die ich liebe.

113. Bei Konflikten mit anderen gebe ich höchst selten nach.

60. Ich neige dazu, auf Konfrontationskurs zu gehen.

96. Typisch für mich ist, daß ich losbrülle und anderen ordentlich Bescheid gebe, wenn ich wütend bin.

68. Ich will zufrieden sein und meine Ruhe haben.

23. Ich bin ein "stilles Wasser" mit Tiefgang.

31. Ich habe ein tiefes Verlangen, anderen nahe zu sein.

104. Im Grunde bin ich immer ziemlich optimistisch gewesen.

86. Ich fühle mich normalerweise in Gesellschaft anderer wohl.

65. Auf den ersten Blick mache ich einen sonnigen, unbekümmerten Eindruck auf andere.

45. Ich entspanne mich gern im Kreise meiner Freunde.

2. Obwohl ich ehrgeizig bin, bleibe ich doch immer gelassen.

137. In mir kann man lesen wie in einem offenen Buch.

40. Andere scheinen mich ganz von selbst gern zu haben.

51. Andere kommen zu mir, weil ich ihnen ein Gefühl der Sicherheit und Anerkennung gebe.

60. Ich neige zur Zurückhaltung.

43. Ich denke mich gern in andere Menschen hinein.

112. Ich bin eigentlich kein Perfektionist – mir ist es wichtiger, gut mit anderen auszukommen.

74. Wer nur an sich selbst denkt, wird einmal einsam und unglücklich sein.

120. Ich habe keine persönlichen Ambitionen, aber für meine Lieben arbeite ich hart.

7. Warum immer das Schlechte sehen, wo es doch so viel Wunderbares im Leben gibt?

18. Ich bin meinen Mitmenschen gegenüber vertrauensselig und überrascht, wenn sie anders sind, als ich dachte.

57. Mir ist es nicht unbedingt wichtig, anderen zu zeigen, wie ich mich fühle.

5. Sicher, manchmal vermeide ich es, allzuviel über meine Probleme nachzudenken.

14. Druck kann ich nicht gut ertragen, ich leiste am meisten, wenn ich mein Tempo selbst bestimmen kann.

93. Ich weiß, daß ich manchmal zu versonnen bin und Tagträumen nachhänge.

141. Ich weiß, was ich mag, warum sollte ich also meine Zeit an etwas verschwenden, das mir vielleicht gar nicht zusagt?

127. Was andere machen, ist ihre Sache und interessiert mich nicht.

83. Ich bin nicht sehr selbstbewußt im Umgang mit anderen.

143. Ich zweifle selten an meinen Motiven und Gefühlen.

25. Nach Meinung anderer bin ich oft "abgehoben".

90. Mir wird nachgesagt, ich sei zu entgegenkommend – ich mag einfach keinen Streit.

98. Ich habe Angst vor Konflikten mit anderen Menschen.

9. Ich gebe es ungern zu, aber ich lasse kleinere Probleme auf sich beruhen, bis sie sich zu großen ausgewachsen haben.

130. Es macht mich wahnsinnig, wenn andere mich mit Sachen nerven, die ohnehin nicht zu ändern sind.

78. Wenn mir etwas auf die Nerven geht, schalte ich einfach ab.

Persönlichkeitstyp eins: Der Reformer

65. Auf den ersten Blick mache ich einen reifen, würdevollen Eindruck auf andere.

131. Ich folge für gewöhnlich meinem Gewissen und meiner Vernunft.

16. Ich überzeuge die Leute durch meine Aufrichtigkeit und vernünftige Argumente.

58. Ich bin ernst und diszipliniert.

72. Ich bin eher ernst und zurückhaltend und unterhalte mich gern über bestimmte Themen.

138. In einer schwierigen Situation weiß ich meist, wo ich stehe.

19. Andere würden mich direkt, formell und idealistisch nennen.

122. Meine Handlungsweise gründet sich im allgemeinen auf Prinzipien.

110. Ich muß unbedingt das Gefühl haben, im Recht zu sein.

126. Ich weiß, wie man richtig lebt.

13. Ich habe etwas von einem Lehrer und Kämpfer an mir.

7. Ich nörgele nicht gern, aber ich kann einfach nicht darüber hinwegsehen, wenn etwas im argen liegt.

84. Ich bin ungeduldig: Ich springe sofort auf ein Problem an und versuche es zu lösen.

135. Wenn ich wütend bin auf andere, sage ich ihnen, was ich denke.

129. Ich finde Gruppen frustrierend.

26. Ich werte im allgemeinen meine Ideale höher als praktische Ergebnisse.

35. Wenn ich in Schwierigkeiten gerate, lege ich mich noch mehr ins Zeug.

54. Ich habe das Gefühl, den Anschluß zu verlieren, wenn ich keine Fortschritte mache.

116. Andere sagen mir immer, ich sollte ausspannen und das Leben zur Abwechslung mal genießen.

77. Ich kompromittiere mich nicht für Freunde.

29. Ich bin sehr zeitbewußt und brauche Vorgaben, um etwas geschafft zu bekommen.

39. Ich lasse mich nicht gern gehen.

22. Ich bin ein Verstandesmensch und lasse mich nicht gern von Gefühlen mitreißen.

91. Ich wirke unter Umständen auf andere so, als sei ich unpersönlich und hätte mich immer vollkommen in der Gewalt.

95. Es gibt Stellen, an die sich jemand, der in Not ist, um Hilfe wenden kann.

102. Ich stoße andere manchmal vor den Kopf, weil ich zu unpersönlich bin.

81. Ich finde es besser, anderen die Augen zu öffnen, wenn sie einen Fehler machen.

107. Es ist leicht, sich zu einer bestimmten Handlungsweise zu entschließen, denn Moral ist ein objektiver Begriff.

63. Ich ärgere mich schwarz, wenn andere meinen Anweisungen nicht genau folgen.

47. Ich neige eher dazu, jemanden zu kritisieren.

93. Ich weiß, daß ich manchmal vorschnell urteile und zu ungeduldig bin.

112. Ich bin ein Perfektionist und übe Druck aus, damit etwas richtig gemacht wird, auch wenn das anderen unangenehm ist.

6 Probleme und Fehldiagnosen

Wann immer ich Kurse über das Enneagramm gebe, treffe ich unweigerlich auf Leute, die ihren Typ falsch bestimmt haben – Zweien, die davon überzeugt sind, Vieren zu sein, Neunen, die sich für Fünfen halten, Dreien, die sich eingeredet haben, sie seien Einsen, und so weiter. Offensichtlich muß einiges zu den Problemen gesagt werden, die die richtige Bestimmung des Typs erschweren.

Es ist an der Zeit, die Ähnlichkeiten und Unterschiede genauer herauszuarbeiten, damit die Leser sie besser erkennen und die Lehren des Enneagramms besser verstehen können. Schließlich liegt der Hauptsinn des Enneagramms darin, die Selbsterkenntnis zu vertiefen, und wenn jemand seinen Typ falsch bestimmt, nützt ihm das Enneagramm nicht viel. Dann ist es nichts weiter als eine faszinierende Kuriosität – oder, schlimmer, eine Möglichkeit, Einblick in andere zu gewinnen, gleichzeitig aber zu vermeiden, den Blick ins eigene Innere zu richten.

Zugegeben, es ist leicht, Persönlichkeitstypen falsch zu bestimmen; Aspekte buchstäblich aller Typen können in bestimmten Fällen miteinander verwechselt werden. Das hat vor allem folgende neun Gründe:

Erstens ist das Enneagramm sehr komplex – fast so komplex wie die menschliche Natur. Die Menschen sind außerordentlich verschieden und fortwährend in Veränderung begriffen. Wenn wir sie nicht über längere Zeit hinweg in verschiedenen Situationen beobachten, dürfte es schwer sein, Vertrauen in die Genauigkeit der Diagnose zu setzen.

Zweitens ist es an sich schon schwierig, eine Diagnose zu stellen, da wir aufgrund höchst unvollständiger Informationen über den

Betreffenden unsere Schlüsse ziehen müssen. Die Bestimmung von Persönlichkeitstypen ist im Grunde eine Kunst, in der sich allerdings jeder mit der Zeit durch Übung beweisen kann. Außerdem muß damit, daß manche Leute ihren oder den Typ anderer falsch bestimmen, zumindest in unserer Zeit gerechnet werden angesichts des Zustands, in dem sich die Kunst des Enneagramm-lesens befindet. Die verschiedensten Auslegungen sind im Umlauf, von denen manche schwere Fehler aufweisen wie etwa die falsche Zuordnung von Charakterzügen bei den Typen. Deshalb ist es so wichtig, kritisch zu sein und selbständig zu denken. Wenn wir uns auf Beschreibungen verlassen, die unstimmig sind, können wir nie sichergehen, daß unsere Diagnose richtig ist, ebenso wie wir auch nicht hoffen dürfen, zu tiefen Einsichten zu gelangen, weil wir glauben, unseren Typ "gefunden" zu haben.

Drittens läßt es sich, da das Enneagramm für über 486 Subtypen gilt (siehe *PT,* S. 462), nicht ausschließen, daß sich einige davon ähnlich sind. Zum Beispiel gleichen Sechsen auf Stufe 6 als überkompensierender "harter Mann" den Achten auf Stufe 6 als feindseligen Kämpfern, weil beide aggressiv und autoritär sind, wenn auch auf erkennbar unterschiedliche Weise, wie wir noch sehen werden.

Viertens werden Typen leicht verwechselt, wenn sie als feststehende Einheiten betrachtet werden – als seien Neunen beispielsweise immer friedfertig und gelassen. Mit dieser Vorstellung von Typ neun im Kopf kommen wir, sobald wir jemandem begegnen, der gelegentlich aggressiv ist, automatisch zu dem Schluß, daß er keinesfalls eine Neun sein kann. Friedfertigkeit und heitere Gelassenheit sind zwar zwei Grundzüge des *gesunden* Typs neun, aber Neunen sind trotzdem bisweilen wütend, aggressiv und ängstlich. Sie halten sich allerdings selbst stets für friedliebend und kehren auch immer wieder in irgendeiner Form zur Friedfertigkeit zurück (zum Beispiel zu Passivität und Selbstzufriedenheit), ihrer "Ausgangsbasis". Ebenso beachtenswert ist, daß bei Neunen, die aggressiv, wütend oder verängstigt sind, diese Züge auf typische "Neunerweise" in Erscheinung treten. Ärger bringen sie zum Beispiel durch kühle Gelassenheit gegenüber der Person, auf die sie wütend sind, zum Ausdruck – und leugnen gleichzeitig ab, überhaupt wütend zu sein. Selbst schwerere Wutanfälle können ebensoschnell wieder abklingen, wie sie ausgebrochen sind. Um derartig feine Unterschiede treffen zu können, müssen wir lernen, den Gesamtstil sowie die Grundmotivationen jedes Typs zu erkennen, statt einzelne Charakterzüge herauszugreifen.

Fünftens können Typen verwechselt werden, wenn die *Tendenzen* nicht in Betracht gezogen werden. Unter bestimmten Umständen kann es vorkommen, daß der Tendenztyp eines Menschen deutlicher hervortritt als sein Grundtyp. Indem wir den Tendenztyp ins Auge fassen, können wir durch Ausschalten verschiedener Faktoren den Typ des betreffenden Menschen herausfinden. Zum Beispiel hat jemand vielleicht etwas von einer Drei an sich, obwohl wir sicher sind, daß er keine Drei ist. Das bedeutet, daß diese Person entweder eine Tendenz zu Typ drei hat oder eine Sechs beziehungsweise eine Neun ist, die auf dem Wege der Desintegration oder Integration zur Drei ist. Wenn der Betreffende nach unserer Einschätzung eindeutig weder besonders integriert noch sehr desintegriert ist, hat er wahrscheinlich eine Tendenz zu Typ drei, und sein Grundtyp ist entweder die Zwei oder die Vier. Bei Zweien mit einer Tendenz zu Typ drei ist der Tendenztyp selten dominant, wohingegen Vieren mit einer Tendenz zu Typ drei sehr wohl von ihrem Tendenztyp bestimmt werden können, da sie die Zurückgezogenheit der Geselligkeit vorziehen. In bestimmten gesellschaftlichen Situationen dürfte demnach eine Vier mit Tendenz zu Typ drei eher wie eine Drei statt wie eine Vier wirken. Deshalb dürfte die vorsichtige Diagnose "Vier mit Tendenz zu Typ drei" in Ordnung sein, sofern sie durch andere Beweise erhärtet wird. Die Faustregel lautet also, sich den Einfluß des Tendenztyps bewußtzumachen, da dadurch bestimmte Möglichkeiten und Schlüsse bei der Typbestimmung wegfallen und andere in den Vordergrund treten.

Sechstens können wir Typen miteinander verwechseln, weil wir das volle Spektrum der Persönlichkeitstypen nicht überblicken. Es kann sein, daß wir einfach nicht viele Fünfen, Achten, Zweien oder andere Typen aus eigener Erfahrung kennen. Solange wir nicht eine Vielzahl von Typen korrekt identifiziert (und über sie nachgedacht haben), haben wir aller Wahrscheinlichkeit nach von einigen nur ein verschwommenes Bild.

Doch selbst wenn wir Vertreter jedes Typs kennen, dürfen wir nie vergessen, daß *niemand alle Charakterzüge seines Typs aufweist.* Wahrscheinlich kommt es höchst selten vor, daß jemand das ganze Kontinuum der Entwicklungsstufen durchwandert hat, und noch ungewöhnlicher (wenn nicht gar unmöglich) dürfte es sein, daß sich das ganze Spektrum der Charakterzüge auf einmal abzeichnet. Jeder von uns durchläuft Entwicklungsstadien um einen bestimmten "Schwerpunkt" herum, die sich nur in wenigen Stufen bewegen. Oder, anders ausgedrückt: Es gibt eine bestimmte "Bandbreite" von Entwicklungsstufen, innerhalb derer unsere jeweilige Mitte bestimmt werden kann. (Nehmen wir einmal an, jemand sei kerngesund, und das Spektrum seiner Verhaltensweisen erstrecke sich von Stufe 2 bis einschließlich Stufe 5. Bei dieser Person würden sich keine Charakterzüge von Stufe 1 zeigen oder solche vom entgegengesetzten Ende des Kontinuums, also die einer gestörten Entwicklung von Stufe 6 abwärts.) Wir bedienen uns einfach nicht des ganzen Spielraums der charakterlichen Möglichkeiten unseres Typs, weil das bedeuten würde, zugleich gesund und gestört zu sein, ausgewogen und neurotisch, hin und her gerissen zu sein zwischen Integration und Desintegration – ein Ding der Unmöglichkeit.

Da sich bei niemandem die ganze Palette der Charakterzüge auf einmal manifestiert, lohnt es sich, über die Persönlichkeitstypen (samt allen Variationen) mit anderen zu reden. Es dürfte interessant sein, zu hören, welche Züge andere bei jemandem entdeckt haben, dessen Typ Sie gerade zu bestimmen versuchen, und herauszufinden, ob Ihre Beobachtungen übereinstimmen. Wenn nicht, ist ein Gespräch mit anderen noch mehr von Nutzen, da Sie ja möglichst viele für die Ermittlung des Typs wichtige Hinweise zusammentragen wollen. Denken Sie aber daran, daß wir den Persönlichkeitstyp eines Menschen nur aufgrund von Charakterzügen bstimmen können, die langfristig in seinem Verhalten zum Ausdruck kommen. Beobachtung über einen längeren Zeitraum hinweg (und unter den verschiedensten Umständen) ist der beste Weg, zu einem sicheren Urteil zu kommen.

Siebtens hilft es, wenn Sie die Menschen persönlich kennen, deren Typ Sie bestimmen wollen, obwohl das keine unbedingte Voraussetzung ist. Wir können viele Leute auch von fern beurteilen, ohne unmittelbaren Kontakt zu ihnen zu haben – entweder weil sich ihre Persönlichkeit so klar darstellt oder weil uns eine Menge Informationsmaterial über sie zur Verfügung steht oder beides.

Die in den *Neun Typen der Persönlichkeit* wiedergegebenen Diagnosen berühmter Leute sind ja ebenfalls nur Vermutungen, die sich auf eine gewisse, durch Lesen, Intuition und jahrelange Beobachtung erworbene Sachkenntnis stützen (siehe *PT*, S. 68ff.). Wenn auch kein Anspruch auf Unfehlbarkeit erhoben wird, scheinen doch alle Diagnosen richtig gewesen zu sein und daher brauchbar, um einen Eindruck vom Spektrum eines jeden Typs zu vermitteln, da sich Menschen des gleichen Typs (und besonders solche mit der gleichen Tendenz) deutlich ähneln. Nach ihrem Verhalten und dem zu urteilen, was über sie geschrieben worden ist, sind beispielsweise sowohl der ehemalige US-Präsident Richard Nixon als auch Marilyn Monroe als Sechsen einzustufen, Nixon allerdings mit Tendenz zu Typ fünf und Marilyn Monroe mit Tendenz zu Typ sieben. Beide waren zutiefst unsicher, taten Dinge wider besseres Wissen und steuerten, jeder auf seine Weise, in die Katastrophe. Beide litten zeitweilig unter "Verfolgungswahn", nur saß die Paranoia bei Nixon anscheinend tiefer und war vorherrschender als bei Marilyn Monroe. Biographen, Journalisten, Politologen und andere können ähnliche Ferndiagnosen von Politikern und anderen Persönlichkeiten des öffentlichen Lebens stellen, vorausgesetzt, sie sammeln möglichst viele Einzelinformationen dafür.

Achtens besteht eine der besten Möglichkeiten, ähnliche Charakterzüge zu unterscheiden und gegebenenfalls verschiedenen Typen zuzuordnen, darin, den unterschiedlichen *Motiven* nachzugehen, auf denen ihr Verhalten beruht. Verschiedene Typen können vollkommen gleich handeln, aber aus recht unterschiedlichen Motiven heraus. Zum Beispiel wird zwar jeder Typ ärgerlich, aber der Ärger von Einsen drückt sich anders aus als bei jedem anderen Typ und hat darüber hinaus andere Ursachen. Wichtig ist, sich möglichst die versteckten Motive klarzumachen, statt einfach etwas von den äußeren Verhaltensweisen abzuleiten.

Neuntens wird mit zunehmender Kenntnis und durch die häufige praktische Anwendung des Enneagramms die Wahrnehmungsfähigkeit geschärft. Letzten Endes kommt es beim Diagnostizieren jedoch darauf an, die Charakterzüge der wirklichen Menschen mit denen der Persönlichkeitstypen in Einklang zu bringen. Deshalb sind zwei Dinge zu erlernen: erstens, welche Züge zu welchen Typen gehören, und zweitens, wie diese Züge beim wirklichen Menschen aufgespürt werden können. Obwohl jeder Typ Hunderte von Zügen aufweist (und sehr feine Unterscheidungen getroffen werden müssen), ist das erste leichter zu lernen als das zweite. Es ist zugegebenermaßen sehr schwierig, dem wahren Verhalten, den wahren Einstellungen und Motiven anderer auf die Spur zu kommen, insbesondere, da sie diese Dinge oft selbst nicht wahrhaben wollen, geschweige denn wünschen, von anderen durchschaut zu werden. So schwer es ist, die Wahrnehmung zu schärfen, handelt es sich doch um eine Fähigkeit, die sich gewiß zu erwerben lohnt, weil sie das Leben in vieler Hinsicht bereichert.

Selbst wenn wir alle Schwierigkeiten in Betracht gezogen haben, die sich aufgrund von Fehlinformationen oder Mißverständnissen einstellen – wie auch durch die Problematik dieses Unterfangens überhaupt –, bleibt die Tatsache bestehen, daß es gesetzmäßige Ähnlichkeiten zwischen den Persönlichkeitstypen gibt. Und ebendiese Ähnlichkeiten sind es, die zu Fehldiagnosen und Verwirrung führen.

Die folgenden Vergleiche und Gegenüberstellungen gründen sich auf Ähnlichkeiten sowohl zwischen Typen als auch zwischen Entwicklungsstufen von einem Typ zum anderen. Daher ist eine gewisse Kenntnis der Entwicklungsstufen notwendig (siehe Kapitel 3). Soweit nichts anderes gesagt wird, beziehen sich die Vergleiche und Gegenüberstellungen in diesem Abschnitt auf *durchschnittliche* Personen jedes Typs.

Wir beginnen diesmal mit Typ eins und fahren in numerischer Reihenfolge fort.

Typ eins und Typ drei

Durchschnittliche Einsen und Dreien werden manchmal miteinander verwechselt, weil beide Typen effizient sind und außerordentliches Organisationstalent besitzen. Wenn einzig das Verhalten unter ganz bestimmten Umständen betrachtet wird (zum Beispiel die Teilnahme an einer Geschäftsbesprechung oder die Planung des Urlaubs), gleichen sich die beiden Typen in ihren organisatorischen Fähigkeiten – und so kommt es zu Verwechslungen. Dabei sind die beiden Typen sehr verschieden voneinander, besonders in ihrer Motivation.

Durchschnittliche Einsen sind Idealisten, die in jedem Bereich ihres Lebens nach Perfektion und Ordnung streben, insbesondere in ihrem Gefühlsleben, um sowohl sich selbst als auch ihre Umgebung unter Kontrolle zu haben, damit nicht Irrtümer und Fehler aller Art auftreten. Innerlich stark motiviert durch ein waches Gewissen, beweisen sie stets Organisationstalent und Leistungsvermögen, um weder Zeit noch sonst etwas zu verschwenden oder Gewissensbisse zu bekommen, weil sie angeblich nicht perfekt waren bzw. sich nicht genug eingesetzt haben, oder sich der Selbstsucht bezichtigen zu müssen.

Durchschnittliche Dreien hingegen sind keine Idealisten, sondern effiziente Pragmatiker. Außer wenn sie sehr gesund sind, sind Dreien weder aus sich selbst heraus motiviert, noch besitzen sie ein reges Gewissen; allerdings kann die Angst vor Demütigung ihr Verhalten entsprechend beeinflussen. Durchschnittliche Dreien sind auf Erfolg, Prestige und ihr berufliches Fortkommen aus, und ihre erkennbare Effizienz dient dazu, diese Ziele zu erreichen. Da sie kaum wirkliche Gefühlstiefe entwickeln oder das volle Spektrum ihrer Emotionen verwirklichen, schlägt durchschnittlichen Dreien selten etwas für längere Zeit aufs Gemüt (obwohl gelegentliche Mißerfolge vorübergehende Depressionen auslösen können), wie sie sich überhaupt selten von ihren Gefühlen mitreißen lassen. Sie sind in der Lage, den größten Teil ihrer Energie auf die Verwirklichung ihrer Ziele zu verwenden und sich einzig darauf zu konzentrieren.

Beide Typen können kalt und unpersönlich sein, sind jedoch im allgemeinen höflich und haben angenehme Umgangsformen. Bei durchschnittlichen Einsen entsteht leicht der Eindruck, als hielten sie ihre wahren Gefühle zurück oder sublimierten sie, etwa durch Sozialreformen. Einsen zeigen zwar ihre leidenschaftlichen Gefühle normalerweise nicht offen, sind aber doch emotional zugänglich, wenn sie einmal ihre Selbstbeherrschung fallenlassen. (Als negative Gefühle herrschen bei ihnen gerechter Zorn, Entrüstung und Schuldgefühle vor.) Bei durchschnittlichen Dreien hingegen ist der Eindruck von Reserviertheit und emotionaler Kälte ein Anzeichen dafür, daß ihnen tiefe Gefühle fremd sind, obwohl sie so wirken können, als hätten sie Gefühle, weil sie sich charmant geben und als "Persönlichkeit" erscheinen. Ihre chamäleongleiche Anpassungsfähigkeit ist allerdings leicht zu durchschauen, wenn man sieht, wie schnell und unvermittelt sich bei Dreien ein "Gefühlsumschwung" gegenüber Situationen oder Menschen einstellt. (Als negative Gefühle herrschen bei ihnen Feindseligkeit und spöttische Geringschätzung vor.)

Außerdem versuchen Einsen, perfekt zu sein, während Dreien meinen, es schon mehr oder weniger zu sein. So sagen Einsen: "Hör auf mich – ich weiß, wie man richtig lebt", wohingegen Dreien sagen: "Sei wie ich – ich weiß, wie man erfolgreich ist." Einsen wollen denen ein Vorbild sein, die nach Perfektion streben, besonders nach sittlicher Perfektion; Dreien wollen ein

Vorbild für individuelle Perfektion sein, wollen persönlich begehrenswert sein als die, die "alles haben".

Diese zwei Typen sind sich ähnlich, weil sie beide "Denktypen" sind – die Eins als extravertierter Denktyp im Sinne von C. G. Jung *(PT,* S. 403-406), der objektiv und unpersönlich sein will, und die Drei mit ihrem zielorientierten, pragmatischen Denken, das ähnlich ausgerichtet ist wie das extravertierte Denken der durchschnittlichen Eins, obwohl sie genau genommen nicht dem Jungschen Typ entspricht. Beide Typen haben irgendein Ziel vor Augen, das sie erreichen möchten. Der Unterschied besteht darin, daß Einsen herauszufinden versuchen, auf welchem Wege sie objektiv ans gewünschte Ziel gelangen können, während Dreien Pragmatiker sind, die sich langsam vortasten, bis sie die effizienteste Möglichkeit gefunden haben, ihr Ziel zu erreichen. Moral und Idealismus passen selten ins Bild der Drei, sind jedoch Qualitäten, die bei der Eins im Mittelpunkt stehen.

Typ eins und Typ vier
siehe *Typ vier und Typ eins*

Typ eins und Typ fünf
Sowohl Einsen als auch Fünfen entsprechen dem Denktyp von C. G. Jung – die Eins dem extravertierten Denktyp (*PT,* S. 403-406) und die Fünf dem introvertierten Denktyp, den ich lieber als "subjektiven" Denktyp bezeichne *(PT,* S. 202f.). Zwar bestehen viele bedeutende Unterschiede in Form und Stil zwischen diesen beiden Typen, aber besonders auffällig ist der zwischen der Urteilsfähigkeit der Eins und dem relativ schlechten Urteilsvermögen der Fünf.

Urteilskraft ist Fünfen nicht so wichtig. Sie glauben, auf abstrakter, theoretischer Ebene zu wissen, wie die Welt funktioniert;

deshalb sind Fünfen meist vollkommen unpraktisch, dafür jedoch ständig mit komplexen Geisteskonstrukten beschäftigt. Während gesunde Fünfen noch Informationen sammeln und auswerten, verlieren durchschnittliche Fünfen, je mehr sie in den Bann ihrer eigenen Gedankengänge geraten und je tiefer sie in den eigenen Theorien versinken, die Fähigkeit, ein treffendes Urteil über Wahrheit, Bedeutsamkeit und Stimmigkeit ihrer Theorien zu fällen. Allmählich interessiert sie nicht mehr die objektive Richtigkeit einer Idee, sondern nur noch, inwieweit ihre Ideen andere Gedanken zu erklären scheinen, die ihnen durch den Kopf gehen. Im Gegensatz dazu durchdenken Einsen alles, um sich besser auf die Welt einstellen zu können: Sie stellen Regeln auf und setzen praktische Veränderungen in Gang, die dem Fortschritt und Wohl aller dienen. Einsen sind der Welt nicht so entfremdet wie Fünfen: Sie mögen zwar kühl und unpersönlich sein und irgendwie überheblich und herablassend wirken, haben aber ein ausgeprägtes Interesse daran, ihre Prinzipien ins Alltagsleben zu übertragen.

Einsen und Fünfen unterscheiden sich also in der Art und Weise, wie sie die Wirklichkeit beurteilen und abschätzen. Einsen beurteilen Situationen von einem idealistischen Standpunkt aus, der sich auf das gründet, was sie für richtig halten. Fünfen urteilen von einem theoretischen Standpunkt aus, der sich auf das gründet, was sie denken oder entdeckt haben. Einsen denken deduktiv, sie gehen in der Praxis von Prinzipien aus; Fünfen denken induktiv, sie gehen von bestimmten Daten aus und entwickeln daraus noch umfassendere Theorien. Beide sind philosophisch veranlagt und wißbegierig: Einsen, weil sie dadurch die Welt vollkommener machen wollen, und Fünfen, weil sie mehr über die Welt herausfinden wollen. Im Gegensatz zu Fünfen, die meist Analytiker und Wissenschaftler sind, neigen Einsen dazu, Schulmeister und Moralprediger zu sein.

Typ eins und Typ sechs
siehe *Typ sechs und Typ eins*

Typ eins und Typ acht
Einsen wie auch Achten gehören zur Gefühlstriade, beide besitzen einen starken Willen, beide wollen ihren Kopf durchsetzen, und beide können aggressiv werden und auf andere entsprechenden Druck ausüben. Allerdings wollen Einsen aus grundsätzlichen moralischen Erwägungen andere durch Druck dazu bewegen, das Rechte (das, was sie dafür halten) zu tun – eben weil es das einzig "Richtige" ist. Achten hingegen treten energisch auf, sie schüchtern ein und drohen (implizit oder explizit) mit Strafen und Gewalt, um sich andere gefügig zu machen, ohne sich um Recht und Unrecht, Prinzipien oder Moral zu kümmern. Kurz: Einsen handeln aus einem äußerst regen Gewissen heraus und werden leicht ärgerlich, wenn andere ihrem Vorbild nicht folgen, während Achten keinerlei Gewissensbisse kennen und immer aggressiver werden, um ihren Willen durchzusetzen.

Die größten Mißverständnisse entstehen bei diesen beiden Typen durch den angeblichen Gerechtigkeitssinn der Acht, von dem in der traditionellen Enneagrammlehre die Rede ist. Genau gesagt geht es aber nur Einsen um Gerechtigkeit, Achten jedoch so gut wie nie. Gerechtigkeit ist für Einsen ein überaus wichtiges Prinzip - nicht nur für gesunde Einsen, sondern auch für durchschnittliche und sogar gestörte Einsen. Einsen haben auf allen Entwicklungsstufen einen Hang zur Gerechtigkeit und glauben, Gerechtigkeit anzustreben (wie schief auch ihre neurotische Auslegung des Begriffs "Gerechtigkeit" sein mag). Sie trachten nach Gerechtigkeit und ahnden Ungerechtigkeiten, wo immer sie diese antreffen, weil sie sonst – und aus anderen Gründen – Schuldgefühle hätten, etwas, das Achten fast völlig abgeht.

Gerechtigkeit ist für durchschnittliche bis gestörte Achten überhaupt kein Thema, im Gegenteil: Sie können eklatant ungerecht gegenüber anderen sein, ohne auch nur eine Spur von Schuldgefühl oder Reue. Nur die gesündesten Achten haben unter Umständen einen gewissen Sinn für Gerechtigkeit und das Verlangen, andere gerecht zu behandeln. Doch selbst bei gesunden Achten ist der Gerechtigkeitssinn meist nur ein Werkzeug ihres Egos und ihrer Rolle als Wohltäter und Förderer anderer. Wenn Achten Gerechtigkeitssinn beweisen, dann normalerweise in der Sorge darum, daß diejenigen, die ihnen anvertraut sind (oder ihrer Macht und Autorität unterworfen sind), fair behandelt werden. Der Western-Sheriff, der seine Stadt gegen kriminelles Gesindel beschützt, und der Gewerkschaftsboß, der gerechte Löhne für die Gewerkschaftsmitglieder erkämpft, sind Beispiele für diese eingeschränkte Art von Gerechtigkeitssinn.

Die Verwechslung von Typ acht und Typ eins rührt wahrscheinlich auch daher, daß manche Einsen sich selbst irrtümlich als Typ acht einstufen, weil sie gern die Autorität und den Einfluß einer Acht besäßen. Sie erkennen vielleicht auch, daß sie aggressive Impulse haben, und identifizieren sich deshalb fälschlich als "aggressiven" Typ, obwohl sie in Wirklichkeit ihren Idealen treu bleiben; die Acht hingegen ist *der* aggressive Typ schlechthin. Andererseits bestimmen sich Achten so gut wie nie als Typ eins, da sie die Eins als feige und schlapp ansehen – und sind nur deshalb so moralisch, weil sie zu schwach sind, um stark zu sein.

Typ zwei und Typ sechs

Zu einer Fehlidentifikation kommen unter Umständen Zweien, die sich selbst als Sechs einstufen, vielleicht nur deshalb, weil ihnen die Beschreibung von Typ zwei in den *Neun Typen der Persönlichkeit* gegen den Strich geht. Sie würden sich lieber als unsicher und paranoid bezeichnen, statt sich als dominanter Typ mit uneingestandenen Ansprüchen zu sehen. Aber die beiden Typen werden aufgrund einiger wirklich ähnlicher Charakterzüge manchmal auch von anderen verwechselt.

Beide sind warmherzig und gewinnend und wollen gemocht werden – wobei Sechsen, genauer gesagt, den Beifall und Schutz anderer ersehnen, während Zweien geliebt und für andere wichtig sein wollen. Beide Typen schmeicheln sich bei anderen ein, Sechsen eher spielerisch und scherzhaft, indem sie diejenigen necken und foppen, bei denen sie eine emotionale (schützende) Reaktion auslösen wollen. Durchschnittliche Zweien sind ebenfalls Schmeichler, aber mehr aus einer Position eingebildeter Überlegenheit heraus – sie sind herzlich und freundlich und glauben dabei, daß sie Liebe und Freundschaft, Anerkennung und Rat freizügig spenden, ohne selbst darauf aus zu sein, wenigstens zu Anfang. Andere sollen sich geschmeichelt fühlen durch die Aufmerksamkeit, die die Zwei ihnen widmet, während das Interesse der Sechs auf andere nur liebenswert wirkt, ohne daß sie sich dadurch geschmeichelt fühlen. Kurz, die Gefühlslage ist bei den beiden Typen vollkommen unterschiedlich: Sechsen umgeben sich in ihrem Leben mit einigen wenigen Auserwählten, wohingegen Zweien ihre Netze ziemlich wahllos auswerfen und sehen, wen sie sich einfangen können.

Beide Typen sind emotional und entsprechen dem Fühltyp

C. G. Jungs – die Zwei ist der extravertierte Fühltyp (*PT*, S. 80f.) und die Sechs der introvertierte Fühltyp (*PT*, S. 243). Zweien tragen ihr Herz auf der Zunge, sie sind offen und herzlich und zeigen ihre Gefühle für andere. Im Gegensatz dazu sind Sechsen oft ambivalent in ihren Gefühlen und geben häufig mehrdeutige, gemischte Signale von sich. Im Verlauf einer absteigenden Entwicklung werden durchschnittliche bis gestörte Zweien immer undurchschaubarer im Umgang mit anderen Menschen, bis sie schließlich nur noch auf Manipulation aus sind und sich sogar selbst ihre wahren Motive nicht eingestehen. Durchschnittliche bis gestörte Sechsen hingegen neigen zu immer heftigeren Reaktionen (Überreaktionen), sie geraten gefühlsmäßig in immer größere Verwirrung, bis sie schließlich Masochisten (und entsprechende Manipulierer) geworden sind und drohen, Hand an sich selbst zu legen. Dann sagen sie zum Beispiel: "Verlaß mich nicht! Sonst begehe ich Selbstmord!" Sechsen manipulieren in aller Öffentlichkeit, was bei Zweien höchst selten der Fall ist.

Den beiden Typen ist nicht nur die Jungsche Fühlfunktion gemeinsam, sie sind nach meiner Theorie der Kindheitsursprünge auch vaterorientiert. Während die Entwicklung der Zwei durch ein ambivalentes Verhältnis zum Vater begründet ist, beruht die Entwicklung der Sechs auf einem positiven Verhältnis zum Vater. (Allgemein gesagt, lesen wir an der Vaterrolle ab, wie die Welt ist, während wir an der Mutterrolle ablesen, wer wir sind.) Danach müßte der Vater der Zwei dem Kind gesagt haben, daß es von der Welt belohnt wird, wenn es etwas für andere tut – das heißt, es muß immer gut sein. Der Vater der Sechs dürfte seinem Kind gesagt haben, es würde von der Welt beschützt, wenn es gehorsam und pflichtbewußt wäre – das Kind braucht also einen guten Beschützer, jemanden, der wirklich für es sorgt. Beide "Skripte" führen den Kindern mögliche Belohnungen oder Strafen wie auch Quellen der Sicherheit oder Unsicherheit vor Augen. Sechsen werden tatsächlich von Ängsten und Zweifeln heimgesucht, was ihnen auch bewußt ist – und sie erhoffen sich von anderen (speziell von irgendwelchen Autoritäten) eine Lösung dieser Probleme. Zweien sind natürlich auch manchmal ängstlich, wie alle Menschen; sie sind allerdings nicht so unschlüssig oder von Zweifeln befallen und holen sich auch nicht bei Autoritätspersonen Rat für ihre Probleme. Im Gegenteil, je wichtiger sie sich nehmen, um so mehr werden sie innerhalb ihres Einflußgebietes allmählich selbst zu Autoritätsfiguren, Gurus oder religiösen Führern. Kurz: Durchschnittliche bis gestörte Zweien wollen andere unter ihre Kontrolle bringen, um sich die ersehnte Liebe zu sichern, während sich durchschnittliche bis gestörte Sechsen lieber der Kontrolle anderer unterordnen, um die ersehnte Liebe zu bekommen. Am Ende des Kontinuums sind die Unterschiede zwischen der psychosomatisch stark gestörten Zwei und der bis zur Selbstzerstörung masochistisch gestörten Sechs am krassesten. Beide leiden, aber aus unterschiedlichen Gründen.

Typ zwei und Typ sieben
Diese Typen werden häufig verwechselt, weil beide emotional und theatralisch sind, obgleich die Empfindungen der Sieben eher schwankend (schnell veränderlich) und weniger tief sind als die der Zwei. Durchschnittliche Zweien sind freundlich und neigen zu Gefühlsüberschwang, sie geraten leicht ins Schwärmen oder dramatisieren, bemühen sich aber auch, anderen ihre herzliche Anteilnahme zu zeigen. Sie besitzen Gefühlstiefe (gehören zur Gefühlstriade), und ihre Gefühle sind eng mit ihrem Selbstgefühl, ihrem Verhalten und ihren zwischenmenschlichen Beziehungen verknüpft.

Durchschnittliche Siebenen neigen ebenfalls zu Theatralik und dramatisieren ihre Empfindungen in übertriebener Art, aber ihre Emotionen sind im allgemeinen kurzlebig und breit gefächert – von Hochgestimmtheit und Entzücktsein über Koketterie und Übermut bis zu äußerst negativen Äußerungen des Unmuts und der Frustration und schließlich zu Beschimpfungen und Wutanfällen gegenüber anderen. (Außer wenn sie sehr gestört sind, lassen Zweien allerdings ihren Ärger nicht offen an anderen aus und zeigen selten ein solch verwirrendes Spektrum von Gefühlen wie Siebenen.)

Obgleich beide Typen gesellig und gern unter Menschen sind, gibt es deutliche Unterschiede im zwischenmenschlichen Bereich. Zweien pflegen gern zwischenmenschliche Beziehungen, sie sind ihrem Wesen nach freundlich und warmherzig und voller Interesse für andere – sie könnten gut Herz und Seele einer Familie oder Gemeinschaft sein oder der beste Freund und Vertraute, bei dem jeder sein Herz ausschüttet und Rat und Beistand sucht. Zweien wollen anderen etwas bedeuten und in eine enge Beziehung mit ihnen treten, wobei sie manchmal allerdings zu weit gehen, indem sie sich zu sehr einmischen und geradezu aufdrängen, weil sie unbedingt gebraucht werden wollen.

Siebenen hingegen lassen sich nicht so sehr in anderer Leute Leben hineinziehen. Sie betrachten sich nicht als Mittelpunkt einer Gemeinschaft oder Familie, sondern als Mitglieder einer ungebundenen Schar von sinnesfreudigen Menschen, die in der Gesellschaft anderer das Leben doppelt genießen. Da Siebenen nicht gern alleine essen oder trinken oder ins Theater gehen, sind sie zwangsläufig große Menschenfreunde – sie haben einfach mehr Freude an ihren Aktivitäten, wenn andere mit von der Partie sind und etwas zur Spannung und zum Reiz dessen beitragen, auf das sie aus sind. Um sich Begleitung zu sichern, bezahlen Siebenen unter Umständen für Vergnügungen, sie kaufen Karten für weniger begüterte Freunde, laden sie zum Essen oder in Clubs ein usw. Siebenen machen deshalb oft den Eindruck, als seien sie großzügig, dabei geht es ihnen wahrscheinlich weniger darum, bedürftigeren Freunden zu helfen, als darum, sich die Zeit in Gesellschaft anderer angenehmer zu vertreiben.

Während durchschnittliche Zweien von anderen gebraucht werden wollen, ist Siebenen daran überhaupt nicht gelegen, im Gegenteil, sie haben nicht viel übrig für Leute, die sich von ihnen abhängig machen, weil dadurch ihre Mittel erschöpft werden. Und im Gegensatz zu durchschnittlichen Zweien, die besitzergreifend sind, weil sie meinen, so viel Zeit und emotionale Energie in ihre Freunde investiert zu haben, daß sie nun einen Anspruch auf sie haben, belegen durchschnittliche Siebenen andere in erster Linie nur so lange mit Beschlag, wie es ihnen zur Steigerung ihres Genusses in den Kram paßt. Siebenen können Leute fallenlassen, ohne mit der Wimper zu zucken, besonders dann, wenn jemand daherkommt, der mehr Spannung verspricht (und die letzte Bekanntschaft hat per Definition auch immer den größeren Reiz, da sie den Vorteil der Neuheit hat).

Trotz ihrer vielen echten Unterschiede passen die beiden Typen jedoch oft auch ganz gut zusammen, denn die Sieben hält unbewußt stets nach einer Mutterfigur Ausschau, um sich mütterlicher Liebe zu versichern, die ihr ihrer Meinung nach versagt worden ist – und das bietet die Zwei ihr in Form von Zuwendung, Aufmerksamkeit und Ermutigung. Für die durchschnittliche Zwei ist es sehr befriedigend, jemandem Aufmerksamkeit zukommen zu lassen, der dafür empfänglich ist, und niemand ist empfänglicher als die Sieben. (Siebenen sind normalerweise lebhaft, witzig und unterhaltsam; sie haben auch meist Geld und gute gesellschaftliche Verbindungen, so daß die durchschnittliche Sieben ein idealer Freund oder Partner für die Zwei ist.) Das Problem ist nur, daß durchschnittliche Siebenen zwar voller Freude die Liebe und Aufmerksamkeit von Zweien entgegennehmen, den Zweien aber nicht unbedingt die nötige Anerkennung und Dankbarkeit zeigen, um deren emotionale Bedürfnisse zu befriedigen. Vermutlich bestimmen sich mehr Siebenen als Zweien als umgekehrt.

Typ zwei und Typ acht

Daß Zweien und Achten verwechselt werden können, ist leicht einzusehen, obgleich Welten dazwischenliegen. Manche durchschnittliche Zweien erkennen, daß sie herrisch und dominant sind, beides wesentliche Charaktermerkmale der Acht. Eine besonders aggressive Zwei spielt vielleicht im Beruf eine Rolle, die Führungskraft und Disziplin erfordert. Aus diesen und anderen Gründen ist es bei manchen Zweien möglich, daß sie sich fälschlicherweise als Acht einstufen. (Doch selbst in diesen Punkten besteht der Unterschied darin, daß durchschnittliche Zweien nicht ihre Mitmenschen und ihre Umgebung beherrschen, um ihre persönliche Macht auszuweiten. Zweien sind zwar tatsächlich dominant, aber indirekt: Sie sind meist anmaßend und üben Kontrolle aus, aber immer unter dem Deckmantel der Sorge um andere, ein Verhalten, das durchschnittlichen Achten völlig fremd ist.) Dennoch gleichen sich Zweien und Achten in der Gefühlstiefe und Leidenschaftlichkeit, die sie in ihre Beziehungen einbringen, wenn auch die Art und Weise, wie sie ihre Gefühle zum Ausdruck bringen, und deren Wirkung auf andere recht unterschiedlich sind.

Beachtenswert ist, daß beide Typen ein ambivalentes Verhältnis zu einem Elternteil haben: Zweien haben eine ambivalente Beziehung zum Vater (*PT,* S. 84f.), während Achten eine ambivalente Beziehung zur Mutter haben (*PT,* S. 325f.). Diese Ambivalenz ist wahrscheinlich bei beiden Typen der Grund für stürmische Beziehungen und dafür, ihrer ausgeprägten Leidenschaftlichkeit in Form von Konflikten in den zwischenmenschlichen Beziehungen (Typ acht) oder von manipulativem Verhalten (Typ zwei) freien Lauf zu lassen.

Vermutlich kommt es leicht zu Verwechslungen, weil beide Typen einen starken Willen und ein starkes Ego besitzen und dazu neigen, andere zu dominieren. Achten sind offen aggressiv, herrisch, egozentrisch und verfolgen ihre eigenen Interessen, besonders in finanzieller Hinsicht. Zweien können auch aggressiv, herrisch, selbstherrlich, egozentrisch usw. sein, allerdings unter dem zusehends dünner werdenden Deckmäntelchen der Liebe. Aus angeblicher Sorge um andere manipulieren gestörte Zweien ihre Mitmenschen, um die Reaktionen auszulösen, die sie sich wünschen. Achten hingegen schüchtern andere öffentlich ein; wenn sie frustriert sind, üben sie noch mehr Druck aus, um ihren Willen durchzusetzen, und greifen unter Umständen auch zur Gewalt. Frustrierte Zweien versuchen, bei anderen Schuldgefühle zu wecken, vorzugsweise dadurch, daß sie ihre angeblichen Seelenqualen dramatisieren. Am Ende allerdings gleicht die Zwei infolge ihrer zunehmend gestörten Entwicklung immer mehr einer gestörten Acht, da Typ acht auf der Desintegrationslinie der Zwei liegt.

Typ zwei und Typ neun
Verwechslungen zwischen Typ zwei und Typ neun entspringen dem Wunschdenken von Leuten des einen Typs, so zu sein wie der andere. Meist sind es durchschnittliche Neunen, die irrtümlicherweise meinen, Zweien zu sein; dem durchschnittlichen Typ zwei hingegen unterläuft dieser Fehler höchst selten.

Manche durchschnittliche Neunen (besonders weibliche) wären gerne Zweien, weil die Zwei als "liebevoller" Typ gilt, und da sich diese Neunen ebenfalls als liebevoll einstufen, glauben sie, Zweien zu sein. Dabei ist die Liebesfähigkeit natürlich nicht auf Zweien beschränkt: Andere Typen (einschließlich Typ neun) sind genauso fähig, andere zu lieben. Wie es bei anderen allgemeinen Charakterzügen auch der Fall ist, die alle Typen gemeinsam haben (wie zum Beispiel Aggressivität und Angst), kommt die Liebe von Typ zu Typ anders zum Ausdruck und muß unterschieden werden.

Die Art und Weise, wie Zweien und Neunen andere lieben, ist tatsächlich sehr verschieden. Neunen sind nicht sehr selbstbetont und besitzen kaum Identitätsgefühl außer dem, das sie aus der Identifikation mit anderen beziehen. Sie sind sehr bescheiden und entgegenkommend und geben sich damit zufrieden, anderen emotionalen Halt zu bieten, ohne dafür groß Aufmerksamkeit oder Anerkennung zu erwarten. (Neunen wollen zwar auch spüren, daß ihre Liebe erwidert wird, aber sie warten geduldig ab und begnügen sich mit weniger als Zweien.) Neunen wollen sich an andere anschließen, sich mit ihnen vereinen – selbst wenn sie dabei riskieren, nur durch jemand anders zu leben. Durchschnittliche Neunen neigen dazu, andere zu idealisieren und sich in das romantische Idealbild des betreffenden Menschen zu verlieben statt in die reale Person. Durchschnittliche Zweien hingegen haben ein ausgeprägtes Gespür für andere – besonders für deren Bedürfnisse und Schwächen – und machen sich das bewußt oder unbewußt zunutze.

Im Gegensatz zur durchschnittlichen Neun hat die durchschnittliche Zwei ein ganz klares Gefühl für die eigene Identität. Trotz ihres ausgeprägten Einfühlungsvermögens schließt sie sich nicht eng an andere an, ist aber auch nicht unbedingt besonders zurückhaltend oder entgegenkommend. Sie hat ein starkes Selbstbewußtsein, ist sich ihrer Gefühle und Vorzüge deutlich bewußt und zögert nicht, darüber zu sprechen.

Im besten Fall sind gesunde Zweien ebenso uneigennützig und bescheiden wie gesunde Neunen, aber bei durchschnittlicher Entwicklung wird ein gravierender Unterschied sichtbar: Zweien müssen das Gefühl haben, gebraucht zu werden, sie wollen im Leben anderer einen wichtigen Platz einnehmen und um Zuspruch, Anleitung und Rat gebeten werden. Durchschnittliche Zweien laufen immer Gefahr, andere unauffällig dazu zu bringen, von ihnen abhängig zu werden, und tun etwas für ihre Mitmenschen, um durch sie in dem Gefühl bestärkt zu werden, gut und liebevoll zu sein. Im Gegensatz zur durchschnittlichen Neun (die normalerweise kaum oder gar nicht reagiert, wenn sie mit anderen in Konflikt gerät), zögert die Zwei nicht, anderen klarzumachen, wie selbstsüchtig sie sind, oder ihnen unumwunden zu sagen, wie sehr sie in ihrer Schuld stehen. Kurz: Bei gestörter Entwicklung kommt es bei der Zwei zur Egoinflation, sie wird eingebildet und aggressiv, während das Ego der Neun eher zurücktritt und verschwommen wird.

Bei Neunen besteht so gut wie keine Tendenz, andere zu manipulieren oder Schuldgefühle bei ihnen zu wecken, weil sie nicht so reagiert haben, wie sie sollten. (Gesunde Neunen sind geduldiger und bescheidener – Charakterzüge, die Zweien ihnen abschauen sollten.) Gesunde Zweien hingegen krempeln bereitwillig die Ärmel hoch und helfen in schwieriger Lage aus. Sie haben ein Stehvermögen, das Neunen fehlt. Außerdem hat die Hilfe, die gesunde Zweien gewähren, etwas Direktes, Persönliches: Sie ist eine Reaktion auf den *anderen* und seine Bedürfnisse. Im allgemeinen nehmen Zweien zum Wohl anderer Unannehmlichkeiten in Kauf, während Neunen zwar alles Gute wünschen, aber meist eher Trost und Zuspruch spenden, als tätig zu helfen. (Die besondere Art von Liebe, deren die gesunde Zwei fähig ist, wäre etwas, das die Neun erwerben sollte.)

VERWECHSLUNGEN BEI TYP DREI

Typ drei und Typ eins
siehe *Typ eins und Typ drei*

Typ drei und Typ fünf
Der Hauptgrund für die Verwechslung dieser beiden Typen ist der, daß manche durchschnittliche Dreien (besonders die intelligenten) sich gern als "Denker" sähen. Da ich im großen und ganzen Persönlichkeitstyp fünf so gekennzeichnet habe, verfallen durchschnittliche Dreien gern darauf statt auf ihren tatsächlichen Typ. Diese Fehleinschätzung nehmen fast immer nur Dreien vor, da Fünfen kaum auf die Idee kommen dürften, sie wären Dreien. Durchschnittliche Dreien suchen ständig nach einem annehmbaren Image, und ein Denker (intellektuell, geistreich und originell) zu sein hat entschieden seinen Reiz, zumindest, wenn nur diese Merkmale in Betracht gezogen werden.

Manche Dreien mögen ja Denker sein und originelle Ideen haben; sie zeichnen sich vielleicht auch akademisch aus und sind exzellente Studenten. Aber diese Charakterzüge allein machen noch keinen Typ fünf aus. Wieder einmal liegt die Ursache für die Fehlbestimmung des Typs in der Konzentration auf ein oder zwei Charaktermerkmale, statt den Typ als Ganzes unter die Lupe zu nehmen, einschließlich seiner Hauptmotivationen.

Es gibt viele wesentliche Verschiedenheiten zwischen diesen beiden Typen. Ihre Denkungsart ist zum Beispiel völlig unterschiedlich: Fünfen analysieren alles und gehen vollkommen in abstrakten Ideen auf, nur um Kenntnisse zu erwerben – ein Selbstzweck. Sich Kenntnisse anzueignen und zu besitzen ist für Fünfen absolut faszinierend; nicht nur, daß ihre Forschungen keine praktischen Ergebnisse zu zeitigen brauchen, um sie intellektuell zu befriedigen, durchschnittliche Fünfen sind auch kaum jemals auf Ehrungen oder Preise für ihre Entdeckungen aus. Fünfen folgen ihren Ideen, wo immer sie hinführen mögen, ohne etwas anderes im Auge zu haben, als Aufschlüsse darüber zu gewinnen, wie die Welt funktioniert – oder höchstens noch die Genugtuung, eine Theorie bestätigt zu finden. Durchschnittliche Fünfen beschäftigen sich jahrelang mit einem Projekt, bis der Gegenstand ihrer Forschungen oder sie selbst erschöpft sind oder beides.

Im Gegensatz dazu sind Dreien normalerweise nicht um der Sache willen mit etwas befaßt: Sie wechseln rasch das Interessengebiet oder den Beruf, wenn ihnen Erfolg und Anerkennung versagt bleiben. Außerdem verfolgen durchschnittliche Dreien bei ihrer intellektuellen Arbeit (bewußt oder unbewußt) persönliche Ziele: Sie wollen andere beeindrucken, berühmt werden, als Koryphäe auf ihrem Gebiet gelten, ein Genie genannt werden, einen Konkurrenten mit einer Entdeckung schlagen usw. Zu berücksichtigen ist also vor allem, daß sie häufig deshalb intellektuell tätig sind, weil sie Ziele erreichen wollen, die erfolgversprechend sind und ihnen Anerkennung eintragen, und nicht aus leidenschaftlichem Wissensdurst und Freude an geistigen Erkenntnissen. Immer sind Konkurrenz- und Statusdenken im Spiel. Durchschnittliche Dreien neigen dazu, sich selbst zur Geltung zu bringen und dauernd über ihre herausragenden Leistungen zu reden, während sich durchschnittliche Fünfen meist über ihre Arbeit und Entdeckungen ausschweigen. Außerdem überlegen sich durchschnittliche Dreien als Pragmatiker, wie sie ihre Ziele möglichst effizient erreichen können, etwas, das den unpraktischen, von Wißbegier getriebenen Fünfen vollkommen fremd ist. Zudem sind Dreien sehr gesellig, sie sind häufig attraktiv und gut gekleidet, und sie wissen, wie sie sich gut in Szene setzen können. Fünfen sind meist Einzelgänger und oft weniger attraktiv: Ihre äußere Erscheinung bedeutet ihnen nicht soviel wie die Verfolgung ihrer intellektuellen Interessen, ein Problem zu lösen und eine Arbeit abzuschließen. Durchschnittliche Dreien sind sich sehr deutlich dessen bewußt, was andere von ihnen denken, während durchschnittlichen Fünfen die gute Meinung anderer ziemlich egal ist. Durchschnittliche Dreien wollen sexuell und gesellschaftlich begehrenswert sein, sie passen sich sozialen Normen an und stellen entsprechende Anforderungen. Fünfen sind oft sonderbar und exzentrisch und isolieren sich von anderen – gesellschaftliche Normen bedeuten ihnen nichts.

Typ drei und Typ sieben

Sowohl Dreien als auch Siebenen sind aggressive Typen (*PT,* S. 469 u. S. 476f.) und haben beide ein – wenn auch unterschiedliches – Interesse daran, sich am Erfolg zu freuen. Beide wollen zu Wohlstand kommen und Statussymbole erwerben, aber mit bedeutenden Unterschieden: Siebenen, weil sie durch Besitztümer in ihrem Selbstgefühl bestärkt werden, und Dreien, weil Statussymbole ihr Überlegenheits- und folglich auch ihr Selbstwertgefühl heben.

Siebenen haben entschieden etwas für die materielle Welt übrig und wollen möglichst viele aufregende Erfahrungen machen, weil sie einen stetigen Strom an Sinneseindrücken brauchen, um sich lebendig zu fühlen. Sie sind sinnesfreudige Menschen, die ihr Selbstgefühl aus immer stärkeren Erfahrungen der Welt beziehen und nähren, gleichgültig, ob jemand von ihren Erlebnissen

Kenntnis nimmt oder nicht. Ihnen ist nur der Reiz wichtig, den die Verfolgung und der Erwerb von Erfahrungen und materiellen Gütern für sie hat, egal, was andere darüber denken mögen. Zum Beispiel dürfte es einer Sieben Vergnügen bereiten, eine Kreuzfahrt erster Klasse auf einem Luxusdampfer zu machen, ob andere nun davon erfahren oder nicht. Für eine durchschnittliche Drei hingegen hätte dieses Erlebnis nur dann einen Wert, wenn alle Welt wüßte, daß sie eine so teure Reise macht, und sie darum beneidet.

Am verwirrendsten können die Ähnlichkeiten zwischen Dreien und Siebenen im Bereich der durchschnittlichen Entwicklung sein, wenn die Sieben zum modischen Trendsetter wird, der alles, was neu und aufregend ist, gleich mitmachen will. (Durchschnittliche Siebenen wollen unbedingt den Reiz auskosten, da, wo etwas los ist, die Ersten zu sein, während durchschnittliche Dreien insofern Trends bestimmen, als sie neue Statussymbole aller Art kreieren, um die Exklusivität zu genießen, "in" zu sein.) So werden beide Typen allmählich zu Snobs, wobei die Sieben auf andere herabsieht, weil sie teure Dinge besitzt, die andere nicht haben, während die Drei hochnäsig wird, indem sie anderen die Gemeinschaft mit sich versagt, aber gleichzeitig den Wunsch danach bei ihnen wachhält.

Die Unterschiede sind allerdings gravierend. Bei der durchschnittlichen Sieben ist unterschwellig das Motiv maßgeblich, sich aus der Umgebung mit einem unablässigen Strom von Reizen zu versorgen, insbesondere durch materielle Güter. Die durchschnittliche Drei hingegen wird hauptsächlich von dem Drang bewegt, sich im Wettbewerb in allem, was in ihren Möglichkeiten steht, über andere zu erheben – gesellschaftlich, sexuell, statusmäßig, beruflich oder auch einfach nur in ihrem Denken. In den Augen von Dreien machen teure Besitztümer anderen deutlich, daß sie gesellschaftlich erfolgreich und begehrenswert sind – Menschen, denen andere Aufmerksamkeit schenken müssen. Zum Beispiel gestattet ihr Geld Dreien, ein Kindermädchen einzustellen, um ihre berufliche Karriere weiterverfolgen zu können und zugleich alle Welt wissen zu lassen, daß sie so erfolgreich sind, sich ein Kindermädchen leisten zu können. Siebenen würden wahrscheinlich auch ein Kindermädchen einstellen, aber nur, um reisen zu können und nicht durch die Erziehung ihrer Kinder gebunden zu sein.

Einer der Hauptgründe, warum nach der traditionellen Enneagrammlehre Typ sieben mit Typ drei verwechselt wird, ist der, daß sich die *gestörte* Sieben in einer manischen Phase ebenso bombastischen Selbsttäuschungen hingibt wie die narzißtische Drei einem bombastischen Selbstwertgefühl. Der Unterschied besteht darin, daß sich die Sieben mit ihrer Fähigkeit brüstet, etwas zu erreichen: Sie setzt große Erwartungen in ihre Zukunftsaktivitäten und -pläne. Wenn sie eine Manie entwickelt, erscheint ihr einfach alles möglich. Bei der durchschnittlichen Drei hingegen ist das Selbstwertgefühl völlig übertrieben: Sie ist narzißtisch, exhibitionistisch, arrogant und anderen gegenüber voller Verachtung.

Wahrscheinlich werden diese beiden Typen verwechselt, weil beide narzißtisch zu sein scheinen – das heißt, angeschwollen vor Eigenliebe und Eigendünkel. Aber durchschnittliche Siebenen sind eigentlich nicht narzißtisch; sie mögen zwar selbstsüchtig, selbstbezogen, gierig, unsensibel usw. sein, aber sie haben kein aufgeblasenes Selbstwertgefühl. Nur ihre Wünsche, ihr Appetit, ihre Pläne und ihr Besitzstreben sind aufgeblasen.

Überdies sind Siebenen, wenn sie aufgeblasen sind, bereits neurotisch (Stufe 8) und bilden sich ein, vor der Wirklichkeit fliehen zu können, während sich aufgeblasene Dreien immer noch im durchschnittlichen Entwicklungsbereich befinden (Stufe 6) und ihre Versagensangst überkompensieren. Der entscheidende Unterschied ist der, daß die manische Sieben trotz ihrer bombastischen Pläne äußerst unsicher und auf der Flucht vor ihrer Angst ist, wohingegen die narzißtisch aufgeblasene Drei nicht unsicher ist, sondern davor flieht, zu versagen oder in irgendeiner Weise gedemütigt zu werden.

Eine letzte, einfache Möglichkeit, diese beiden Typen voneinander zu unterscheiden, ist die, Unterschiede in der allgemeinen Gefühlslage und im Stil herauszuarbeiten. Durchschnittliche Dreien sind kühl, beherrscht, vermitteln den Eindruck, als wären sie Herr der Lage und hätten keinerlei emotionale oder persönliche Probleme. Sie sind so von ihrer Überlegenheit überzeugt, daß sie schamlose Aufschneider und Angeber werden und arrogant auf andere herabsehen. Siebenen dagegen haben viele Kanten und Ecken, sie wirken selten so perfekt, so cool und selbstbeherrscht wie Dreien. Im guten wie im schlechten Sinne tun Siebenen sich keinen Zwang an, sie können komisch, freimütig, vulgär, ungehobelt und unverschämt sein – und legen sehr viel weniger Wert darauf, daß ihr Benehmen in der Öffentlichkeit akzeptiert wird.

Typ drei und Typ acht

Dreien und Achten sind beide aggressiv (*PT*, S. 469 u. 476f.), aber zu Verwechslungen kommt es hauptsächlich durch das Konkurrenzverhalten durchschnittlicher Dreien, das in ähnlicher Form auch bei durchschnittlichen Achten anzutreffen ist.

Allgemein gesprochen sind sowohl Achten als auch Dreien ehrgeizig und wettbewerbsfreudig: Beide Typen wollen sich über andere erheben. Der Unterschied liegt darin, daß durchschnittliche Achten anmaßend sind und von anderen verlangen, ihnen sofort nachzugeben, damit sie keine Zeit und Energie an Streit mit ihnen verschwinden müssen – obwohl sie davor keineswegs zurückschrecken. Achten kämpfen darum, materiell und sexuell die Oberhand zu gewinnen, jedoch weniger um rein gesellschaftliche oder Statusinteressen. Zum Beispiel wenden Achten im allgemeinen keine Zeit daran, sich mit anderen zu vergleichen, jedenfalls nie in dem Maße, wie es Dreien tun. Es ist bei weitem wahrscheinlicher, daß sich Dreien aus dem gleichen Grund, aus dem sie sich fälschlicherweise als Sieben oder Fünf einstufen (weil sie nach einer schmeichelhaften Identität suchen), als Acht betrachten, während der umgekehrte Fall selten vorkommt.

Trotz einiger oberflächlicher Ähnlichkeiten sind die Unterschiede gravierend: Achten sind Führungsgestalten und Drahtzieher, die ihre Umwelt dazu bringen wollen, sich ihren persönlichen Vorstellungen anzupassen. Sie wollen Einfluß ausüben, Großes aufbauen und vollbringen, möglichst etwas, das Zeugnis ablegt für ihre bewundernswerte Kühnheit und Willenskraft. In ihrer Stärke und Unnachgiebigkeit können sie skrupellos sein, wenn sich ihnen etwas in den Weg stellt. Sie haben ein starkes Ego, und es ist ihnen wichtig, zu Ruhm zu gelangen. Geld bedeutet für sie sowohl Macht als auch die Möglichkeit, noch mehr Geld anzuhäufen. Machtstreben ist das, wovon Achten getrieben werden, und daraus machen sie kein Hehl, wie sie ohnhin weder zu Heimlichkeiten noch zu Doppelzüngigkeit neigen.

Anders verhält es sich mit der Drei, deren Hauptmotiv nicht der Wille zur Macht ist, sondern Erfolg und Prestige sowie die Bewunderung anderer. (Was Achten betrifft, so ist ihnen Popularität gleichgültig; das Wohlwollen anderer kümmert sie nicht, solange nur alles nach ihrem Kopf geht.) Wenn Achten geborene Führer sind, dann sind Dreien geborene Manager und Techniker. Während Achten einen Mißerfolg als solchen nicht fürchten, haben Dreien größte Angst davor, weil sie darin eine persönliche

Demütigung sehen, eine Möglichkeit, abgelehnt zu werden, und das fürchten sie am meisten. Achten hingegen betrachten Fehlschläge als Möglichkeit, dazuzulernen und stärker daraus hervorzugehen. Achten sind zu sehr damit beschäftigt, ihre Ziele zu erreichen, um sich über die öffentliche Meinung Gedanken zu machen, während Dreien auf Leben und Tod von der Meinung anderer abhängen und verzweifelt versuchen, gesellschaftlich gefragt zu sein. Durchschnittliche Achten sind Kämpfernaturen und wirken einschüchternd, halten aber durchaus auch ihren Kopf hin; durchschnittliche Dreien besitzen zwar eine gewisse Bravour, räumen jedoch meist das Feld oder nehmen notgedrungen ihre Zuflucht zu List und Tücke: Sie können nicht lange Druck aushalten und ertragen es nicht, auch nur einen Augenblick bloßgestellt zu werden. Kurz: Durchschnittliche Achten sind sozusagen das "Original" und durchschnittliche Dreien dessen Kopie.

VERWECHSLUNGEN BEI TYP VIER

Typ vier und Typ eins

Da Vieren und Einsen grundverschieden sind, erscheint es sonderbar, daß sie miteinander verwechselt werden könnten. Die Verwirrung rührt offenbar daher, daß eine Eins (die sich vielleicht früher einmal desintegrativ zu Typ vier hin entwickelt hat) auf einmal meint, eine Vier zu sein. Eine Eins, die sich fälschlicherweise als Vier einstuft, konzentriert sich dabei unweigerlich fast ausschließlich auf die Charakterzüge der gestörten Vier und nicht auf den Gesamttyp. Da sie einmal Depressionen hatte, von Schuldgefühlen geplagt wurde, sich vollkommen unnütz vorkam und der qualvollsten Selbstverachtung und dem Selbsthaß (bis zu

Selbstmordabsichten) preisgegeben war, ist die Eins schließlich davon überzeugt, eine Vier zu sein. Dabei würde sie die Verwechslung einsehen, wenn sie sich selbst und Typ vier jeweils als Ganzes betrachten würde. Außerdem sind die Tendenzen bei beiden vollkommen verschieden: Jemand mit einer Tendenz zu Typ zwei oder Typ neun kann einfach keine Vier sein.

Trotz aller Unterschiede gibt es auch Ähnlichkeiten. Beide Typen neigen zum Perfektionismus und sind nicht damit zufrieden, wie die Dinge liegen: die Eins nicht mit der Welt, wie sie ist, und die Vier nicht mit sich selbst, wie sie ist. Während durchschnittliche Einsen in praktisch allem Perfektionisten sind, beschränkt sich der Perfektionismus der Vieren hauptsächlich auf ihre schöpferische Arbeit, da diese Symbolcharakter für sie hat. Beide Typen ärgern sich leicht: Durchschnittliche Einsen sind häufig kritisch und reizbar; durchschnittliche Vieren sind überempfindlich und infolgedessen unter Umständen ebenfalls reizbar, wobei sie allerdings eher dazu neigen, sich zurückzuziehen, um sich über ihre Gefühle klarzuwerden und sich die Wunden zu lecken. Durchschnittliche Einsen ziehen sich nicht von ihren Mitmenschen zurück. Im Gegenteil, sie drängen sich und ihre Meinungen immer nachdrücklicher anderen auf, je mehr sie sich über das ärgern, was ihres Erachtens eine Verantwortungslosigkeit der anderen war.

Es kommt auch vor, daß eine zeitweise gesunde Vier mit einer Eins verwechselt wird; eine solche Fehlbestimmung wäre allerdings ein Kompliment für die Vier, das darauf hindeuten würde, daß sich die Vier zu Typ eins hin integriert hat und mit einer über sie selbst hinausweisenden Zielvorstellung lebt. Zum Glück für sie bewegen sich manche Vieren tatsächlich in Richtung Integration und beginnen, Vernunft, Augenmaß und einen Sinn für die objektiven Werte gesunder Einsen zu entwickeln. Außerdem können einige Vieren auch durchaus Lehrer werden und in dieser Situation gefordert sein, über ihre Gefühle und inneren Zustände hinauszugehen. Aber selbst eine Vier, die wirklich zur Eins integriert ist, bleibt eine Vier – und neben ihrer Tendenz zu Typ drei oder Typ fünf werden noch andere wesentliche Merkmale in der Gesamtpersönlichkeit der Vier vorherrschen, die bei einer Eins nicht zu finden sind.

Typ vier und Typ sechs
siehe *Typ sechs und Typ vier*

Typ vier und Typ sieben
Vieren und Siebenen sind grundsätzlich verschieden, und es ist schwer einzusehen, wie jemand, der mit beiden Typen vertraut ist, die nur eine oberflächliche Ähnlichkeit auf Entwicklungsstufe 6 aufweisen, sie auf die Dauer verwechseln könnte.

Anscheinend wird der Fehler deshalb gemacht, weil beide Typen zum Exzeß neigen – die Sieben geht beispielsweise in der materiellen Außenwelt ins Extrem mit ihrer verschwenderischen Freigebigkeit, der Anhäufung von Besitztümern und dem Sammeln von Erfahrungen. Durch und durch materialistisch eingestellt, erschöpft und verhärtet sich die Sieben allmählich, sie wird unsensibel und fordernd, selbstsüchtig und anderen gegenüber lieblos. Auf Entwicklungsstufe 6 habe ich sie als exzessiven Materialisten bezeichnet.

Vieren in diesem Entwicklungsstadium ("der schwache Ästhet) neigen ebenfalls zu Exzessen und zum Extrem, allerdings emotional. Durchschnittliche Vieren stürzen sich mit Haut und Haar in eine emotionale Phantasiewelt, die es ihnen ermöglicht, alles nur Erdenkliche zu fühlen und sich vorzustellen, wie unrealistisch oder emotional lähmend das letztlich auch sein mag. Sie schwelgen in ihren Gefühlen und Phantasien und holen das Letzte aus ihnen heraus, nur um sich in ihrem Selbstgefühl zu bestätigen. Die Nachgiebigkeit gegenüber sich selbst ist bei der Vier also eher eine innere, private Angelegenheit, die sich auf das eigene Gefühlsleben konzentriert. Nach außen hin drückt sich ihre exzessive Emotionalität darin aus, daß sie immer affektierter und unpraktischer werden, während sie in Entkräftung, zunehmende Dekadenz und Sinnlichkeit verfallen, alles Hauptfaktoren für die Ähnlichkeit zwischen den beiden Typen: Beide werden unter Umständen dekadent und ergeben sich den Sinnesfreuden, nur sucht die Sieben dabei Zerstreuung, um ihrer Angst zu entgehen. Im Gegensatz dazu frönt die Vier der Sinneslust in Form von exzessivem Sex, Alkoholgenuß oder Drogenkonsum, um ihr Gefühlsleben zu intensivieren und die Qual ihrer Gehemmtheit zu betäuben.

Beiden Typen ist die Liebe zu schönen, kostspieligen Dingen gemeinsam, obwohl auch hier Unterschiede bestehen. Vieren kommen mit weniger materiellen Gütern aus, sie schätzen erlesene Dinge um ihrer Schönheit willen und wegen der Gefühle, die sie bei ihnen wecken. Schon ein Stein, den sie am Strand aufheben, oder ein Zweig mit einer Knospe daran vermag sie ästhetisch anzusprechen und zu befriedigen. Durchschnittliche Siebenen hingegen umgeben sich zwar gern mit schönen Besitztümern, wissen aber bald die Schönheit und den Wert dieser Gegenstände gar nicht mehr zu würdigen. Sie werden immer habgieriger, nicht, weil sie ihre Freude an den Dingen hätten, sondern weil der Besitz ihnen ein Gefühl der Sicherheit gibt. Ausschlaggebend für die Sieben ist letztlich sogar nur der Reiz, den die Lust auf etwas Neues für sie hat. Die beständige Lust auf etwas Neues bestärkt sie in ihrem Selbstgefühl, aber wenn sie einmal hat, was sie haben wollte, verliert sie im allgemeinen ihr Interesse an der Neuerwerbung. Das Paar Schuhe, das sie um jeden Preis haben wollte, gesellt sich schließlich zu einem Dutzend anderer Paar Schuhe im Schrank; der Pelzmantel, für den sie sich wochenlang begeistert hat, ist plötzlich nur noch "das alte Ding", denn ihr steht der Sinn schon nach etwas Neuem. Kurz: Durchschnittliche Siebenen sind meist echte Materialisten, während durchschnittliche Vieren schmachtende Ästheten sind – im Typ völlig verschieden.

Typ vier und Typ neun

Ein weiteres Beispiel dafür, daß ein Typ gern ein anderer Typ sein will, ist eine durchschnittliche Neun, die glaubt, eine Vier zu sein, weil sie künstlerisch begabt ist und kreative Neigungen irgendeiner Art hat. Ebenso wie Liebe keineswegs nur auf Zweien beschränkt ist, sind auch künstlerische Fähigkeiten tatsächlich nicht nur Vieren vorbehalten. Andere Typen können ebenfalls Künstler sein und sind es häufig auch.

Dennoch ist das künstlerische Schaffen einer Vier viel persönlicher, sie offenbart viel mehr von sich als die Neun. In der Kunst der Neun kommen im allgemeinen ideelle, mythologische oder archetypische Themen zum Ausdruck – meist erhält die wirkliche Welt durch irgend etwas Phantastisches, Wunderbares einen neuen Glanz. Neunen sind oft gute Erzähler, deren Geschichten stets glücklich mit dem Satz enden: "Und wenn sie nicht gestorben sind, dann leben sie noch heute." (In der Scheinwelt der Neun geht nichts tragisch aus.) Im Gegensatz dazu ist die Kunst der Vier im allgemeinen persönlicher und realitätsbezogener, ein Ausdruck ihrer (und jedermanns) tiefen Sehnsucht nach Liebe, Ganzheit und Sinn. Bei Vieren herrscht oft das Tragische vor, für sie ist es eine Erlösung, über sich selbst hinauszugehen; Neunen befassen sich mehr mit dem Alltäglichen, sie finden Trost im normalen Leben und in einfachen Situationen.

Die Hauptursache für eine Verwechslung dieser Typen dürfte der sein, daß sie beide in sich gekehrt sind (*PT*, S. 469 u. 476). Vieren halten sich von anderen fern, um sich zu schützen und Zeit zu gewinnen, mit ihren Empfindungen ins reine zu kommen. Neunen hingegen sind insofern in sich gekehrt, als sie Menschen und Situationen, die ihnen bedrohlich erscheinen, keine Aufmerksamkeit schenken und sich emotional abkoppeln, um nicht in Angst oder Aufregung versetzt zu werden. Sie hören abrupt auf, sich mit anderen zu identifizieren (oder identifizieren sich von Anfang an nicht mit ihnen), und erkennen sich statt dessen in einer eigenen Idealform der Wirklichkeit wieder. Durchschnittliche bis gestörte Neunen halten Unannehmlichkeiten, die sie aufregen würden, von sich fern, indem sie einfach abschalten, während Vieren es genau andersherum machen und über ihre Ängste nachgrübeln, um damit klarzukommen. Vieren sind sicherlich nicht von ihren Empfindungen getrennt – im Gegenteil, sie sind sich ihrer nur allzu deutlich bewußt.

Folglich können beide Typen scheu, geistesabwesend, verwirrt und realitätsfern sein. Der Unterschied liegt darin, daß Neunen sowohl von der Außenwelt als auch von ihren Empfindungen abgeschnitten sind, wohingegen Vieren sich von allem zurückziehen, was bei ihnen Schmerzen auslöst. (Dabei kommt am Ende eine ganze Menge zusammen.) Neunen betrachten die Welt durch eine rosa Brille und finden darin Trost, während Vieren sie aus einer Dachluke überblicken, ohne daraus Trost zu schöpfen: Alle anderen scheinen ein viel glücklicheres, normaleres Leben zu führen als sie.

Typ fünf und Typ eins
siehe *Typ eins und Typ fünf*

Typ fünf und Typ drei
siehe *Typ drei und Typ fünf*

Typ fünf und Typ neun
Ein genauer Vergleich und die Gegenüberstellung von Typ fünf und Typ neun ist gerechtfertigt, weil sich viele Neunen fälschlicherweise als Fünf einstufen; bezeichnenderweise kommt es umgekehrt fast nie zu einer Fehldiagnose. Insbesondere, wenn sie gebildet und intelligent sind, tendieren durchschnittliche männliche Neunen dazu, sich als fünf zu betrachten. (Wie bereits im Abschnitt über Typ zwei erwähnt, neigen durchschnittliche weibliche Neunen oft dazu, sich als zwei zu betrachten.)

Von allen Persönlichkeitstypen haben Neunen die größten Probleme, ihren Typ zu bestimmen, weil ihr Selbstgefühl verschwommen ist. Durchschnittliche Neunen haben kaum ein Gefühl dafür, wer sie sind, einmal abgesehen von dem, womit sie sich identifizieren; daher wissen sie normalerweise nicht, wie sie es anfangen sollen, ihren Typ zu bestimmen. (Wie wir schon gesehen haben, glauben sie entweder, eine Fünf oder eine Zwei zu sein, oder finden ein bißchen von sich bei allen Typen wieder und machen keine weiteren Anstrengungen, Klarheit über ihren Typ zu gewinnen. Ohne entsprechende Anleitung geben es Neunen in dieser Lage meist mit einem Achselzucken auf, sich mit dem Enneagramm zu befassen und, was mehr ins Gewicht fällt, zur Selbsterkenntnis zu gelangen.)

Selbst relativ gesunde Neunen haben immer noch ein ziemlich

unbestimmtes Selbstgefühl, das von ihrer Empfänglichkeit gegenüber anderen genährt wird – und von ihrem relativ geringen Interesse für sich selbst. Überdies haben durchschnittliche Neunen Schwierigkeiten, ihren Typ zu identifizieren, weil dadurch Ängste geweckt werden, was ihnen absolut unangenehm ist. Was immer ihren Seelenfrieden stört, davor verschließen sie die Augen und ignorieren es. Sie vermeiden es, in sich zu blicken, und machen sich lieber nur angenehme Gedanken über sich selbst. Durchschnittliche Neunen haben lieber ein unklares Verständnis von sich selbst, das sie sich aus Gründen der Gemütsruhe auch mit allen Mitteln erhalten, als tiefgreifendere Einsichten gewinnen zu wollen.

Nichts davon trifft auf die Fünf zu, und die beiden Typen sind in vieler Hinsicht geradezu gegensätzlich. Neunen sind sanftmütig, unbekümmert, geduldig, empfänglich und entgegenkommend, während Fünfen eindringlich, willensstark, streitlustig und zänkisch sind und sich dem Einfluß anderer heftig widersetzen. Neunen mögen ihre Mitmenschen und vertrauen ihnen, bisweilen sogar zu sehr. Durchschnittliche Fünfen hingegen sind anderen gegenüber argwöhnisch und alles andere als vertrauensvoll, häufig sogar zynisch und widerspenstig. Beide Typen gehören zu den drei in sich gekehrten Typen des Enneagramms und weisen (wie wir schon bei Typ vier und Typ neun gesehen haben) einige Gemeinsamkeiten auf, allerdings nur bei oberflächlicher Betrachtung (*PT,* S. 469 u. S. 476).

Trotz der Ähnlichkeiten ist die Hauptursache für eine Verwechslung wohl im "Denken" der Neun zu suchen. Neunen denken, sie wären Fünfen, weil sie tiefschürfende Ideen zu haben glauben und deshalb überzeugt sind, Fünfen sein zu müssen.

Die Problematik entspringt zum Teil der Tatsache, daß Menschen beider Typen hochintelligent sein können, obgleich Fünfen als

Gruppe wahrscheinlich doch die intelligentesten unter den neun Persönlichkeitstypen sind. (Hochintelligente Neunen können ebenso glänzen wie Fünfen, allerdings meist nur auf einem bestimmten Gebiet.) Intelligenz kann sich völlig unterschiedlich manifestieren, und Intelligenz allein macht aus Neunen noch keine Intellektuellen, ebenso wie Denken noch keine Denker aus ihnen macht. Wie wir bereits gesehen haben, muß die Gesamtstruktur (wie auch die Motivation) in Betracht gezogen werden, statt nur ein paar Charakterzüge herauszufischen. Da alle Typen auf die eine oder andere Art denken, ist das Denken allein, wenn es nicht näher analysiert wird, keine ausreichende Grundlage für eine Persönlichkeitsdiagnose.

Der grundlegende Unterschied zwischen dem Denken der Neun und dem der Fünf ist der, daß Neunen nachvollziehen, verallgemeinern, im Geiste wiederkäuen und sich in Phantasien ergehen. Neunen geben sich nicht mit Details ab und können eine einmal begonnene Sache im allgemeinen nicht besonders gut weiterverfolgen. Im Gegensatz dazu ist das Denken der Fünf äußerst konzentriert, durchdringend und fast mikroskopisch genau innerhalb eines bestimmten Bezugsrahmens. Fünfen gehen gerne ins Detail, sie gehen ganz in Forschung, Lehre und komplexen intellektuellen Problemen auf. Sie denken in die Tiefe und konzentrieren sich so sehr, daß sie andere Wahrnehmungen ausblenden (was schließlich zu ihrem Nachteil ist). Hingegen haben selbst brillante Neunen im allgemeinen Konzentrationsprobleme; sie verlieren meist auch schnell das Interesse und lassen sich leicht ablenken, wenn sie sich langweilen oder unruhig werden.

Neunen denken sich großartige, umwerfende, idealistische Lösungen für Probleme aus, während Fünfen über ein Problem nachdenken, sich dann überlegen, welche weiteren Probleme ihr Problem aufwirft und welche Probleme aus diesen Problemen entstehen und so fort bis in alle Ewigkeit. Neunen sind mitunter gute Erzähler und können anderen auf einfache, eingängige Art etwas mitteilen, auch Kindern. Fünfen kommunizieren meist nur mit wenigen Menschen oder behalten ihre Ideen ganz für sich. (Ihre Ideen sind unter Umständen so kompliziert, daß ohnehin nur Fachkollegen etwas damit anfangen können.) Neunen bedenken meist die Folgen ihres Handelns nicht; Fünfen hingegen haben das größte Interesse daran, die Konsequenzen jedes Handelns vorauszusagen. Neunen haben eine Idealvorstellung von der Wirklichkeit und entwerfen Phantasiewelten, in denen das Gute stets über das Böse siegt; Fünfen analysieren die wirkliche Welt und entwerfen Horrorszenarien, in denen das Böse meist über das Gute triumphiert oder damit im Streit liegt. Neunen vereinfachen, Fünfen machen alles kompliziert. Neunen schauen in die Vergangenheit, Fünfen in die Zukunft. Neunen sind Phantasten, Fünfen Theoretiker. Neunen sind nicht engagiert, Fünfen unbeteiligt. Neunen sind Utopisten, Fünfen Nihilisten. Neunen sind Optimisten, Fünfen Pessimisten. Neunen sind offen, Fünfen widerstrebend. Neunen sind harmlos und vorurteilsfrei, Fünfen defensiv und streitsüchtig. Neunen sind friedliche Gemüter, Fünfen voller Spannungen. Bei Neunen kommt es am Ende zur Dissoziation, bei Fünfen zu Paranoia.

Vergleiche und Gegenüberstellungen wie diese ließen sich unendlich fortsetzen, weil diese Typen zum einen völlig gegensätzlich sind und sich zum anderen paradoxerweise ähnlich sehen. Was sie gemeinsam haben, ist die Neigung, Fragen zu stellen wie: "Was wäre, wenn?" Der Unterschied liegt in der Antwort begründet: Neunen ergehen sich im allgemeinen in Phantasien, während Fünfen sich auszumalen versuchen, ob ihre Ideen sich bewahrheiten könnten. Die Ideen von Neunen gründen sich normalerweise auf eine einzige Erkenntnis, die zwar wahr sein mag, oft jedoch unpraktikabel ist und nirgendwohin führt. Zum Beispiel denkt eine Neun vielleicht, es würde Frieden in der Welt einkehren, wenn "alle einander liebten". Das stimmt zweifellos, aber nicht bedacht wurde dabei das Problem, wie man alle dazu bringen könnte, einander zu lieben. Eine Fünf, die sich über die gleiche Frage Gedanken macht, würde nach erschöpfender Geschichtsforschung eine wissenschaftliche Abhandlung über den Weltfrieden schreiben und eine umfassende Friedenstheorie aufstellen. (Die Ideen der Fünf können ebenfalls fruchtlos bleiben, aber sie werden immerhin ausgearbeitet und zeitigen unter Umständen auch praktische Erfolge.) Um noch ein anderes Beispiel anzuführen: Eine Neun fragt sich vielleicht, wie es wäre, wenn man fliegen könnte, und erfindet eine Geschichte darüber. Eine Fünf stellt sich vielleicht ebenfalls die Frage, wie man wohl fliegen könnte, und entwickelt ein Flugzeug, erforscht die Vogelwelt oder entwirft eine Rakete.

Kurz: Neunen besitzen eine lebhafte Phantasie und glauben, tiefe Gedanken zu haben. Manchmal stimmt das natürlich auch, aber meist führt auch das Denken einer intelligenten, gebildeten Neun zur Vereinfachung der Wirklichkeit, werden abstruse gordische Knoten durchtrennt, um an den Kern der Wahrheit zu gelangen. Neunen sehen die Dinge im allgemeinen so, wie sie sie gern hätten; sie machen sich ein eigenes Bild von der Wirklichkeit, damit sie angenehmer und weniger bedrohlich ist, einfacher und weniger erschreckend. Im Gegensatz dazu ist das Denken der Fünf sehr komplex. Die durchschnittliche Fünf versucht, eine umfassende Gesamttheorie aufzustellen, die alles in sich schließt und erklärt, verirrt sich aber meist in immer kompliziertere Abstraktionen. Ihr Denken konzentriert sich auf spezifische Einzelheiten, auf technische Details, ist vorausschauend und auf die Folgen eines bestimmten Handelns ausgerichtet. Im Extremfall riskiert die Fünf allerdings, die Wirklichkeit nicht so zu sehen, wie sie ist, sondern als Projektion ihrer Vorurteile und Ängste. Ihre Wahrnehmung der Wirklichkeit verzerrt sich, so daß die Wirklichkeit negativer und bedrohlicher erscheint, als sie tatsächlich ist.

Neunen sind mit dieser Welt einverstanden, und ihre Denkungsart spiegelt ihren unbewußten Wunsch wider, mit der Welt zu verschmelzen. Fünfen fürchten, von der Welt überwältigt zu werden, und ihre intellektuellen Anstrengungen sind ein unbewußter Abwehrmechanismus gegenüber der Welt, der Versuch, sie intellektuell zu bezwingen. Welten liegen zwischen diesen beiden Typen, da sie mit so unterschiedlichen Augen in die Welt blicken.

VERWECHSLUNGEN BEI TYP SECHS

Typ sechs und Typ eins

Sowohl Typ sechs als auch Typ eins gehören zu den willfährigen Typen des Enneagramms. Wie in den *Neun Typen der Persönlichkeit* bereits dargestellt (S. 469 u. S. 476), unterwerfen sich Einsen den Anforderungen, die ihr Über-Ich und ihre Ideale an sie stellen, während Sechsen den Anforderungen zu genügen versuchen, die ihr Über-Ich und andere Menschen, insbesondere Autoritätspersonen, an sie stellen. Sechsen werden sich schwerlich fälschlicherweise als Eins einstufen und umgekehrt, aber manche Leute lassen sich doch durch gewisse oberflächliche Gemeinsamkeiten irreführen. (Und eine Sechs mit Tendenz zu Typ fünf wird aufgrund der dadurch bedingten Ernsthaftigkeit und Intensität der Gesamtpersönlichkeit sicher leichter mit einer Eins verwechselt als eine Sechs mit einer Tendenz zu Typ sieben.) Wenn es zur Verwechslung kommt, dann anscheinend durch eine autoritäre, gesetzestreue Ader bei beiden Typen: die Sechs auf Entwicklungsstufe 6 ist der "überkompensierende harte Mann" und die Eins auf der gleichen Stufe der "besserwisserische Perfektionist". Beide Typen sagen anderen unumwunden, was sie tun sollen, allerdings auf unterschiedliche Weise und aus unterschiedlichen Gründen. Die Eins hält tadelnde Moralpredigten und belehrt andere im Namen eines Ideals wie etwa der Wahrheit, Gerechtigkeit oder Vollkommenheit. Einsen zögern nicht, andere herumzukommandieren und ihnen zu sagen, was sie eigentlich tun müßten, damit eine größere Perfektion erreicht wird.

Sechsen geben ebenfalls Befehle – und achten darauf, daß die Gesetze befolgt werden –, weil sie sich über den Ungehorsam anderer ärgern und sich dadurch bedroht fühlen. Sechsen identifizieren sich mit einer Autorität (oder Autoritätsfigur) und verinnerlichen die Werte, die diese Autorität sie lehrt. Wenn sie sich mit dem identifiziert haben, was ihnen beigebracht wurde, können Sechsen aggressiv auf alle reagieren, die nicht die gleichen Werte anerkennen wie sie. Die Gleichgültigkeit anderer ihren Überzeugungen gegenüber vermag Sechsen ebenso in helle Wut zu versetzen wie offener Ungehorsam. Unter bestimmten Umständen kann eine Sechs genauso aggressiv und gemein, kleinkrämerisch und rachsüchtig sein wie eine übermäßig strenge Eins.

Die beiden Typen sind jedoch leicht zu unterscheiden, wenn die Gesamtgemütslage jedes Typs berücksichtigt wird. Durchschnittliche Sechsen sind ängstlich, unentschlossen, ambivalent und vor allem empfindlich. Es fällt ihnen schwer, selbstbewußt als Ebenbürtige mit anderen zu kommunizieren, so daß sie entweder unterwürfig und abhängig werden oder ins entgegengesetzte Extrem fallen und rebellieren oder trotzig aufbegehren; wenn sie in der Mitte festsitzen, werden sie ambivalent und schwanken endlos hin und her.

Von diesen Charaktermerkmalen sind auch durchschnittliche Einsen nicht ganz frei. Sie sind ihrer Gesamtgefühlslage nach selbstbeherrscht und kalt, unpersönlich effizient, ordentlich und untadelig. Einsen besitzen Einfühlungsvermögen, sind aber nicht unschlüssig: Sie wissen, was sie wollen, und haben zu allem und jedem eine Meinung, die sie anderen nur allzu bereitwillig auf die Nase binden. Durchschnittliche Einsen haben sich so sehr in der Gewalt, daß sie die Spannung, unter der sie stehen, gar nicht bemerken, während durchschnittliche Sechsen mit erheblichen Ängsten und Spannungen zu kämpfen haben. Gerechter Zorn und moralische Entrüstung sind bei Einsen die vorherrschenden negativen Empfindungen, bei Sechsen hingegen Furchtsamkeit und Angst. Außerdem können durchschnittliche Einsen zwar sarkastisch und sehr beleidigend sein, aber sie wenden so gut wie nie körperliche Gewalt an, während durchschnittliche Sechsen nicht nur streitsüchtig sein können, sondern durchaus auch zu physischer Gewaltanwendung fähig sind.

Ungeachtet der gravierenden Unterschiede haben diese beiden Typen allerdings die Tendenz zu Schuldgefühlen gemeinsam, wenn sie etwas getan haben, das ihren Idealen (Typ eins) oder den Geboten ihrer Autoritätsfiguren (Typ sechs) zuwiderläuft. Schuldgefühle aufgrund starker Gewissensbisse und die Neigung, entweder gegen sich selbst oder gegen andere rigoros vorzugehen (oder beides), sind die Hauptähnlichkeiten zwischen ihnen.

Typ sechs und Typ zwei
siehe *Typ zwei und Typ sechs*

Typ sechs und Typ vier
Obwohl es echte Gemeinsamkeiten bei diesen beiden Typen gibt,

bestehen doch erheblich mehr Unterschiede. Der Hauptunterschied ist der, daß Sechsen normalerweise extrem anziehend sind und gut mit ihren Mitmenschen auskommen; sie besitzen die unbewußte Fähigkeit, andere gefühlsmäßig für sich einzunehmen, und bilden feste Beziehungen mit ihnen. Vieren liegt nicht viel an anderen Menschen, sondern mehr am eigenen Innenleben. Sie sehen es als Tatsache an, allein durchs Leben gehen zu müssen, und haben Schwierigkeiten, sich an andere anzuschließen – etwas, das Sechsen leichtfällt. Auch die psychischen Strukturen der beiden Typen sind sehr verschieden: Vieren sind wahrhaft introvertiert, wohingegen Sechsen teils introvertiert, teils extravertiert und damit eindeutig "ambivertierte" Menschen sind, die nach beiden Richtungen hin orientiert sind.

Eine Verwechslung dieser beiden Typen geht fast immer nur von der Sechs aus, die aus zwei wesentlichen Gründen meint, eine Vier zu sein. Erstens identifizieren sich manche Sechsen mit den negativen Seiten der Vier (beispielsweise mit Depressivität, Minderwertigkeitsgefühlen, Selbstzweifeln und Hoffnungslosigkeit) und glauben, Vieren sein zu müssen, weil sie ähnliche Züge bei sich selbst entdecken. Der Unterschied liegt in den auslösenden Faktoren für diese Charaktermerkmale. Zum Beispiel können zwar alle Typen Depressionen bekommen, aber bei Vieren rühren sie daher, daß dieser Typ mit sich hadert, weil er eine Gelegenheit verpaßt zu haben glaubt, sich selbst zu verwirklichen. Vieren sind deprimiert, wenn ihnen aufgeht, daß sie auf der Suche nach sich selbst in eine Sackgasse geraten sind und nun den Preis dafür bezahlen müssen. Gestörte depressive Vieren sind im Grunde wütend auf sich selbst, weil sie sich das angetan haben oder es haben geschehen lassen.

Im Gegensatz dazu werden Sechsen depressiv aus Angst, ihre Autoritätsfigur durch irgend etwas verärgert zu haben. Ihre Depression ist die Reaktion auf ihre Selbstherabsetzung; sie entspringt der Angst, daß die Autorität wütend auf sie ist und sie bestrafen wird. Infolgedessen handelt es sich bei der Sechs um eine exogene (von außen kommende) Depression, die durch ein begütigendes Wort der betreffenden Autorität behoben werden kann. Anders liegt der Fall bei der Vier, deren Depression endogen (von innen kommend) ist, eine Reaktion auf ihre Selbstbeschuldigungen.

Ein zweiter Grund für Verwechslungen ist der, daß ich die Vier als Künstler charakterisiert habe und manche Sechsen, die Künstler sind, nun glauben, sie wären Vieren. Aber wie bereits im Abschnitt über Typ vier und Typ neun erwähnt, ist künstlerisches Talent keineswegs eine Domäne von Typ vier und Typ neun, und es ist folglich durchaus möglich, daß eine Sechs auf die eine oder andere Art künstlerisch tätig ist. Doch selbst dann treten wesentliche Unterschiede im künstlerischen Schaffen beider Typen zutage.

Im allgemeinen sind Sechsen vorwiegend Bühnenkünstler, während Vieren bildende Künstler sind. Sechsen sind eher Schauspieler oder Musiker als Dichter und Stückeschreiber, sie fangen meist etwas mit dem Text oder der Musik anderer an, statt selbst zu schreiben oder zu komponieren. Doch selbst kreative Sechsen neigen zu Traditionalismus und halten sich an feste Regeln und Stile, wenn sie nicht in das andere Extrem verfallen und sich gegen den Traditionalismus auflehnen – wie etwa Rockstars und Experimentalschriftsteller, die absichtlich gegen die traditionellen Formen verstoßen. In jedem Fall sind sowohl die Tradition als auch die Auflehnung dagegen wichtige Aspekte ihrer Kunst. Inhaltlich kreist die Kunst der Sechs meist um Themen wie Zugehörigkeit, Sicherheit, Familie, Politik, Heimat und allgemeine Werte.

Kreative Vieren sind dagegen Individualisten, die eigene Wege gehen und ihre Gefühle und andere subjektive Zustände bei sich erforschen. Das künstlerische Werk von Vieren hat viel weniger mit Tradition oder Auflehnung dagegen zu tun. Vieren machen selten politische Themen oder Gemeinschaftserfahrungen zum Gegenstand ihres Schaffens, sondern lieber die eigenen seelischen Höhen und Tiefen, erleuchtete persönliche Einsichten oder die Licht- und Schattenseiten, die sie im Laufe ihrer Versenkung in die künstlerische Arbeit bei sich selbst entdecken. Wenn sie auf ihre innere Stimme lauschen, können selbst durchschnittliche Vieren etwas Universelles schaffen – oder sie bleiben für alle unverständlich, zumindest für ihre Zeitgenossen. Sie können ihrer Zeit voraus sein, nicht weil sie rebellieren oder zur Avantgarde gehören wollen, sondern weil sie eigene Formen entwickeln, um ihren persönlichen Standpunkt zum Ausdruck zu bringen. Vieren ist an persönlicher Wahrheit gelegen und nicht an Tradition. Die Tradition ist für sie nur mehr der Bühnenhintergrund, vor dem sie ihr eigenes Drama spielen.

Typ sechs und Typ acht

Typ sechs und Typ acht sind beide aggressiv, aber nur die Acht hat eine durch und durch aggressive Persönlichkeit. Sechsen reagieren auf ihre Ängste und auf andere Leute und wechseln ständig von einem Zustand zum anderen, von einer Entwicklungsstufe zur anderen. Sie sind ambivalent, passiv-aggressiv, ausweichend und widersprüchlich. Achten hingegen besitzen ein ausgeprägtes Ego und einen außerordentlichen Willen; sie üben Druck auf andere aus, bis sie ihren Kopf durchgesetzt haben. Bei Achten ist wenig Weichheit anzutreffen und noch weniger die Tendenz, den Wünschen anderer zu entsprechen. Sie verspüren nicht den mindesten Wunsch, ihren Mitmenschen liebenswert zu erscheinen oder sich zu integrieren. Statt sich des Wohlwollens anderer zu versichern, bieten Achten als Gegenleistung für harte Arbeit und Loyalität den anderen Schutz und Schirm.

So verschieden die beiden Typen sind, haben sie dennoch auf Entwicklungsstufe 6 ihre Gemeinsamkeiten – aber nur auf dieser Stufe. In diesem Stadium treten sowohl bei der Sechs (dem überkompensierenden "harten Mann") als auch bei der Acht (dem feindseligen Kämpfer) ähnlich aggressive Charakterzüge in Erscheinung – Streitlust, Trotz, eine Bereitschaft, andere einzuschüchtern, ein hitziges, bedrohlich wirkendes Temperament, eine gefährliche Neigung zur Gewalttätigkeit, Haß auf andere usw. Achten erreichen diese Entwicklungsstufe jedoch deshalb, weil sie ihren Druck auf andere ständig verstärken, um ihren Willen durchsetzen zu können, bis sie schließlich ganz auf Konfrontation und Kampf eingestellt sind. Sechsen geraten auf völlig anderem Wege in dieses Stadium, nämlich infolge ihres Hinundherschwankens und ihrer Abhängigkeit. Sechsen werden aggressiv, weil sie sich nicht länger herumstoßen lassen wollen; Achten werden aggressiv, um andere noch mehr gängeln zu können.

Der entscheidende Unterschied ist der, daß die Sechs allmählich nachgibt und ihre Abwehrmechanismen in sich zusammenbrechen, wenn genügend Druck ausgeübt wird, während die Acht bei Opposition nur noch trotziger wird und sich ihren Widersachern mit neuer Aggressivität entgegenwirft.

Beide Typen können in diesem Entwicklungsstadium gefährlich sein; ja, Sechsen können auf dieser Stufe gefährlicher sein als Achten und unter Umständen aus Angst völlig impulsiv und irrational auf jemanden losgehen. Durchschnittliche Achten hingegen sind eher Verstandesmenschen: Sie ziehen bei jedem ihrer Schachzüge die Chancen für den Erfolg in Betracht. Wenn sie am Ende doch gewalttätig werden, stellen Achten allerdings eine größere Gefahr dar als Sechsen, weil sie skrupellos sind und, angetrieben von ihrer Egoinflation, das Gefühl haben, mit aller Macht anstürmen zu müssen, bis ihre Feinde ein für allemal vernichtet sind. Achten werden mit der Zeit größenwahnsinnig (und gehen unter Umständen selbst zugrunde, nachdem sie andere zugrunde gerichtet haben). Anders gestörte Sechsen: Sie tun im Grunde alles, womit sie sich selbst schaden (und werden unter Umständen von der eigenen Angst zerstört).

VERWECHSLUNGEN BEI TYP SIEBEN

Typ sieben und Typ zwei
siehe *Typ zwei und Typ sieben*

Typ sieben und Typ drei
siehe *Typ drei und Typ sieben*

Typ sieben und Typ vier
siehe *Typ vier und Typ sieben*

Typ sieben und Typ neun
Typ sieben und Typ neun sind eigentlich kaum zu verwechseln, da durchschnittliche Siebenen zu den hyperaktiven Extravertierten des Enneagramms gehören, während durchschnittliche Neunen meist passiv und selbstzufrieden sind und mit viel weniger Energie leben als Siebenen.

Der Hauptgrund für gelegentliche Verwechslungen ist der, daß beide Typen äußerst betriebsam sein können und im allgemeinen ziemlich lebenslustig und glücklich sind. Außerdem sind die Abwehrmechanismen bei beiden Typen ähnlich: Beide unterdrücken ihr Innenleben – Neunen, um die Identifikation mit einer Idealfigur aufrechtzuerhalten, und Siebenen, um nicht von den Quellen äußerer Reize abgeschnitten zu werden.

Die gemeinsamen Faktoren spiegeln sich in den psychischen Strukturen beider Typen wider – beide sind nach der Jungschen Typologie Empfindungstypen, wobei die Sieben dem extravertierten und die Neun dem introvertierten Empfindungstyp entspricht (*PT,* S. 282 u. 363ff.). Während schon bei einer flüchtigen Bekanntschaft klar wird, daß Menschen vom Typ sieben sehr extravertiert sind und sich über die Sinne orientieren, ist kaum erkennbar, daß Typ neun introvertiert ist. Noch unklarer ist die Art der Empfindungswelt, in die Typ neun sich zurückzieht. Darum ist das Innenleben der Neun auch so unbestimmt und schwer zu beschreiben (und daher wird auch oft die Stellung dieses Typs in der Jungschen Typologie nicht klar gesehen).

Einen tieferen Einblick in die Psyche der Neun gewährt die Erkenntnis, daß die Neun sich in der Welt zurechtfindet, indem sie innerlich die Empfindung des Einsseins mit jemandem kultiviert, das heißt, den anderen durch Introjektion in die eigene Innenwelt hineinzieht und dann idealisiert. Einfacher ausgedrückt: Das Selbstgefühl der Neun entspringt den Empfindungen, die sie bei ihrer Identifikation mit einem anderen Menschen hat, einer Schwangeren vergleichbar, die ihre Liebe zum Ungeborenen nach innen richtet – dadurch, daß sie mit dem Kind in ihrem Leib spricht, gewinnt sie das Gefühl, Mutter zu sein. Auf ähnliche Weise stehen Neunen mit den Empfindungen (Identifikationen) in ihrem Innern in Verbindung und erhalten sich ihr Selbstgefühl, indem sie durch die Identifikation mit einem anderen Menschen leben. Daher entsprechen sie dem introvertierten Empfindungstyp der Typologie von C. G. Jung.

Diese Introvertiertheit ist für das Innenleben der Neun verantwortlich, das sich weitgehend außer Sichtweite und gut geschützt im innersten Heiligtum ihrer Psyche abspielt, so daß es kaum gestört oder verändert werden kann. Nur in ihren Handlungen in der Außenwelt gleichen Neunen mitunter Typ sieben.

Durchschnittliche Siebenen sind hyperaktiv und ständig mit zu vielen Dingen auf einmal beschäftigt, allerdings nur oberflächlich. Sie sind dauernd unterwegs, um sich zu amüsieren und Angst und Langeweile zu vertreiben. Auch Neunen können keine Angst ertragen und suchen ihr durch Geschäftigkeit zu entgehen, indem sie Besorgungen machen und Hobbys nachgehen, um so auf angenehme, harmlose Weise auf andere Gedanken zu kommen. Konflikte und zu viele Aufregungen vermeiden sie tunlichst. Siebenen hingegen lieben den Trubel. Im Laufe einer absteigenden Entwicklung werden sie allmählich fordernd, neigen zu Exzessen und sind absolute Materialisten, während Neunen, je gestörter sie sich entwickeln, um so passiver, gleichgültiger und teilnahmsloser werden. Siebenen brauchen Anregung von außen, wohingegen Neunen nach Möglichkeit alles vermeiden, was sie aufreizen oder gar aufregen könnte. Der wesentliche Unterschied liegt darin, daß Neunen sich nicht gefühlsmäßig in ihre Aktivitäten einbringen wollen (da dadurch unter Umständen ihre Identifikationen bedroht würden), während Siebenen emotional immer mehr von ihren Aktivitäten erwarten (da sie kaum subjektive Identifikationsmöglichkeiten haben).

Neunen suchen überdies nicht die gleiche Art von Glück wie Siebenen (Euphorie und höchste Begeisterung). Sie wollen sich lieber einen Zustand ruhiger Zufriedenheit erhalten, in dem sie weder allzu freudig erregt noch allzu verdrießlich sind. Wenn sie könnten, würden sie wahrscheinlich auf jede Art von starken Anreizen verzichten. Das Verlangen der Neun, sich möglichst auf nichts einlassen zu müssen, das unter Umständen eine heftige

Reaktion auslösen könnte, ist das genaue Gegenteil dessen, was bei der durchschnittlichen Sieben anzutreffen ist. Aber wie wir inzwischen wissen, können sich die beiden Typen trotz aller Gegensätzlichkeit doch auch in vieler Hinsicht gleichen.

VERWECHSLUNGEN BEI TYP ACHT

Typ acht und Typ eins
siehe *Typ eins und Typ acht*

Typ acht und Typ zwei
siehe *Typ zwei und Typ acht*

Typ acht und Typ drei
siehe *Typ drei und Typ acht*

Typ acht und Typ sechs
siehe *Typ sechs und Typ acht*

VERWECHSLUNGEN BEI TYP NEUN

Typ neun und Typ zwei
siehe *Typ zwei und Typ neun*

Typ neun und Typ vier
siehe *Typ vier und Typ neun*

Typ neun und Typ fünf
siehe *Typ fünf und Typ neun*

Typ neun und Typ sieben
siehe *Typ sieben und Typ neun*

III AUSBLICKE

7 Psychologische Kategorien

Das Enneagramm umfaßt die verschiedensten Richtungen, da es ein Symbol für etwas äußerst schwer Faßbares, Komplexes ist: das Wesen des Menschen. Wann immer sich Menschen auf irgendeine Weise ausdrücken, kann zum Zwecke eines tiefergehenden Verständnisses das Enneagramm angewendet werden. Da es ein Sinnbild der Psyche ist, berührt es alles, was von der Psyche geschaffen wird. Es stellt einen Zusammenhang zwischen sehr unterschiedlichen Bereichen her, denn es spiegelt das Verhältnis des Menschen zu sich selbst, zu anderen und zu seiner Umwelt wider. Wie das Wesen des Menschen, schließt auch das Enneagramm eine Menge der verschiedensten Möglichkeiten in sich.

Die Benutzung des Enneagramms ist sowohl spannend als auch gewissermaßen überwältigend, führt es uns doch über die Psychologie hinaus in viele andere Bereiche menschlichen Strebens hinein. Es ist uralt und dennoch modern; persönlich und dennoch universell; esoterisch und mystisch und dennoch wissenschaftlich und objektiv; psychologisch ausgerichtet und dennoch unterschwellig religiös; klar und einfach zu verstehen und dennoch immer wieder fremd und geheimnisvoll. In der folgenden Abbildung wird gezeigt, mit welchen anderen Wissensgebieten das Enneagramm in Verbindung steht.

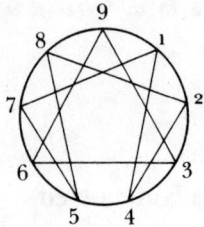

In der westlichen Tradition:	In der östlichen Tradition:
Akademische Psychologie	Frühgriechische Philosophie
Freud und Anhänger	Pythagoräer und Gnostiker
C. G. Jung und Anhänger	Nahöstliche Kulturen
Karen Horney, Maslow und die	Islam
Kulturpsychologie	Sufismus
Quantitative Psychologie	Gurdjieff und Schüler
Fragebogen- und Testauswertung	Ichazo und Arica-Institut
Therapeutische Methoden	Mythologie
Zwischenmenschliche Beziehungen	Astrologie
Personalwesen, Management,	Numerologie
Werbung und andere praktischen	Kabbala
Anwendungsgebiete	Symbolismus
Theologie und Religionswissenschaften	Chakren
Spirituelle Anleitung und Beratung	Meditationstechniken
Politologie, Journalismus	Philosophie, Transpersonale
Kulturkritik, Soziologie	Psychologie

Die vielseitigen Bezüge des Enneagramms

Aus Platz- und Zeitgründen ist es nicht möglich, diese Verbindungen im vorliegenden Buch eingehender zu behandeln. Aber je größer der Bekanntheitsgrad des Enneagramms wird, um so befruchtender werden weiterhin unterschiedliche Vorstellungen darauf wirken. Natürlich läßt sich überhaupt nicht sagen, wohin diese Verbindungen führen mögen, aber jede Neuentdeckung wird nicht allein für diejenigen eine Bereicherung sein, die unmittelbar betroffen sind, sondern letztlich für jedermann.

In diesem Kapitel wollen wir uns einen kurzen Überblick darüber verschaffen, welchen Zusammenhang es zwischen dem Enneagramm und Persönlichkeitsstörungen gibt, wie sie im "Diagnostisch-statistischen Verzeichnis psychischer Störungen" (DSM III-R) aufgeführt sind, dem Grundlagenwerk für alle Psychologen und Psychiater. Interessant dürften aber auch die Beziehungen zwischen dem Enneagramm und den Werken von Freud, C. G. Jung, Karen Horney, Erich Fromm, Abraham Maslow, Timothy Leary, Theodore Millon, Myers-Briggs sowie anderen Typologien sein, um nur einige Anstöße für weitere Forschungen zu geben.

ENNEAGRAMM UND DSM III-R

Mit das Erstaunlichste am Enneagramm ist, wie sehr es sich mit anderen Typologien deckt, besonders mit solchen, die in der Psychiatrie und Psychologie entwickelt wurden. Diese Tatsache legt auf überzeugende Weise die Vermutung nahe, daß das Enneagramm auch wissenschaftliche Gültigkeit besitzt. In gewissem Sinne führt die heutige Psychologie unabsichtlich den Beweis für die Gültigkeit des Enneagramms – und, was noch außergewöhnlicher ist, bestätigt *und korrigiert* das uralte Enneagramm einige Forschungsergebnisse der heutigen Psychologie.

Faszinierend ist auch, daß die Psychologie intuitiv zu einer dynamischen Typologie wie der des Enneagramms übergegangen ist. Von unterschiedlichsten theoretischen Ansätzen her haben sich die Psychologen allmählich zu einem umfassenden, systematischen Verständnis (und einer klareren Darstellung) der "Charaktertypen" vorgearbeitet, obwohl es eine Weile gedauert hat, bis die Schulpsychologie ihre Abneigung gegen Typen und Typologien überwunden hatte. Einsichten, die dem Enneagrammkundigen längst vertraut waren, sind für die Psychologen spannende Neuentdeckungen gewesen.

Die beiden folgenden kurzen Zitate eines führenden Psychiaters, der an der Abfassung des *DSM III-R* mitgewirkt hat, sind ein Hinweis darauf, daß sich auch die Psychiatrie in Richtung auf etwas Enneagrammähnliches zu bewegt hat.

Es besteht Grund zu der impliziten, vernünftigen Annahme, daß Persönlichkeitsmerkmale und ihre gestörten Entsprechungen [die Persönlichkeitsstörungen] in ein Kontinuum einzuordnen sind, wonach die Unterscheidung [zwischen normalen Persönlichkeitsmerkmalen und einer gestörten Persönlichkeit] vom Wesen her willkürlich wäre. Die Erkenntnis der Universalität von Charaktertypen und der Bedeutung ihrer Dokumentation ist, wie ich denke, die wichtigste Leistung des *DSM III*. (John G. Gunderson in *Current Perspectives on Personality Disorders,* hrsg. v. Frosch, S. 20f.)

Ich glaube, der Hauptvorzug des *DSM III* liegt darin, daß seine Mehrgleisigkeit ein gründlicheres Studium der Beziehungen zwischen Persönlichkeit und Symptomen gestattet und daß wir – wenn nicht in einem DSM IV, dann in einem zukünftigen Diagnosewerk – schließlich so weit kommen werden, Störungen der Persönlichkeit … als Auswüchse oder Erweiterungen dieser verschiedenen Persönlichkeitstypen einzuordnen (ebenda, S. 34).

Glücklicherweise brauchen wir nicht auf irgendein "zukünftiges Diagnosewerk" zu warten, um Persönlichkeitstypen und Persönlichkeitsstörungen miteinander in Zusammenhang zu bringen, da diese Verbindung in diesem Werk wie auch in meinem Buch *Die neun Typen der Persönlichkeit* bereits deutlich wird. Das Enneagramm ist eine "mehrgleisige" Typologie, in der alle im *DSM III-R* aufgeführten Persönlichkeitsstörungen und Neurosen Platz finden. Außerdem ist meine Arbeit über das Kontinuum der neun Entwicklungsstufen ein Beweis für die begründete "vernünftige Annahme", daß "Persönlichkeitsmerkmale und ihre gestörten Entsprechungen [die Persönlichkeitsstörungen] in ein Kontinuum einzuordnen sind". Viele der Entdeckungen, die Psychologen bei der Arbeit an vorderster Front machen, hat das Enneagramm bereits vorweggenommen. Jetzt müssen nur noch die Entsprechungen zwischen Enneagramm und *DSM III-R* (sowie anderen Typologien) aufgezeigt und die Möglichkeiten des Enneagramms den Psychologen in einer Sprache, die sie gewohnt sind und annehmen können, verständlich gemacht werden.

Ehe wir nun jeden der Persönlichkeitstypen des Enneagramms mit den im *DSM III-R* beschriebenen Persönlichkeitsstörungen vergleichen, wollen wir zuerst die Begriffe "Persönlichkeitsmerkmal" und "Persönlichkeitsstörung" definieren.

Persönlichkeits*merkmale* sind die bleibenden Wahrnehmungs-, Beziehungs- und Denkmuster eines Menschen im Umgang mit seiner Umwelt und sich selbst, die innerhalb eines weiten Spektrums von wichtigen sozialen und persönlichen Zusammenhängen in Erscheinung treten. Nur wenn die *Persönlichkeitsmerkmale* unflexibel und unangepaßt sind und entweder signifikante Funktionsbeeinträchtigungen oder subjektives Leiden verursachen, kommt es zu *Störungen der Persönlichkeit* (*DSM III-R,* S. 335).

In eine dem Laien verständliche Sprache übertragen heißt das, daß Persönlichkeitsmerkmale (wie zum Beispiel Wut, Scheu, Reizbarkeit oder Einfühlungsvermögen) die Persönlichkeit blockieren können. Persönlichkeitsmerkmale bilden die größeren Strukturen, aus denen sich das individuelle und soziale Leben weitgehend zusammensetzt. Wenn jedoch unsere normalen Persönlichkeitsmerkmale "unflexibel" und "unangepaßt" werden – also negativ und zerstörerisch uns selbst oder anderen gegenüber oder beides –, werden sie zur Grundlage für Störungen der Persönlichkeit.

Da die Persönlichkeitstypen im Enneagramm die gesunden und die durchschnittlichen Entwicklungsstufen einschließen, umfassen sie mehr als die im *DSM III-R* beschriebenen Persönlichkeitsstörungen, die sich nur auf den pathologischen letzten Abschnitt des Kontinuums konzentrieren.

Bei meiner Suche nach Entsprechungen zwischen dem Enneagramm und dem *DSM III-R* habe ich entdeckt, daß Störungen der Persönlichkeit bei jedem Typ nur auf bestimmten Entwicklungsstufen auftreten und nicht im Gesamttyp. Oft sind zwei und mehr Störungen bei jedem Typ sichtbar, allerdings auf verschiedenen Entwicklungsstufen. "Unflexibel und unangepaßt" werden Persönlichkeitsmerkmale meist ab Stufe 5, und diese sich zunehmend fehlentwickelnden Merkmale verursachen schwere Konflikte, während sie sich unaufhaltsam den pathologischen Stadien nähern. Folglich kann durchaus ein Zusammenhang zwischen einer oder mehr Persönlichkeitsstörungen und einem Enneagrammtyp hergestellt werden, da die Störungen der Persönlichkeit auf charakterlichen Anpassungsproblemen beruhen, die nur jeweils auf einer Entwicklungsstufe in Erscheinung treten.

Zum Beispiel kann eine Störung der Persönlichkeit auf Stufe 5 auftreten, eine andere auf Stufe 7 und noch eine andere auf

Stufe 9 – alles innerhalb eines einzigen Persönlichkeitstyps des Enneagramms. Während das *DSM III-R* darin drei verschiedene (wenn auch verwandte) Charakterstörungen sieht, sind die drei Störungen aus unserer Sicht Teile eines größeren Ganzen, eines einzigen Persönlichkeitstyps, der sich gestört entwickelt.

Wir können darüber hinaus auch erkennen, daß die neurotische Entwicklung verschieden schwer und unterschiedlich strukturiert verläuft: Jemand mit einer Persönlichkeitsstörung auf Stufe 5 wäre weniger krank als jemand, dessen Persönlichkeit auf Stufe 8 gestört ist. Unter Umständen sinkt allerdings der Erstgenannte weiter ab und entwickelt sich von Stufe 5 nach Stufe 8 hin; manchmal bestehen bei einer Person auch gleichzeitig verschiedene eng miteinander verwandte Störungen – solche etwa, die den Stufen 7 und 8 entsprechen, und dazu noch Störungen, die ihrem jeweiligen Tendenztyp zuzuschreiben sind. Wenn man also versteht, daß Störungen der Persönlichkeit Teil eines größeren Ganzen sind – eines Persönlichkeitstyps in verschiedenen Entwicklungsstadien –, bekommt man eine viel klarere Vorstellung von Zustand und Verlauf der gestörten Entwicklung des Patienten und kann außerdem leichter eine "differenzierte" psychiatrische Diagnose stellen, was sonst im Einzelfall oft nur intuitiv gelingt.

Das umfassendere Verständnis für Störungen der Persönlichkeit dürfte ferner Therapeuten helfen, einen tieferen Einblick in frühere Schwierigkeiten, die derzeitige Situation sowie die absehbare Entwicklung ihres Patienten zu gewinnen. Psychologen werden zum einen bessere Therapien für die verschiedenen gestörten Persönlichkeitstypen erarbeiten und zum anderen in der Gruppentherapie viel effektiver mit Menschen völlig unterschiedlichen Persönlichkeitstyps in Beziehung treten können. Kurz gesagt: Durch die Erkenntnis, daß die verschiedenen Störungen der Persönlichkeit wechselseitig miteinander verbunden sind, werden Therapeuten ein viel klareres Bild von ihren Patienten erhalten – was letztlich nur von Vorteil für alle Beteiligten sein kann.

Notgedrungen gerät dieses Kapitel etwas trockener, als dem Leser lieb sein und wünschenswert erscheinen dürfte. Dennoch ist die Darlegung, daß sich Enneagrammtypen und psychiatrische Störungen entsprechen, aus zwei Gründen überaus wichtig: Erstens soll dadurch die intellektuelle Glaubwürdigkeit des Enneagramms untermauert werden, so daß es in psychologischen Fachkreisen und in der gebildeten breiten Öffentlichkeit mehr Akzeptanz gewinnt. Es muß deutlich werden, daß das Enneagramm keineswegs den Forschungsergebnissen der Psychiatrie widerspricht; im Gegenteil: Daß es uns hilft, psychiatrische Kategorien besser zu verstehen, spricht für sich selbst.

Zweitens wird dadurch, daß der Zusammenhang zwischen dem Enneagramm und Störungen der Persönlichkeit gesehen wird, manches von den in Umlauf befindlichen Fehlinformationen über die Persönlichkeitstypen korrigiert, was dringend erforderlich ist. In Dissertationen und Büchern über das Enneagramm ist verschiedentlich von völlig falschen Entsprechungen die Rede; diese Entsprechungen sind zwar in erster Linie für Enneagrammlehrer und -autoren interessant, sollten aber eigentlich für jeden von Interesse sein, der von der Gültigkeit und vom Nutzen des Enneagramms überzeugt ist.

Die Frage, "welche Typen mit welchen Störungen" zusammengehören, ist wichtig, weil die Störungen (und schließlich die Neurosen) dann auftreten, wenn sich durchschnittliche Persönlichkeitsmerkmale zu "unflexiblen, unangepaßten" Merkmalen fehlentwickeln. Wenn ein Lehrer oder Autor Fehler macht bei der Zuordnung von Störung und Typ, wird er sich höchstwahrscheinlich auch in den Persönlichkeitsmerkmalen irren, bei denen die Störung ihren Anfang nimmt. Anders ausgedrückt: Ebenso wie Äpfel nicht am Birnbaum wachsen, ist auch eine solche Störung kein Zufall, sondern Teil der *Gesamtstruktur von Persönlichkeitsmerkmalen,* die einen Typ als solchen kennzeichnen. Werden Störungen den falschen Typen zugeschrieben, kommt es zu schweren Fehldiagnosen. Viele falsche Zuordnungen sind ein Beweis dafür, daß derjenige, der sie trifft, vom fraglichen Persönlichkeitstyp, von der Störung oder vielleicht auch von beidem keine genügend klare Vorstellung hat.

Nachstehend sind die neun Entwicklungsstufen eines jeden Persönlichkeitstyps in Verbindung mit den im jeweiligen Entwicklungsstadium auftretenden Persönlichkeitsstörungen aufgeführt. Aus Platzgründen sind für jeden Typ nur ein oder zwei Beispiele einer schweren Persönlichkeitsstörung aus dem *DSM III-R* auszugsweise zitiert, um die Entsprechungen zwischen beiden Systemen deutlich zu machen (die Quellenangaben zum *DSM III-R* stehen in runden Klammern).

Interessierte Leser können in den *Neun Typen der Persönlichkeit* nachlesen, inwiefern die psychiatrischen Kategorien mit den dortigen Beschreibungen übereinstimmen. Die passiv-aggressive Persönlichkeit des *DSM III-R* findet sich beispielsweise unter Persönlichkeitstyp sechs. Im Unterkapitel "der Ambivalente" (siehe *PT,* S. 256) wird auf die passiv-aggressiven Charakterzüge der durchschnittlichen Sechs verwiesen. Im folgenden wird deutlich, daß sich meine Ausführungen und der psychiatrische Text zum gegenseitigen Nutzen und besseren Verständnis ergänzen. Meine Kurzkommentare zum *DSM-III-R*-Text sowie Seitenverweise auf entsprechende Textstellen in den *Neun Typen der Persönlichkeit* sind durch eckige Klammern gekennzeichnet.

Entwicklungsstufen

Stufe 1: Der uneigen-
nützige Altruist

Stufe 2: Der Einfühlsame

Stufe 3: Der Fürsorgliche

Stufe 4: Der groß-
sprecherische Freund

theatralische Persönlich-
keit (348)

Stufe 5: Der besitzer-
greifende Intimfreund

Stufe 6: Der überhebli-
che Heilige

somatisch gestörte
Persönlichkeit (261)

Stufe 7: Der selbstbetrü-
gerische Manipulierer

hypochondrische Persön-
lichkeit (259)

Stufe 8: Der dominante
Erpresser

Stufe 9: Das psycho-
somatische Opfer

konversionsgestörte
Persönlichkeit, hyste-
risch-neurotische
Persönlichkeit (257)

Theatralische Persönlichkeit [Typ zwei ab Stufe 4]

Wesentliches Merkmal dieser Störung ist das vorherrschende Verhaltensmuster exzessiver Emotionalität und des Verlangens, auf sich aufmerksam zu machen, das mit Beginn des Erwachsenenalters auf mannigfaltige
Weise in Erscheinung tritt. In anderen Systemen wird diese Kategorie als
hysterische Persönlichkeit bezeichnet.

Menschen mit dieser Störung suchen oder fordern ständig aufs neue
Bestätigung, Beifall und Lob von anderen und empfinden Situationen, in

denen sie nicht im Brennpunkt der Aufmerksamkeit stehen, als unangenehm. Typisch für sie sind rasch wechselnde, an der Oberfläche bleibende Gefühle. [Typ zwei und Typ sieben werden dabei oft verwechselt.] Ihr Verhalten ist von Überreaktionen gekennzeichnet und auffällig; schon kleinere Reize führen zu emotionaler Erregbarkeit. Empfindungen werden oft mit unangemessener Übertreibung zum Ausdruck gebracht, so daß der betreffende Mensch zum Beispiel viel trauriger, wütender oder entzückter erscheint, als berechtigt wäre (*DSM III-R*, 348). [Siehe auch *PT*, S. 92f., S. 100. Zum Beispiel reden Zweien unablässig über ihren angeblich schlechten Gesundheitszustand oder andere Sorgen, um Aufmerksamkeit zu erregen und Mitgefühl zu wecken.]

Somatisch gestörte Persönlichkeit [Typ zwei ab Stufe 6]

Hauptmerkmale dieser Störung sind häufig auftretende, vielfache körperliche Beschwerden über Jahre hinweg, die zwar ärztlich behandelt wurden, jedoch offenbar keine physischen Ursachen haben …

Beschwerden werden oft auf dramatische Art, sehr unbestimmt oder auch übertrieben dargelegt oder haben eine lange medizinische Vergangenheit hinter sich, in deren Verlauf die verschiedensten Diagnosen gestellt wurden. Die Betroffenen sind häufig bei mehreren Ärzten in Behandlung, manchmal sogar gleichzeitig … Folgende Beschwerden treten in den meisten Fällen an bestimmten Organkomplexen und mit immer ähnlichen Symptomen auf: Konversions- und pseudoneurologische Symptome (z. B. Lähmungserscheinungen, Blindheit), Magen-Darm-Probleme (z. B. Bauchschmerzen), bei Frauen Menstruationsbeschwerden (z. B. schmerzhafte Blutungen), psychosexuelle Probleme (z. B. sexuelle Gleichgültigkeit), Schmerzen (z. B. Rückenschmerzen) und Kreislaufstörungen (z. B. Schwindelgefühle). [Siehe auch *PT*, S. 97, S. 107f.]

Verwandte Merkmale: Auch die theatralische Persönlichkeit [Typ sieben] und (seltener) die psychopathische Persönlichkeit [Typ acht] sind hier zu beobachten (*DSM III-R*, 261f.). [Man beachte, daß die psychopathische Persönlichkeit der Acht entspricht, also dem Typ auf der Desintegrationslinie der Zwei.]

Entwicklungsstufen

Stufe 1: Die authenti-
sche Persönlichkeit

Stufe 2: Der selbstsiche-
re Mensch

Stufe 3: Das große Vorbild

Stufe 4: Der Statusbesessene

Stufe 5: Der image-
orientierte Pragmatiker

Stufe 6: Der durchset-   narzißtische Persönlich-
zungsstarke Narzißt   keit (349)

Stufe 7: Der ausbeuteri-
sche Opportunist

Stufe 8: Der böswillige   sadistische Persönlich-
Verräter   keit (369)

Stufe 9: Der rachsüchti-
ge Psychopath

Die narzißtische Persönlichkeit [Typ drei ab Stufe 6]

Wesentlichstes Merkmal dieser Störung ist das Grundmuster der Großartigkeit (in Phantasie oder Verhalten) [siehe auch *PT*, S. 138f.], die Hyper-
sensibilität gegenüber der Wertung anderer [*PT*, S. 121] und der Mangel
an Einfühlungsvermögen, der mit Beginn des Erwachsenenalters einsetzt
und in verschiedenster Hinsicht zum Ausdruck kommt [*PT*, S. 141].
Menschen, bei denen diese Störung vorliegt, haben ein übersteigertes
Selbstwertgefühl. Sie neigen dazu, ihre Leistungen und Begabungen in
einem übertriebenen Licht darzustellen und wollen ohne berechtigten
Grund als etwas "Besonderes" gelten ... [*PT*, S. 137f.]

300

Solche Menschen geben sich Phantasien von unbegrenztem Erfolg, Macht, Brillanz, Schönheit und idealer Liebe hin und hegen chronische Neidgefühle gegenüber allen, die ihnen erfolgreicher erscheinen als sie selbst [*PT*, S. 144]. Derartige Phantasien sind häufig der Ersatz für wirkliche Aktivitäten; werden jedoch tatsächlich einmal die entsprechenden Ziele verfolgt, geschieht es meist zwanghaft und freudlos und mit einem Ehrgeiz, der nicht zu befriedigen ist. [Aus diesem Grund wirken Dreien oft arbeitswütig, obwohl sie es eigentlich gar nicht sind.]

Ihre Selbstachtung ist fast immer äußerst schwach ausgeprägt; sie stellen sich vor, wie gut sie doch sind oder wie sie in den Augen anderer dastehen [*PT*, S. 134]. Das zeigt sich häufig in Form eines fast exhibitionistischen Bedürfnisses, dauernd Aufmerksamkeit auf sich zu ziehen und bewundert zu werden [*PT*, S. 138]. Der betreffende Mensch ist unablässig auf Komplimente aus, wobei er eine sehr charmante Art an den Tag legt. Auf Kritik regaiert er leicht mit Wut, Scham oder einem Gefühl des Gedemütigtseins, verbirgt diese Empfindungen jedoch hinter einer Maske kühler Gleichgültigkeit.

Seine zwischenmenschlichen Beziehungen sind notgedrungen gestört [*PT*, S. 141f.]. Gemeinhin mangelt es ihm an Einfühlungsvermögen (an der Fähigkeit, zu erkennen und nachzufühlen, wie andere empfinden) … Im allgemeinen besteht ein Gefühl, berechtigte Ansprüche zu haben, die unsinnige Erwartung, eine besondere Behandlung zu verdienen … Im zwischenmenschlichen Bereich sind diese Menschen meist ausbeuterisch und übervorteilen andere, um ihre Ziele zu erreichen oder ihre angemaßte Überlegenheit zu beweisen [*PT*, S. 141] … Freundschaften werden oft erst nach der Überlegung geschlossen, inwieweit sie etwas einbringen [*PT*, S. 130 f.]. In Liebesbeziehungen wird der Partner häufig als Objekt behandelt und dient dazu, das Selbstwertgefühl zu steigern …

Verwandte Merkmale: Sehr häufig sind depressive Stimmungen [besonders bei Dreien mit einer Tendenz zu Typ vier; sie werden allerdings schnell überwunden. Sie sind mal hochgestimmt, mal niedergeschlagen, also launisch wie ein Manisch-Depressiver, nur daß ihr Problem der Narzißmus ist und nicht die Angst] … Unter Umständen werden Gefühle vorgetäuscht, die gar nicht da sind, um andere zu beeindrucken (*DSM III-R*, 349f.).

Entwicklungsstufen

Stufe 1: Der inspiriert-
schöpferische Mensch

Stufe 2: Der aus der
Intuition Lebende

Stufe 3: Der sich offen-
barende Mensch

Stufe 4: Der phantasie-
volle Künstler

Stufe 5: Der selbstver-   Vermeidungspersönlich-
liebte Introvertierte   keit (351)

Stufe 6: Der schwache
Ästhet

Stufe 7: Der selbstent-
fremdete Depressive

Stufe 8: Der emotional   schwer depressive Per-
Leidende   sönlichkeit (218)

Stufe 9: Der Selbstzer-
störerische

Vermeidungspersönlichkeit [Typ vier ab Stufe 5]

Als Hauptmerkmal dieser Störung zeichnet sich bei Eintritt ins Erwachsenenalter vorherrschend das Muster sozialen Unbehagens ab [begründet
durch Hemmungen, *PT*, S. 175f.] mit Angst vor einer negativen Beurteilung und Schüchternheit [Scheu und Selbstzweifel], das in unterschiedlichsten Zusammenhängen auftritt.

Die meisten Leute interessieren sich dafür, wie sie von anderen einge-
schätzt werden, aber Menschen, bei denen diese Störung vorliegt, sind

schnell gekränkt, wenn Kritik an ihnen geübt wird, und schon bei der leisesten Mißfallensäußerung am Boden zerstört [die Überempfindlichkeit von Typ vier gegen Kritik und alle Formen von Aggressivität, *PT,* S. 175ff.]. Sie haben im allgemeinen Probleme, Beziehungen einzugehen, es sei denn, ihnen wird die außergewöhnliche Garantie gegeben, kritiklos akzeptiert zu werden ...

Soziale oder berufliche Aktivitäten, zu denen vorrangig zwischenmenschliche Kontakte gehören, werden meist vermieden [durchschnittliche Vieren halten sich von anderen fern, sie sind reserviert und lieber stille "Außenseiter", als sich dem Risiko auszusetzen, in ihrer Selbstachtung noch weiter zu sinken]. Beispielsweise würde eine Beförderung, mit der auch die gesellschaftlichen Anforderungen zunähmen, wahrscheinlich abgelehnt. In Gesellschaft sind diese Menschen meist schweigsam, aus Angst, etwas Falsches oder Dummes zu sagen oder eine Frage nicht beantworten zu können. Sie fürchten, vor anderen Leuten vielleicht zu erröten, zu weinen oder Anzeichen von Angst zu zeigen und dadurch der Peinlichkeit preisgegeben zu werden.

Generelle Schüchternheit [Selbstzweifel, der zu Hemmungen führt] erregt bei ihnen einen Widerwillen gegen alles, das von der normalen Routine abweicht [*PT,* S. 180f.] ...

Im Gegensatz zu Menschen mit einer schizoiden Persönlichkeit, die sozial isoliert sind, aber auch kein Bedürfnis nach sozialen Kontakten haben, haben Menschen mit einer Vermeidungspersönlichkeit ein unstillbares Verlangen nach Zuneigung und Anerkennung [*PT,* S. 175f.]. Ihre Unfähigkeit, in angenehme Beziehung zu anderen zu treten, macht ihnen schwer zu schaffen ...

Menschen mit einer Vermeidungspersönlichkeit wirken manchmal abhängig, weil sie sich, sobald sie es wirklich einmal geschafft haben, eine Beziehung einzugehen, sehr anklammern aus Angst, sie wieder zu verlieren (*DSM III-R,* 351f.). [Der Verlust eines geliebten Menschen ist für Vieren eine größere Katastrophe als für andere, da sie solche Schwierigkeiten haben, langfristige Beziehungen einzugehen und zu unterhalten; zu beachten ist auch, daß gewisse Abhängigkeiten eine Entwicklung in Richtung Desintegration zur zwanghaften Abhängigkeit des gestörten Typs zwei vermuten lassen, *PT,* S. 188f.]

Entwicklungsstufen

Stufe 1: Der Pionier und
Visionär

Stufe 2: Der erkennende
Beobachter

Stufe 3: Der kundige
Experte

Stufe 4: Der Analytiker
und Spezialist

Stufe 5: Der versponne-
ne Theoretiker

Stufe 6: Der extreme
Reduktionist

schizotypische Persön-
lichkeit (340)

Stufe 7: Der isolierte
Nihilist

Stufe 8: Der von Wahn-
vorstellungen Gequälte

paranoide Persönlich-
keit (199)

Stufe 9: Der leere
Schizoide

schizophrene Persönlich-
keit (187)

Die schizotypische Persönlichkeit [Typ fünf ab Stufe 6]

Hauptmerkmal dieser Störung ist das generelle Muster von Absonder-
lichkeit im Vorstellungsvermögen, im Erscheinungsbild und im Verhalten sowie von Kontaktarmut im zwischenmenschlichen Bereich …, wobei jedoch die Kriterien für eine Schizophrenie noch nicht erfüllt sind [*PT*,
S. 227f.].

Die Störung im Denken führt unter anderem häufig zu Verfolgungswahn,
Argwohn, falscher Bezugherstellung, seltsamen Überzeugungen und ma-

gischen Vorstellungen, die nicht mit den kulturellen Normen übereinstimmen und das Verhalten der betreffenden Person beeinflussen [*PT,* S. 225f.] … Die Sprache weist häufig markante Eigentümlichkeiten auf, aber nie in dem Maße, daß der Faden abreißt oder der Zusammenhang fehlt. Der Betreffende spricht unter Umständen monoton, schweift ab, drückt sich verschwommen aus oder abstrahiert übermäßig [*PT,* S. 216ff.]. Ideen äußert er wahrscheinlich unklar oder wirr, oder er bedient sich einer ungewöhnlichen Wortwahl. Menschen mit dieser Störung wirken oft absonderlich und exzentrisch im Verhalten und in der äußeren Erscheinung [*PT,* S. 222]. Zum Beispiel sind sie häufig ungepflegt, benehmen sich eigenartig und sprechen mit sich selbst.

Die zwischenmenschlichen Beziehungen sind bei diesen Menschen generell gestört [*PT,* S. 220]. Sie zeigen unangemessene oder beschränkte Affekte, erscheinen töricht und abwesend und erwidern kaum jemals Gesten oder Gesichtsausdrücke wie Lächeln oder Nicken. Sie besitzen keine engen Freunde oder Vertrauten (oder nur einen einzigen) [*PT,* S. 223f.] … und sind in Gesellschaft unter Leuten, die ihnen fremd sind, extrem ängstlich (*DSM III-R,* 340f.).

Entwicklungsstufen

Stufe 1: Die selbstbeja-
hende Persönlichkeit

Stufe 2: Der liebenswer-
te Mensch

Stufe 3: Der engagierte
und loyale Freund

Stufe 4: Der gehorsame
Traditionalist

Stufe 5: Der Ambivalente   passiv-aggressive
Persönlichkeit (356)

Stufe 6: Der überkom-
pensierende "harte
Mann"

Stufe 7: Der unsichere   abhängige Persönlich-
Mensch   keit (353)

Stufe 8: Der Hysteriker

Stufe 9: Der selbstzerstö-   selbstzerstörerische
rerische Masochist   Persönlichkeit (371)

Die passiv-aggressive Persönlichkeit [Typ sechs ab Stufe 5]

Als Hauptmerkmal dieser Störung zeichnet sich das vorherrschende Muster des passiven Widerstands gegen berechtigte gesellschaftliche und
berufliche Anforderungen ab … Der Widerstand kommt eher indirekt als
direkt zum Ausdruck [*PT,* S. 260] und hat generelle, langfristige soziale
und berufliche Ineffektivität zur Folge, selbst dann, wenn mehr Einsatz
und Initiative möglich wären. [Sechsen können sich durchaus durchsetzen, wenn sie wollen, und das tun sie auf Stufe 6, indem sie überkompen-

306

sieren.] Der Name dieser Störung kommt daher, daß derartige Menschen passiv ihre versteckten Aggressionen zum Ausdruck bringen.

Menschen, bei denen diese Störung vorliegt, widersetzen sich [durch Ablehnung und Behinderung] gewohnheitsmäßig allen Forderungen, ihr Verhalten zu bessern oder bestimmte Funktionen aufrechtzuerhalten. Das zeigt sich am deutlichsten im Berufsleben, aber auch im Sozialverhalten. Widerstand wird indirekt geleistet durch Verzögerungstaktiken, Bummeln, Halsstarrigkeit, vorsätzliche Ineffizienz und "Vergeßlichkeit". Solche Menschen behindern andere in ihrer Arbeit, indem sie sich weigern, ihren Anteil daran zu übernehmen. [Man beachte, daß sie vorsätzlich und daher bewußt Widerstand leisten, worin sie sich von durchschnittlichen Neunen, die passiv nachlässig sind, unterscheiden.] …

Die betreffenden Menschen reagieren beleidigt, gereizt oder streitlustig, wenn etwas von ihnen verlangt wird,was sie nicht tun wollen [Sechsen fühlen sich in die Enge getrieben, sobald sie etwas gegen ihren Willen tun sollen, besonders, wenn sie ambivalent sind oder unter Druck gesetzt werden]. Anderen gegenüber protestieren sie oft [indem sie sich entweder zur Wehr setzen oder jammern und klagen], daß höchst ungerechte Anforderungen an sie gestellt werden, lehnen andererseits jedoch nützliche Ratschläge ab, wie sie mehr leisten könnten. Infolge ihres Grolls gegen Anforderungen kritisieren oder tadeln sie unbegründeterweise diejenigen, die diese Anforderungen stellen [*PT*, S. 261].

Verwandte Merkmale: Menschen mit dieser Störung sind häufig abhängig und haben kein Selbstvertrauen. Sie sind meist pessimistisch, was ihre Zukunft angeht [*PT*, S. 264f.], sind sich aber nicht darüber im klaren, daß ihr eigenes Verhalten für ihre Schwierigkeiten verantwortlich ist (*DSM III-R*, 356f.). [*PT*, S. 268f.]

Entwicklungsstufen

Stufe 1: Der ekstatische
Genießer
Stufe 2: Der glückliche
Enthusiast
Stufe 3: Der tüchtige
Alleskönner

Stufe 4: Der welterfahre-
ne Lebenskünstler
Stufe 5: Der hyperaktive   theatralische Persönlich-
Extravertierte   keit (348)
Stufe 6: Der exzessive   hypomanische Persön-
Materialist   lichkeit (218)

Stufe 7: Der impulsive
Eskapist
Stufe 8: Der manisch-   neurotische Persönlich-
triebhafte Mensch   keit (214)
Stufe 9: Der panische
Hysteriker

Die theatralische Persönlichkeit [Typ sieben ab Stufe 5]

Wesentliches Merkmal dieser Störung ist das vorherrschende Verhaltensmuster exzessiver Emotionalität und des Verlangens, auf sich aufmerksam zu machen, das mit Beginn des Erwachsenenalters auf mannigfaltige
Weise in Erscheinung tritt. In anderen Systemen wird diese Kategorie als
hysterische Persönlichkeit bezeichnet.

Menschen mit dieser Störung ... neigen zu rasch wechselnden, an der
Oberfläche bleibenden Gefühlen [während die Gefühle von Typ zwei

tiefer und aufrichtiger sind]. Ihr Verhalten ist von Überreaktionen gekennzeichnet und auffällig; schon kleinere Reize führen zu emotionaler Erregbarkeit [*PT*, S. 287f.]. Empfindungen werden oft mit unangemessener Übertreibung ausgedrückt, so daß der betreffende Mensch zum Beispiel viel trauriger, wütender oder entzückter erscheint, als berechtigt wäre [*PT*, S. 297]. Derartig gestörte Menschen neigen zur Selbstbezogenheit und vermögen es kaum zu tolerieren, wenn sie in ihren Erwartungen enttäuscht werden [*PT*, S. 300]. Ihr Handeln ist auf sofortige Befriedigung ausgerichtet.

Diese Menschen sind typischerweise attraktiv und verführerisch, oft bis zu einem Punkt, wo sie grell wirken und unangemessen handeln [*PT*, S. 303f.]. Sie sind meist übermäßig um körperliche Attraktivität bemüht [*PT*, S. 301]. Auch ihr Sprachstil ist oft expressiv und auf Schlagworte reduziert. Auf die Frage, wie seine Ferien waren, antwortet der Betreffende höchstwahrscheinlich: "Super!" – ohne Genaueres sagen zu können [*PT*, S. 296].

Verwandte Merkmale: Menschen mit dieser Störung sind lebhaft und ausdrucksstark und ziehen die Aufmerksamkeit auf sich. In zwischenmenschlichen Beziehungen neigen sie zur Übertreibung und spielen oft Rollen wie "das arme Opfer" oder "die Prinzessin", ohne sich dessen bewußt zu sein. Sie brauchen unbedingt immer etwas Neues, Anregung und Spannung und langweilen sich bei normaler Routine bald [*PT*, S. 299]. Auf den ersten Blick wirken sie auf andere charmant und ansprechend, aber es fehlt ihnen an Echtheit [Substanz]. Sie schließen häufig schnell Freundschaft, können aber, sobald sich eine Beziehung entwickelt hat, egozentrisch und rücksichtslos sein [*PT*, S. 302f.]. Unter Umständen brauchen sie wegen ihrer Gefühle der Hilflosigkeit und Abhängigkeit ständig Bestätigung [insbesondere eine Sieben mit Tendenz zu Typ 6] …

Differentialdiagnose: … Gestörte Menschen mit einer *narzißistischen Persönlichkeit* sind ähnlich stark selbstbezogen, meist jedoch aus einem übersteigerten Selbstgefühl und starkem Neid heraus (*DSM III-R*, 348f.). [Das ist unter anderem einer der Hauptunterschiede zwischen Typ drei und Typ sieben.]

Die neurotische Persönlichkeit [Typ sieben ab Stufe 8]

Eine neurotische Störung der Persönlichkeit ist durch das Hauptmerkmal gekennzeichnet, daß während einer bestimmten Zeitspanne entweder Hochstimmung, ein übersteigertes Selbstgefühl oder Reizbarkeit vorherrscht [*PT,* S. 306] und daß gleichzeitig Symptome für ein manisches Syndrom auftreten ... Zu den mit in Erscheinung tretenden Symptomen gehören unter anderem Aufgeblasenheit und Großtuerei (beides aus Einbildung) [siehe auch *PT,* S. 305f.], ein verstärktes Schlafbedürfnis, ein zwanghaftes Redebedürfnis, hochfliegende Ideen, Zerstreutheit, vermehrtes Engagement in Aktivitäten mit bestimmten Zielen, psychomotorische Unruhe und eine übersteigerte Lust an Freizeitaktivitäten, bei denen ein hohes Risiko schmerzhafter Folgen besteht, dessen sich der Betreffende oft gar nicht bewußt ist [*PT,* S. 306] ...

Die Hochstimmung kann als euphorisch beschrieben werden und ist normalerweise ein angenehmes Glücksgefühl oder High... Daß dieses Gefühl krankhaft übersteigert ist, zeigt sich daran, daß der betreffende Mensch unablässig und wahllos Kontakt zu anderen sucht und sich irgendwie in seiner Umgebung engagieren möchte [*PT,* S. 306] ...

Der Neurotiker spricht bezeichnenderweise laut und schnell und ist nur schwer zu unterbrechen. Er steckt voller Späße und bringt ständig Wortspiele und witzige Belanglosigkeiten hervor. Unter Umständen wird er theatralisch, spielt etwas vor und singt ... Wenn der Betreffende eher in reizbarer Verfassung ist, statt übersteigertes Selbstgefühl an den Tag zu legen, beklagt er sich, macht gehässige Bemerkungen und gibt Schimpfkanonaden von sich [*PT,* S. 304] ...

Was die Zunahme seiner zielgerichteten Aktivitäten betrifft, widmet er sich oft bis zum Exzeß dem Planen und Ausüben verschiedenster Betätigungen (z. B. sexueller, beruflicher, politischer oder religiöser Art). Fast immer besteht ein erhöhtes Bedürfnis nach Geselligkeit ... Der betreffende Mensch erkennt gar nicht, wie aufdringlich, beherrschend und anmaßend sein Verhalten ist [*PT,* S. 305f.]. Häufig sind sein übersteigertes Selbstgefühl, sein unbegründeter Optimismus, seine Großspurigkeit und sein Mangel an Urteilsvermögen der Anlaß für Sauftouren, rücksichtsloses Autofahren, törichte Geschäftsinvestitionen und untypische sexuelle Verhaltensweisen (*DSM III-R,* 214f.).

Entwicklungsstufen

Stufe 1: Der großmütige
Held
Stufe 2: Der von Selbst-
vertrauen erfüllte
Mensch
Stufe 3: Der konstrukti-
ve Anführer

Stufe 4: Der unterneh-
mungslustige Abenteurer
Stufe 5: Der dominieren-
de Machtmensch
Stufe 6: Der feindselige
Kämpfer

Stufe 7: Der skrupellose   psychopathische Persön-
Tyrann   lichkeit (342)
Stufe 8: Der allmächtige
Größenwahnsinnige
Stufe 9: Der gewalt-
tätige Zerstörer

Die psychopathische Persönlichkeit [Typ acht ab Stufe 7]

Als Hauptmerkmal dieser Störung zeichnet sich das Muster unverantwort-
lichen, psychopathischen Verhaltens ab, das in der Kindheit oder frühen
Jugend beginnt und sich bis ins Erwachsenenalter fortsetzt …
Typische Anzeichen dafür in der Kindheit sind Lügen, Stehlen, Schule-
schwänzen, Vandalismus, Streitanfangen, Von-zu-Hause-Wegrennen
und physische Grausamkeit. Beim Erwachsenen setzt sich das asoziale

Verhaltensmuster fort, etwa darin, daß finanzielle Verpflichtungen nicht erfüllt [Versprechen gebrochen werden] und Elternpflichten nicht wahrgenommen werden, daß nichts vorausgeplant wird und der Betreffende unfähig ist, sich in das normale Arbeitsleben einzugliedern. Er hält gesellschaftliche Normen nicht ein [*PT,* S. 320f.] und begeht häufig wiederholt gesellschaftsfeindliche Straftaten, die ihm Haft eintragen, wie zum Beispiel Zerstörung von fremdem Eigentum, Belästigung anderer, Diebstahl oder die Ausübung eines illegalen Berufs [*PT,* S. 342; Schläger, Gangster, Bandentäter und Dealer gehören wahrscheinlich in der Mehrheit zu diesem Typ].

Menschen mit einer psychopathischen Persönlichkeit neigen zu Reizbarkeit und Aggressivität; sie sind häufig an Schlägereien und Überfällen beteiligt und schrecken auch nicht davor zurück, Frau und Kind zu mißhandeln [*PT,* S. 344]. Rücksichtsloses Benehmen ohne Rücksicht auf die eigene Sicherheit ist die Regel, was sich in Strafen für Alkohol am Steuer und Geschwindigkeitsübertretungen niederschlägt [*PT,* S. 334 u. 346]. Typischerweise neigen diese Menschen zur Promiskuität [*PT,* S. 336] ... Schließlich zeigen sie keinerlei Reue über die Folgen ihres Verhaltens gegenüber anderen [*PT,* S. 343]; unter Umständen empfinden sie es sogar als rechtens, andere verletzt oder mißhandelt zu haben (*DSM III-R,* 342f.).

Entwicklungsstufen

Stufe 1: Der in sich
ruhende Mensch
Stufe 2: Der empfäng-
liche Mensch
Stufe 3: Der gutherzige
Friedensstifter

Stufe 4: Der Angepaßte,   abhängige Persönlich-
der seine Rolle spielt   keit (353)
Stufe 5: Der passiv-
gleichgültige Mensch
Stufe 6: Der resignierte
Fatalist

Stufe 7: Der Nachlässige
Stufe 8: Der gespaltene   schizoide Persönlichkeit
Mensch   (339)
Stufe 9: Der Mensch,
der sich aufgegeben hat

Die abhängige Persönlichkeit (Typ neun ab Stufe 4)

Als Hauptmerkmal dieser Störung tritt das generelle Muster eines abhängigen, unterwürfigen Verhaltens in Erscheinung ... [In dieser Hinsicht hat sie viel mit Typ sechs gemeinsam: Beide Typen sind abhängig und unterwürfig, wenn auch auf verschiedene Art und aus unterschiedlichen Gründen.]

Menschen, bei denen diese Störung vorliegt, sind unfähig, alltägliche Entscheidungen zu treffen, ohne sich erst überreichlich Rat und Rückenstärkung bei anderen zu holen, ja sie lassen es sogar zu, daß andere ihre

313

wichtigsten Entscheidungen für sie fällen. Zum Beispiel wird ein Erwachsener mit dieser Störung üblicherweise eine passive Rolle übernehmen [*PT*, S. 379] und seinem Partner die Entscheidung überlassen, wo sie gemeinsam wohnen wollen, welche Stellung er annehmen soll und mit welchen Nachbarn sie freundschaftliche Beziehungen pflegen wollen. [Im Gegensatz dazu setzen sich Sechsen für und gegen die ein, von denen sie abhängig sind, und verhalten sich selten so "passiv" und vollkommen angepaßt wie Neunen. Die Abhängigkeit von Sechsen entspringt ihrem Bedürfnis, sich Rückendeckung gegen ihre Angst zu verschaffen, wohingegen die passive Abhängigkeit und Entscheidungsschwäche aus einem Desinteresse heraus bei Neunen deren Wunsch entspringt, daß sich nie etwas ändern möge und sie nie unangenehme Überraschungen erleben mögen.] …

Die überstarke Abhängigkeit von anderen bereitet Schwierigkeiten, wenn es darum geht, etwas Neues einzuführen oder etwas selbständig zu tun [*PT*, S. 359f. u. 384]. Menschen mit dieser Störung fühlen sich meist unbehaglich oder hilflos, wenn sie allein sind, und unternehmen daher alles mögliche, um das Alleinsein zu vermeiden. Sie fühlen sich wie am Boden zerstört, wenn enge Beziehungen in die Brüche gehen, und sind ständig von Angst gepeinigt, verlassen zu werden [*PT*, S. 384f.].

Solche Menschen sind durch Kritik oder Mißfallensäußerungen leicht zu verletzen, sie ordnen sich lieber unter [typisch für die Neun: ihre Zurückhaltung und ihr übermäßiges Entgegenkommen, nur um nicht mit anderen in Konflikt zu geraten] und pflichten anderen bei, auch wenn sie eigentlich anderer Meinung sind, aus Angst, abgelehnt zu werden (*DSM III-R*, 353f.). [Siehe auch *PT*, S. 389f.]

Die schizoide Persönlichkeit (Typ neun ab Stufe 8)

Als Hauptmerkmal dieser Störung zeigt sich das generelle Muster der Gleichgültigkeit gegenüber sozialen Beziehungen sowie eines eingeschränkten Spektrums an emotionalen Erfahrungen und Ausdrucksmöglichkeiten [*PT*, S. 384] …

Menschen mit dieser Störung haben weder ein Verlangen noch Freude an intimeren Beziehungen einschließlich familiärer Bindungen [eine Folge des tiefgreifenden Fatalismus, der Depressivität und Gleichgültigkeit, in die gestörte Neunen allmählich verfallen]. Sie sind Einzelgänger und verzichten auf gute Freunde oder Vertraute; nur Verwandte ersten Grades lassen sie gelten. Sie wählen fast immer Aktivitäten, denen sie allein nachgehen können, und zeigen wenig bis gar kein Verlangen, sich mit einem anderen Menschen sexuell einzulassen. Lob und Tadel anderer gleiten an ihnen ab [*PT*, S. 377]. Sie behaupten, kaum jemals starke Gefühle wie Wut oder Freude zu erleben, und sind auch tatsächlich nur eingeschränkt affektfähig [*PT*, S. 378]. Sie wirken kalt und abweisend. [Durchschnittliche bis gestörte Neunen werden immer gefühlskälter und sind schließlich von der Wirklichkeit abgeschnitten.]

Verwandte Merkmale: Auf diese Weise gestörte Menschen sind häufig nicht in der Lage, Aggressivität oder Feindseligkeit zum Ausdruck zu bringen [*PT*, S. 384; das ist zum Beispiel einer der Unterschiede zwischen Typ fünf und Typ neun]. Sie haben nur unbestimmte Zielvorstellungen, handeln unentschlossen, sind in sich gekehrt und geistesabwesend [*PT*, S. 377f.]. Da sie kein Geschick im Umgang mit anderen Menschen und kein Verlangen nach sexuellen Erfahrungen haben, sind Männer mit dieser Art von Persönlichkeitsstörung im allgemeinen unfähig, mit dem anderen Geschlecht in Beziehung zu treten, und heiraten fast nie. Frauen lassen es passiv über sich ergehen, daß ihnen der Hof gemacht wird und daß sie geheiratet werden (*DSM III-R*, 339f.).

Entwicklungsstufen

Stufe 1: Der weise
Realist
Stufe 2: Der vernunft-
begabte Mensch
Stufe 3: Der prinzipien-
treue Lehrer

Stufe 4: Der idealisti-
sche Reformer
Stufe 5: Der ordnungs-
süchtige Mensch
Stufe 6: Der besserwis-   zwanghaft-besessene
serische Perfektionist   Persönlichkeit (354)

Stufe 7: Der Intolerante
Stufe 8: Der zwanghafte   zwanghafte Persönlich-
Heuchler   keit (245)
Stufe 9: Der gnadenlose
Rächer

Die zwanghafte Persönlichkeit [Typ eins ab Stufe 6]

Als Hauptmerkmal liegt dieser gestörten Persönlichkeit das Grundmuster des Perfektionismus und der Inflexibilität zugrunde [*PT*, S. 421ff.] …
Die betreffenden Menschen streben fortwährend nach Vollkommenheit, aber dieses Festhalten an ihren eigenen überstrengen und oft nicht einzuhaltenden Normen hindert sie oft daran, Aufgaben und Projekte wirklich zu Ende auszuführen. Wie gut auch ihre Leistung sein mag, sie erscheint ihnen meist nicht "gut genug" [*PT*, S. 423]. Sie halten sich zuviel mit Regeln, Ordnungskriterien, belanglosen Kleinigkeiten, Verfahren und

Formsachen auf, um einen umfassenden Überblick zu gewinnen [*PT,* S. 418].

Arbeit und Produktivität nehmen einen solchen Rang bei ihnen ein, daß Vergnügungen und zwischenmenschliche Beziehungen dabei zu kurz kommen [*PT,* S. 419]. Als kopflastige Verstandesmenschen haben sie für die gefühlsmäßigen Reaktionen anderer wenig übrig [*PT,* S. 423f.] Selbst Freizeitvergnügungen sind etwas, das geplant und erarbeitet werden muß …

Entscheidungen zögern sie lange hinaus, vielleicht aus einer tiefen Angst heraus, einen Fehler zu machen …

Menschen mit dieser Störung sind im allgemeinen übergewissenhaft, streng moralisch, peinlich genau und sehr kritisch sich selbst und anderen gegenüber [*PT,* S. 424f.] – sie halten es zum Beispiel für eine "Sünde und Schande", wenn Nachbarn das Fahrrad ihres Kindes im Regen stehenlassen.

Derart gestörte Menschen geizen mit ihren Gefühlen und mit ihren Besitztümern. Meist zeigen sie ihre Gefühle nicht, und sie machen auch selten Komplimente und Geschenke. Ihre zwischenmenschlichen Beziehungen haben etwas Konventionelles, Formelles, Ernstes an sich. Von anderen werden sie oft als geschraubt oder steif empfunden [*PT,* S. 418f.].

Verwandte Merkmale: Diese Menschen haben ein ungewöhnlich starkes Bedürfnis, im Besitz der Kontrolle zu sein [*PT,* S. 418] (*DSM III-R,* 354f.).

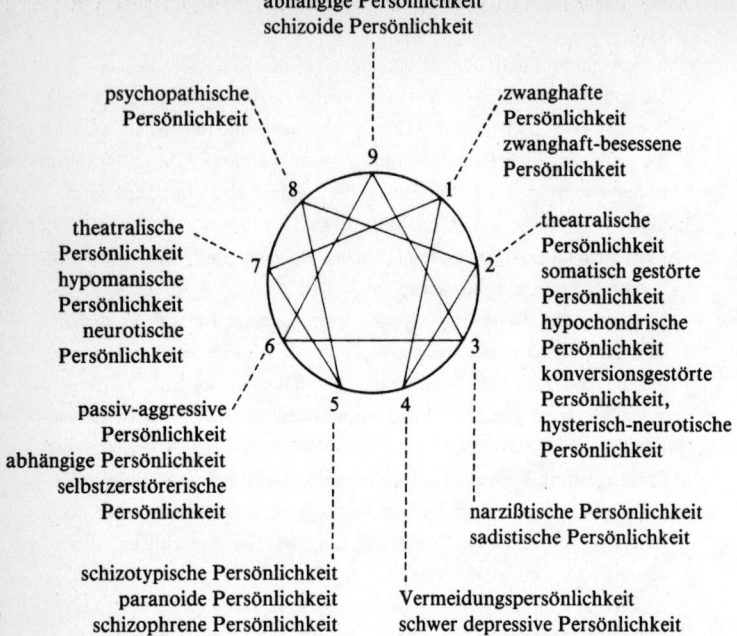

abhängige Persönlichkeit
schizoide Persönlichkeit

psychopathische
Persönlichkeit

zwanghafte
Persönlichkeit
zwanghaft-besessene
Persönlichkeit

theatralische
Persönlichkeit
hypomanische
Persönlichkeit
neurotische
Persönlichkeit

theatralische
Persönlichkeit
somatisch gestörte
Persönlichkeit
hypochondrische
Persönlichkeit
konversionsgestörte
Persönlichkeit,
hysterisch-neurotische
Persönlichkeit

passiv-aggressive
Persönlichkeit
abhängige Persönlichkeit
selbstzerstörerische
Persönlichkeit

narzißtische Persönlichkeit
sadistische Persönlichkeit

schizotypische Persönlichkeit
paranoide Persönlichkeit
schizophrene Persönlichkeit

Vermeidungspersönlichkeit
schwer depressive Persönlichkeit

Störungen nach dem Enneagramm und dem DSM III-R

318

8 Empfehlungen für das persönliche Wachstum

Viele Leute haben mich um besondere Empfehlungen gebeten, wie sie das Enneagramm für ihr persönliches Wachstum und die eigene Entwicklung anwenden können.

Natürlich können keine allgemeingültigen Ratschläge gegeben werden, die auch immer für den Einzelfall gelten würden. Sie müssen diese Vorschläge also auf Ihren eigenen Bedarf hin überprüfen, wie Sie ja auch bei den Typenbeschreibungen den Bezug zur eigenen Person herstellen müssen. Meine Empfehlungen sind kein Ersatz für die Selbsterkenntnis, sondern bestenfalls ein Mittel zum "Ankurbeln" des persönlichen Wachstums. Sie sind lediglich mögliche Quellen der Einsicht; um wirkliche Veränderungen in Gang zu setzen, müssen Sie stets selbst Disziplin und Beharrungsvermögen aufbringen. Die Empfehlungen allein können nicht dafür sorgen, daß sich in Ihrem Leben etwas bewegt. Meine Ratschläge sind nicht erschöpfend und sollen es auch nicht sein. Aber sie nützen Ihnen vielleicht etwas, indem sie Ihre Aufmerksamkeit auf typische Probleme lenken, an denen Sie dann arbeiten können. Unter Umständen sind sie auch eine Hilfe beim Enneagrammstudium in Gruppen, in der Therapie oder für Gespräche mit Angehörigen und Freunden über sich und Ihren Typ.

Im Grunde sollten derartige Empfehlungen unnötig sein, da sich beim Lesen der Beschreibungen Dutzende von Möglichkeiten auftun müßten, die als Ausgangspunkt für Veränderung und Wachstum genommen werden können. Wenn Sie zum Beispiel Typ sechs sind und lesen, daß sich "autoritäre Menschen vom Typus sechs bei der Verteidigung ihrer eigenen Gruppe ausschließlich von Vorurteilen leiten lassen, allen Außenseitern hef-

tig zusetzen und jeden voll Mißtrauen als möglichen Feind ansehen" (*PT,* S. 262), sollten Sie herauszufinden versuchen, wie
autoritär Sie sind, ob Sie mit "Siegermentalität" gegen andere
vorgehen, ob Sie mißtrauisch sind und so weiter. So wird aus
buchstäblich jedem Abschnitt der *Neun Typen der Persönlichkeit*
eine Quelle der Selbsterkenntnis, aber ganz von selbst auch ein
Hort von Empfehlungen, was im Sinne einer Veränderung getan
werden kann. Mit einem Wort: Wir sollten unsere negativen
Verhaltensweisen aufgeben und möglichst konstruktiv handeln.
Allerdings ist es ein Unterschied, ob Probleme erkannt werden
oder ob auch etwas getan wird, um sie zu lösen. Viele Menschen
werden ihre negativen Verhaltensweisen gar nicht als Problem
betrachten. Ohne entsprechenden Durchblick und die richtige
Beurteilung werden sie folglich nichts unternehmen können, um
sich zu ändern. Und auch für diejenigen, die sich bereits besser
zu kennen glauben, bleibt noch eine Menge zu tun.

> Bücher können uns wertvolle Informationen und Ratschläge geben,
> sie können uns neue Einsichten vermitteln, sie können uns ermuti-
> gen. Aber Wissen allein ist es nicht, was uns verändert. Wenn das so
> einfach wäre, dann wären die gebildetsten, belesensten Menschen
> auch die besten Menschen, aber wir wissen aus der Erfahrung, daß
> das keinesfalls zutrifft. Wissen wäre eine Tugend, aber das stimmt
> nicht. Mehr über uns zu wissen ist nur ein Hilfsmittel, das uns dem
> Ziel näherbringen kann, glücklich zu sein und ein gutes Leben zu
> führen; aber der Besitz des Wissens allein kann uns weder besser
> noch glücklicher, noch erfüllter machen.
> Bücher können keine Antwort auf all die Probleme geben, mit denen
> wir uns auseinandersetzen müssen, und uns nicht den Mut verleihen,
> den wir brauchen, wenn wir weiter Suchende sein wollen. Diese
> Dinge finden wir in uns, aber nicht nur in uns (*PT,* S. 24f.).

Ob wir als Mensch reifen oder nicht, hängt zum einen davon ab, ob wir einsehen, was wir verändern müssen, und zum anderen von unserer Motivation. Uns verändern zu wollen erfordert Mut, weil wir dabei Ängste wecken, mit denen wir uns bewußt auseinandersetzen müssen. Es ist nicht leicht, sich zu verändern, und jede Hilfe, die sich bietet, sollte willkommen sein. Wenn dieses Kapitel auch nur einen Schritt in die richtige Richtung weist, hat es bei aller Eingeschränktheit einen Nutzen.

DER VERÄNDERUNGSPROZESS

Bevor wir zu den Empfehlungen für das persönliche Wachstum kommen, sollten Sie sich vielleicht überlegen, wie Sie bei sich selbst Veränderungen einleiten können. Als erstes dürfte die folgende Übung hilfreich sein:

Sobald Sie sich dabei ertappen, wie Sie auf negative Denk- oder Verhaltensmuster verfallen, können Sie eine Version von Gurdjieffs "Stopp"-Übung durchführen. Gurdjieff beobachtete seine Schüler bei ihren verschiedenen Tätigkeiten und machte ihnen ihre gewohnheitsmäßigen Handlungen dadurch bewußt, daß er ihnen urplötzlich "Stopp!" gebot, woraufhin sie auf der Stelle in der Position erstarren mußten, die sie gerade innehatten, bis er ihnen erlaubte, in ihrem Tun fortzufahren.

Sie können eine ähnliche Übung durchführen, indem Sie sich jedesmal, wenn Sie etwas denken oder tun, das Ihnen ungut erscheint, "Stopp!" sagen und sofort damit aufhören. Sollten Sie zum Beispiel bemerken, daß Ihnen Ihr negatives Denken über sich selbst Ihre Energie raubt und Ihre Selbstachtung untergräbt, dann befehlen Sie sich, wann immer Ihnen Ihr negatives Denken bewußt wird, sofort damit aufzuhören. Wenn Sie verstanden haben, warum Sie so gedacht haben, sollten Sie weder weiter darüber nachsinnen noch harte Kritik an sich dafür üben, daß Sie überhaupt darauf verfallen sind, sich in Selbstanklagen zu ergehen. Hören Sie einfach auf, den Gedanken festzuhalten, und lassen Sie Ihren Geist frei werden von der Negativität, indem Sie Ihre Aufmerksamkeit dem zuwenden, was im gegenwärtigen Augenblick geschieht.

Diese "Stopp-Übung" verhilft uns dazu, uns unsere unterbewußten Denkmuster bewußtzumachen – die Gedanken, auf die wir aus Gewohnheit kommen, weil sie unser Selbstgefühl stärken. Da wir uns unserer selbst nicht voll bewußt sind und keine volle Kontrolle über uns haben, geht uns andauernd etwas im Kopf herum und erfüllt unseren Geist mit sinnloser Negativität, ohne daß wir es merken.

Es ist in der Tat erstaunlich, wie viele unserer Gedanken negativ sind – voller Wut, Haß und Groll –, und das spiegelt sich in dem wider, was Gurdjieff das "Hauptmerkmal" unseres Typs nannte. In der genaueren Terminologie der *Neun Typen der Persönlichkeit* reflektieren unsere negativen Gedanken nicht nur die charakteristische Untugend unseres Typs, sondern darüber hinaus die Entwicklungsstufe(n), die wir gerade durchlaufen. Es lohnt sich, sich seine typischen negativen Gedanken bewußtzumachen, aber noch wichtiger ist es, sich klarzumachen, wie oft sie sich einstellen. Sobald sie uns bewußt sind, werden wir merken, daß wir einen Großteil unserer Zeit und Kraft an negative Gedanken und die Auseinandersetzung mit ihren Folgen wenden. Wir werden auch allmählich verstehen, daß wir uns nie verändern werden, wenn wir nicht lernen, unser negatives Denken unter Kontrolle zu bringen. Veränderungen ergeben sich erst, wenn wir den negativen Gedanken die geforderte Aufmerksamkeit entziehen, so daß sie nach und nach ihre Macht über uns verlieren.

Durch die empfohlene Übung werden wir schließlich auch mit der Gewohnheit brechen können, uns mit unseren Gedanken und Gefühlen – oder anderen Ichbefindlichkeiten – zu identifizieren. Es ist wichtig, diese Unterscheidung zu treffen und aufzuhören, sich mit flüchtigen Zuständen zu identifizieren. Wir *sind nicht* unsere Gedanken und Gefühle (die sich jeden Augenblick verändern).

Zum zweiten müssen wir, um uns verändern zu können, *motiviert sein:* Wir müssen uns verändern *wollen.* Im allgemeinen wollen die meisten Leute so lange nichts in ihrem Leben verändern, bis sie absolut müssen. Die meisten von uns haben sich auf ein erträgliches Gleichgewicht zwischen Glück und Unglück, Frieden und Angst, dem Wunsch nach Veränderung und dem Wunsch nach Unveränderlichkeit eingependelt. Wir alle besitzen eine gewisse psychische Trägheit – die Tendenz, so zu bleiben, wie wir sind. Leider haben wir uns unter Umständen schon weit nach unten entwickelt, wenn wir uns Veränderungen widersetzen, bevor wir uns endlich aufraffen, etwas dagegen zu unternehmen. Aus einem bestimmten Blickwinkel betrachtet schützen uns Trägheit und Widerstand allerdings auch davor, unsere Zeit und Kraft an ständige Veränderungen zu verschwenden. Es wäre sinnlos, auf jede Situation mit einer entsprechenden Veränderung zu reagieren; wir brauchen ein gewisses Maß an Selbstbeherrschung, das uns leitet und uns davon abhält, uns grundlos zu verändern. Die Schwierigkeit ist die, daß wir uns vor einer Veränderung meist über den Punkt hinaus drücken, an dem sie fällig, ja überfällig gewesen wäre. Aus Angst, uns mit anderen Augen zu sehen, von alten Einstellungen und Abwehrmechanismen abzulassen und Veränderungen in unseren Beziehungen auszulösen, klammern wir uns an alte Gewohnheiten. Veränderung bedeutet, daß etwas Neues geschehen wird – daß wir uns auf unbekanntes Gebiet begeben –, und das macht uns angst (*PT, S. 501*). Außerdem stehen wir vor einem Risiko: Die angestrebte Veränderung schlägt vielleicht fehl; unter Umständen waren unsere Anstrengungen vergebens. Ohne weise Voraussicht und eine klare Vorstellung davon, welche Veränderungen vorgenommen werden sollten und welche nicht, geht es uns womöglich hinterher schlimmer als vorher.

Wir haben allerdings auch einen entschiedenen inneren Widerstand gegen Veränderungen, weil wir fürchten, wirklich frei zu sein. Wenn wir uns wirklich verändern und die schlechten Gewohnheiten ablegen würden, die uns so lange fesselten, was sollten wir dann mit der neugewonnenen Freiheit beginnen? Wenn wir wirklich selbst am Hebel säßen, was für Menschen wären wir dann freiwillig?

Während wir noch von unseren schlechten Gewohnheiten beherrscht werden, erhebt sich diese Frage so gut wie nie, aber paradoxerweise ist, wenn wir erst gesünder geworden sind, unsere wachsende Freiheit nicht nur unser schönster Lohn, sondern auch eine Quelle unserer größten Angst, was unsere weitere Entwicklung betrifft. Mit jedem Schritt, den wir in Richtung Integration tun, nimmt unsere Freiheit zu, bis wir vor der letzten Herausforderung stehen, uns für die wahre Freiheit zu entscheiden und eine erfüllte, kooperative Rolle in unserer eigenen Schöpfung zu übernehmen.

Viele Menschen beschreiten vielleicht den Pfad des Wachstums, um auf einmal intuitiv zu erkennen, wohin ihre wachsende Freiheit sie führt – in spirituelle Bereiche und zu größerer Verantwortlichkeit weit über ihren Normalzustand hinaus –, und Angst zu bekommen. Es wäre ihnen bei weitem angenehmer, wenn sie die Ketten ihrer Gewohnheit und Negativität nur ein wenig lockern könnten (da sie darunter leiden), ohne sie gleich abzuwerfen. Frei zu sein ist für die meisten von uns bedrohlicher als unfrei zu sein.

Drittens kann die Motivation zur Veränderung zweierlei Gestalt annehmen: Wir können durch unsere Wünsche positiv motiviert sein, weil wir das, was wir ersehnen, als "Plus" für uns ansehen, oder negativ durch unsere Sorgen, weil wir die Angst vermeiden wollen, die sie wecken. Wir sollten beide Motive zur Veränderung nutzen, die Wünsche und die Sorgen.

Was die negativen Motive betrifft, ist es nützlich, uns die Konsequenzen unseres Handelns auszumalen, wenn wir so weiterleben und -handeln wie bisher. Unter Umständen gewinnen wir daraus einen starken Eindruck, der so furchterregend ist, daß er Veränderungen auslöst. Darum sind die Beschreibungen der verschiedenen Stufen einer gestörten Entwicklung bei jedem Typ so unangenehm. Leiden kann ein guter Lehrmeister sein; auf jeden Fall fesselt es unsere Aufmerksamkeit. Die Beschreibungen sollen die unausweichliche Tatsache hervorheben, daß eine Neurose zerstörerisch wirkt, sowohl auf uns selbst als auch auf andere.

Auch wenn wir uns dessen nicht bewußt sein mögen, die Gesetze der Psyche nehmen ihren Lauf. Wie wir bereits in Kapitel 2 bei jedem Typ unter dem Stichwort "unvermeidliche Konsequenzen" gesehen haben, hat eine Egoinflation die unausweichliche Folge, daß wir das aufgeben, was wir am meisten ersehnen, und gleichzeitig genau das über uns bringen, was wir am meisten fürchten. Dieser Prozeß spult sich automatisch ab, während wir die verschiedenen Entwicklungsstadien zur gestörten Persönlichkeit hin durchlaufen. Die sichere Aussicht darauf und eine klare Vorstellung davon, was geschehen wird, wenn wir diesen Weg weitergehen, dürften genügen, um uns zum Frösteln zu bringen und uns so zu erschrecken, daß wir veränderungswillig sind.

Die negative Seite der Motivation allein reicht jedoch nicht aus. Wir mögen zwar erkennen, daß etwas im argen liegt und wir in Gefahr sind, aber keinen Ausweg aus dieser mißlichen Lage sehen. Wenn uns zum Beispiel in einem Käfig ein Tier verfolgt, genügt es nicht, zu wissen, daß es sich um einen Löwen handelt – wir müssen auch wissen, wo die Käfigtür ist und daß wir fliehen können. Es reicht nicht, angesichts der eigenen neurotischen Tendenzen Angst zu bekommen; vielmehr müssen wir uns klarmachen, daß es ein besseres Leben gibt und daß uns unsere gesunden Impulse in Richtung von etwas Gutem weisen, das uns erfüllen wird.

An diesem Punkt hilft die Auslegung des Enneagramms, die Kräfte herauszufinden, die wir mobilisieren müssen, indem es uns die positiven Eigenschaften unseres Persönlichkeitstyps vor Augen führt. Es tut aber noch mehr, denn es zeigt uns die Richtung zur Integration hin und damit die vielen Kräfte an, die uns zur Verfügung stehen, wenn wir diese Richtung einschlagen und in einer Aufwärtsspirale von Typ zu Typ weiterwachsen. Der Blick auf die gesunden Möglichkeiten eines jeden Typs sollte wenigstens soviel Begeisterung dafür in uns wecken, wie der Blick auf eine Neurose uns von dieser Möglichkeit abschrecken sollte.

Das Enneagramm ist also auf dreierlei Weise von Nutzen: Erstens können wir mit seiner Hilfe unsere Stärken und Schwächen herausfinden; zweitens gibt es uns deutlich zu verstehen, welchen Preis wir auf die Dauer zahlen, wenn wir unser Ego aufblähen und vom echten Wachstum abkommen; und drittens verhilft es uns zur sicheren Erkenntnis, daß es eine positivere Art zu leben gibt. Eins ist gewiß: Wir verändern uns. Entweder machen wir Fortschritte, oder wir machen Rückschritte – unverändert bleiben wir jedenfalls nicht. Wenn wir uns dahingehend verändern wollen, daß wir weiterwachsen, müssen wir lernen, das zu wünschen, was wirklich das Rechte für uns ist, und den Mut haben, unseren Ängsten die Stirn zu bieten, statt ihnen zu unterliegen. Unser sicherster Wegweiser ist die Selbsterkenntnis, aus der heraus wir wissen, was wirklich gut für uns ist.

EMPFEHLUNGEN FÜR PERSÖNLICHKEITSTYP ZWEI

1. Fragen Sie sich einmal, was andere eigentlich brauchen, und helfen Sie ihnen dann, es zu erreichen. Wenn Sie anderen das geben, was sie wirklich brauchen – nicht, was sie unbedingt wollen oder was ihnen Ihres Erachtens gefallen würde –, werden Sie nicht nur eine echte Hilfe sein, sondern dadurch, daß Sie sich auf reale Bedürfnisse konzentrieren, auch nicht mit sich selbst oder mit anderen in Konflikt geraten.

2. Machen Sie sich keine Gedanken darum, ob Ihre Güte und Uneigennützigkeit anziehend auf andere wirkt oder nicht. Fördern Sie echte Begabungen, und ermutigen Sie wahre Stärke. Seien Sie großzügig und freigebig, ohne Gegenleistungen zu erwarten. Wenn Sie wirklich gut sind, werden andere das mit Sicherheit bemerken und sich an Sie wenden. Auch noch soviel Schmeicheln wird Ihnen keinen Platz im Leben eines anderen Menschen sichern, wenn Sie diesen mit List und Tücke ansteuern.

3. Versuchen Sie, sich Ihre eigentlichen Motive bewußtzumachen, Ihren Hang, Kontrolle über andere auszuüben, Ihre Aggressivität, Ihre spitze Zunge und andere negative Eigenschaften Ihrer Persönlichkeit. Diese teilen sich anderen mit und sind genau die Charakterzüge, die Ihren Wunsch vereiteln, sich eng an andere anzuschließen.

4. Widerstehen Sie der Versuchung, Aufmerksamkeit auf sich

und Ihre Wohltaten zu ziehen. Wenn Sie etwas für andere getan haben, erinnern Sie sie nicht immer daran. Lassen Sie es einfach geschehen: Entweder erinnern sie sich von selbst an Ihre Freundlichkeit und danken Ihnen auf ihre Weise oder nicht. Ständig darauf aufmerksam zu machen, was Sie für die Leute getan haben, bringt diese nur in eine peinliche Lage und ist ihnen unangenehm. Damit ist niemandem gedient, auch nicht Ihren Beziehungen.

5. "Tun" Sie nicht dauernd etwas für andere, und versuchen Sie vor allem nicht, andere durch Geschenke oder unverdientes Lob dazu zu bringen, Sie zu lieben. Versagen Sie aber auch nicht mit scharfen Worten Ihre Dienste, wenn andere nicht so reagieren, wie Sie es gern hätten. Machen Sie das, was Sie für andere tun, nicht davon abhängig, wie sie sich Ihnen gegenüber verhalten. Leisten Sie Hilfe, wenn Sie darum gebeten werden, besonders zur Selbsthilfe.

6. Es ist verlockend, neue Freunde kennenzulernen und deren Gesellschaft zu genießen. Das Hochgefühl einer neuen Liebe ist natürlich sehr erregend, aber dabei leidet womöglich Ihre Fürsorge für diejenigen, die schon länger auf Sie angewiesen sind. Außerdem sollten Sie Ihren Hauptverpflichtungen (gegenüber Partner und Kindern zum Beispiel) zuerst nachkommen, ehe Sie Ihre Zeit neuen Beziehungen widmen.

7. Es dürfte von Vorteil für Sie sein, mehr hinter den Kulissen zu wirken und Gutes für andere zu tun, ohne daß diese es überhaupt merken. Denken Sie immer daran, daß es ein Privileg ist, eine Rolle im Leben anderer spielen zu dürfen, und nicht etwas, das Sie als Ihr gutes Recht ansehen könnten.

8. Belegen Sie Ihre Freunde nicht so mit Beschlag, als gehörten sie Ihnen allein, sondern gönnen Sie auch anderen die Freude, mit ihnen zusammenzusein, ebenso wie Sie von Ihren Freun-

den angenommen worden sind. Denken Sie daran: Wenn Ihre Gefühle füreinander aufrichtig sind, ist genug Liebe für alle da. Aufrichtige Liebe ist das einzige, was trotz allen Spendens nie versiegt.

9. Machen Sie sich nach Möglichkeit bewußt, wie gemischt Ihre Beweggründe in Wahrheit vielleicht sind: Oft sind sie natürlich lauter, aber bisweilen verbergen sich hinter dem, was Sie für andere tun, eigene, egoistische Wünsche. Sorgen Sie dafür, daß Sie anderen aus völlig lauteren, uneigennützigen Motiven helfen. Wichtig ist auch, daß Sie sich nicht hinter vermeintlich guten Absichten verstecken, obwohl Sie wissen, daß Sie gar keine so lauteren Absichten haben. Vergessen Sie nicht, daß Sie letztlich nicht nach den Absichten beurteilt werden, die Sie zu haben behaupten, sondern nach Ihren Taten.

10. Andere selbstlos lieben zu können ist etwas Außergewöhnliches – eine der erhabensten Tugenden des Menschen. Mit der Fähigkeit, andere uneigennützig zu lieben, sind Sie ein außergewöhnlicher Mensch. Wenn Sie etwas aus Ihrer großartigen Veranlagung, ein Herz für andere zu haben, machen, werden Sie nie ganz fehlgehen – Sie werden sogar eine Menge Gutes tun können in Ihrem Leben. Andere werden sich sicher zu Ihnen hingezogen fühlen, weil Sie das besitzen, was jeder begehrt: die Fähigkeit, andere so zu lieben und zu würdigen, wie sie sind.

EMPFEHLUNGEN FÜR PERSÖNLICHKEITSTYP DREI

1. Seien Sie in Ihren zwischenmenschlichen Beziehungen nachsichtig und kooperativ. Geben Sie nie der Versuchung nach, andere herunterzuputzen, sie in Gesellschaft zu schneiden

oder ihnen das Gefühl zu geben, sie wären Ihnen unterlegen. Nehmen Sie Rücksicht auf ihre Gefühle und Bedürfnisse. Wenn Sie das tun, werden Sie liebevoller und ein treuerer Freund – und ein viel angenehmerer Mensch.

2. Sie müssen unbedingt bei der Wahrheit bleiben. Seien Sie anderen gegenüber ehrlich, was Ihre Leistungen angeht, ohne in irgendeiner Weise aufzuschneiden oder zu übertreiben. Widerstehen Sie auch der Versuchung, andere beeindrucken zu wollen und sich wichtig zu machen. Sie werden einen stärkeren Eindruck hinterlassen, wenn Sie ehrlich sind, statt sich mit Ihren Erfolgen und Leistungen zu brüsten.

3. Seien Sie vertrauenswürdig. Bemühen Sie sich, Geheimnisse und Vertrauliches für sich zu behalten, und widerstehen Sie dem Verlangen, etwas, das Ihnen anvertraut wurde, für sich auszuschlachten. Halten Sie ein Auge auf Ihre Neigung, mit anderen ein doppeltes oder falsches Spiel zu treiben.

4. Entwickeln Sie ein soziales Gewissen. Sie sind Teil eines Sozialgefüges und schulden Ihrer Gemeinde etwas für das, was Ihnen zufällt. Machen Sie sich bewußt, daß Sie Anspruch auf die Erfüllung Ihrer Wünsche zu haben glauben, auch auf Kosten anderer. Ihr Typ neigt leider dazu, andere auszunutzen und Vorteil aus bestimmten Situationen zu schlagen. Seien Sie bereit, ebensoviel zu geben, wie Sie bekommen, vielleicht sogar mehr.

5. In ihrem Verlangen, von anderen akzeptiert zu werden, passen sich manche durchschnittliche Dreien so sehr den in sie gesetzten Erwartungen an, daß sie mit Recht als "Klone" bezeichnet werden können und absolut nichts von dem "höheren" Menschen an sich haben, als den sie sich selbst sehen. Entwickeln Sie sich weiter, indem Sie dagegen angehen, das zu tun, was Anklang findet, nur weil Sie selbst Anklang finden

wollen. Machen Sie von Ihren guten Begabungen Gebrauch und kommen Sie zu eigenen Einstellungen und Wertvorstellungen.

6. Unterstützen und ermutigen Sie andere. Statt selbst Aufmerksamkeit und Bewunderung erregen zu wollen, sollten Sie lieber anderen Aufmerksamkeit und Bewunderung zollen, besonders wenn sie es verdienen. Paradoxerweise werden Sie sich selbst auch wohler in Ihrer Haut fühlen, wenn Sie lernen, andere zu schätzen. Ihre Beziehungen werden glücklicher und befriedigender sein, sobald Sie diese nicht mehr auf Wettbewerb, sondern auf Kooperation gründen. Als Freund werden Sie erheblich gewinnen, wenn Sie anderen ebensoviel Aufmerksamkeit und Bestätigung zukommen lassen, wie Sie selbst erhalten.

7. Sie besitzen viel Energie und Sinn für Humor, sind ein Organisationstalent und sorgen für Fröhlichkeit, meist durch Ihre bloße Gegenwart und gute Laune. Nutzen Sie diese Vorzüge zum Wohl der Gruppen, denen Sie angehören, und deren einzelner Mitglieder, so daß diese sich unter Ihrer Obhut weiterentwickeln und ihre Möglichkeiten voll ausschöpfen können.

8. Leider geraten Dreien leicht in helle Wut, wenn sie das Gefühl haben, von anderen in irgendeiner Weise gekränkt zu werden. Ihr übersteigertes Selbstwertgefühl verursacht in vielen ihrer Beziehungen Probleme. Sollte das auch auf Sie zutreffen, machen Sie sich einmal klar, wie aufgeblasen Ihre Erwartungshaltung im Grunde ist. Wenn andere Ihre Leistungen lobenswert finden, werden sie Ihnen das auch sagen. Und wenn Sie nicht so gepriesen werden, wie Sie es gern hätten, könnte es ja sein, daß Ihre Leistungen nicht so großartig sind, wie Sie meinen. Passen Sie auf, daß Sie das, was Sie tun, nicht

überbewerten, und erwarten Sie nicht immer höchstes Lob.

9. Wenn er unbeachtet bleibt, wird Ihr Hang, mit anderen zu konkurrieren, allmählich dafür sorgen, daß Sie immer mehr Feindseligkeit und Verachtung zu spüren bekommen. Dieser Hang ist die Wurzel vieler Konflikte und die Ursache für viele Ihrer Frustrationen. Sie wären in jeder Hinsicht in Ihrem Leben erfolgreicher, wenn Sie von diesen negativen Gefühlen ablassen könnten.

10. Wie alle Typen haben auch Dreien spirituelle Fähigkeiten und müssen sich bestmöglich weiterentwickeln. Viele Ihrer Stärken weisen schon in diese Richtung, also folgen Sie ihnen doch einfach! Lassen Sie sich nicht dadurch aus der Bahn werfen, daß Sie sich mit anderen vergleichen oder sich über deren Erfolg ärgern. Wenn Sie Ihre Aufmerksamkeit und Fähigkeiten lohnenden Zielen widmen (besonders dem Wohl anderer), sind Sie als Mensch auf dem besten Wege nach oben und haben es absolut nicht mehr nötig, Vergleiche mit anderen anzustellen. Kurz: Machen Sie das Beste aus sich – und kümmern Sie sich nicht um die anderen.

EMPFEHLUNGEN FÜR PERSÖNLICHKEITSTYP VIER

1. Schenken Sie Ihren Gefühlen nicht soviel Aufmerksamkeit; sie sind Ihnen nicht gerade förderlich, wie Sie wohl selbst wissen. Behalten Sie immer folgendes im Sinn: "Aus unserer jetzigen Perspektive können wir sehen, daß einer der entscheidendsten Fehler der Menschen von Typus vier darin liegt, sich selbst mit ihren Gefühlen gleichzusetzen. Ihr Trugschluß besteht darin, daß sie glauben, um sich selbst zu verstehen, müßten sie ihre Gefühle verstehen, vor allem ihre negativen,

und erst dann könnten sie handeln. Ein Mensch vom Typus vier erkennt nicht, daß sein Selbst nicht mit seinen Gefühlen gleichzusetzen ist, oder daß das Vorhandensein negativer Gefühle das Gute in ihm nicht ausschließt" (*PT,* S. 196f.). Denken Sie stets daran, daß Ihre Gefühle Ihnen nur etwas über Sie selbst vermitteln, wie Sie jetzt gerade sind, mehr wohl kaum.

2. Verschieben Sie nichts auf später, bis Sie meinen, "in der rechten Stimmung" zu sein. Beschäftigen Sie sich mit einer produktiven, sinnvollen Arbeit, die ein Beitrag zu Ihrem und dem Besten anderer ist, wie klein er auch sein mag. Eine dauerhafte Tätigkeit in der realen Welt wird den Rahmen für Sie schaffen, in dem Sie sich selbst und Ihre Begabungen entdecken können. (Sie sind im Grunde am glücklichsten, wenn Sie arbeiten – das heißt, Ihre Möglichkeiten ausschöpfen und sich selbst verwirklichen.) In einem Vakuum oder im Warten auf eine plötzliche Eingebung werden Sie wohl kaum zu sich selbst finden, verlieren Sie also nicht den Anschluß an die Realität, sondern "bleiben Sie dran".

3. Nur durch positive Erfahrungen werden Sie mehr Selbstachtung und mehr Selbstvertrauen entwickeln, auch wenn Sie nicht an die Möglichkeit solcher Erfahrungen glauben. Begeben Sie sich deshalb auf den Weg der Besserung. Beschäftigen Sie sich mit etwas, das Ihnen gut tut. Sie werden wahrscheinlich nie das Gefühl haben, irgendeine Herausforderung annehmen zu können, sondern meinen, immer mehr Zeit zu brauchen. (Vieren haben typischerweise nie das Gefühl, etwas "im Griff zu haben", aber sie müssen den Mut aufbringen, damit aufzuhören, sich ihr Leben kaputtzumachen.) Selbst wenn Sie klein anfangen müssen, sollten Sie sich zu einer Tätigkeit aufraffen, die das Beste aus Ihnen herausholt.

4. Eine gesunde Selbstdisziplin kann unterschiedlichste Formen annehmen und beispielsweise im Festhalten an einer bestimmten Schlafenszeit, einer geregelten Arbeitszeit und regelmäßigem Körpertraining bestehen; sie wird Ihre Kräfte immer mehr stärken. Da Sie sich diese Disziplin selbst auferlegen, werden Sie dadurch auch nicht in Ihrer Freiheit oder Individualität eingeschränkt. Sinnenlust, exzessives Sexualverhalten, übermäßiger Alkohol- und Drogenkonsum, zuviel Schlaf und eine allzu blühende Phantasie hingegen haben eine nachteilige Wirkung auf Sie, wie Sie sicher wissen. Darum sollten Sie eine gesunde Selbstbeherrschung an den Tag legen und dabei bleiben.

5. Vermeiden Sie es, im Geiste lange Selbstgespräche zu halten, insbesondere, wenn der Inhalt negativ, voller Groll oder auch allzu romantisch ist. Diese Art von Gesprächen ist in höchstem Maße unrealistisch und bestenfalls als Vorübung zum Handeln zu betrachten – obwohl Sie ja, wie Sie wohl wissen, fast nie das sagen oder tun, was Sie sich vorstellen. Statt Ihre Zeit daran zu wenden, sich Ihr Leben und Ihre Beziehungen nur vorzustellen, sollten Sie endlich danach leben.

6. Sprechen Sie einmal offen mit jemandem, dem Sie vertrauen. Das kann ein Therapeut sein, muß aber nicht. Dabei müssen Sie Ihre Gefühle spontan zum Ausdruck bringen können, und Ihr Gegenüber muß aufrichtig reagieren. Womöglich entdecken Sie dann, daß Sie gar nicht so anders, gar kein solcher Außenseiter sind, wie Sie manchmal meinen. Paradoxerweise ist die sicherste Möglichkeit für Sie, zu sich selbst zu finden, die Beziehung mit einem anderen Menschen.

7. Eine Tätigkeit, die dem Gemeinwohl dient, dürfte Ihnen Ihre Hemmungen nehmen und dafür sorgen, daß Sie sich in einem anderen Licht sehen. Es gibt lauter gute Seiten an Ihnen, die

Sie verbergen, vielleicht sogar vor sich selbst. Finden Sie heraus, was das für Seiten sind, indem Sie sich praktisch betätigen.

8. Ergehen Sie sich nicht in Selbstmitleid oder Klagen über Ihre Eltern, in Gedanken an Ihre unglückliche Kindheit, an eine unerfüllte Vergangenheit, an gescheiterte Beziehungen, und jammern Sie nicht, niemand würde Sie verstehen. Irgend jemand würde Sie sicher verstehen, wenn Sie sich nur die Mühe machen würden, sich mitzuteilen. (Eine der bei Typ vier oft vorliegenden Störungen ist die, zu behaupten, während des Heranwachsens geschädigt worden zu sein und darum realistischen Erwartungen in keiner Weise entsprechen zu müssen.) Versetzen Sie Ihrer Selbstachtung nicht selber den Todesstoß: Dann wird alles nur noch schlimmer für Sie.

9. Nehmen Sie nicht immer alles so persönlich – seien Sie nicht so überempfindlich und schnell gekränkt, nur weil Sie jede Bemerkung gleich auf sich beziehen. Selbst wenn Sie gelegentlich damit recht haben, brauchen Sie es nicht im Geiste immer wieder durchzukauen. Schließlich entspricht eine kritische oder abfällige Bemerkung über Sie niemals der ganzen Wahrheit. Sie sollten also eher die Bemerkungen anderer kritisch betrachten als sich selbst. Dazu würde auch gehören, daß Sie lernen, sich besser zu verteidigen, spontan etwas zu sagen und sich nicht von anderen übervorteilen zu lassen.

10. Sie sind anderen ein besserer Freund als sich selbst. Was Sie sich selbst sagen oder antun, würden Sie einem anderen nicht im Traum sagen oder antun. Sie sind sich selbst gegenüber feindseliger und geringschätziger und weniger an Ihrem Wohlergehen interessiert, als gut ist. Im Grunde fällt es Ihnen leichter, sich für das Leben von jemand anders zu interessieren

als für das eigene. Auch wenn es abgedroschen klingt: Sie sollten sich mit sich selbst anfreunden. Treten Sie für sich selbst ein, und geben Sie sich eine Chance!

EMPFEHLUNGEN FÜR PERSÖNLICHKEITSTYP FÜNF

1. Sie wollen Ihre Umwelt verstehen, aber Sie erhalten ein völlig falsches Bild, wenn Sie eine vorgefaßte Meinung von der Wirklichkeit haben, statt sich erst durch Beobachtung eine Meinung zu bilden. Darum sollten Sie weniger analysieren und mehr beobachten. Nutzen Sie Ihre Begabungen lieber zum Beobachten, statt sich dauernd phantastische Theorien und endlose Spekulationen durch den Kopf gehen zu lassen.

2. Sie sind im allgemeinen so verspannt und nervös, daß Sie Schwierigkeiten haben, sich zu entspannen und abzuschalten. Bemühen Sie sich darum, auf gesunde Weise, ohne Drogen oder Alkohol, ruhiger zu werden. Körpertraining und Bio-feedback-Methoden werden Ihnen helfen, einiges von Ihrer ungeheuren nervösen Energie umzuleiten. Meditation, Jogging, Yoga und Tanzen sind für Ihren Typ ebenfalls besonders zu empfehlen.

3. Sie sehen unter Umständen viele Möglichkeiten, wissen jedoch oft nicht, wie Sie darunter wählen sollen oder wie Sie beurteilen, welche Vorrang genießen sollten und welche nicht. Selbst durchschnittlichen Fünfen fehlt der Blick für die Perspektiven und damit die Fähigkeit, ein zutreffendes Urteil zu fällen. Rat von jemandem anzunehmen, dem Sie vertrauen, wird Ihnen wahrscheinlich schwerfallen, würde sich jedoch lohnen, da Sie dadurch nicht nur in der eigenen Urteilskraft bestärkt werden, sondern auch Vertrauen zu ei-

nem anderen Menschen fassen, was für Ihren Typ meist ein Problem ist.

4. Ziehen Sie keine voreiligen Schlüsse. Manche Menschen von Typ fünf neigen dazu, sich bereits aufgrund relativ unbedeutender Informationen eine Meinung zu bilden. Und wenn sie neue Informationen erhalten, lassen sie diese unberücksichtigt und bleiben bei ihrem ersten, kaum begründeten Urteil, statt ihre Meinung zu ändern. Denken Sie über diese Neigung nach, denn sie macht Ihnen in vielerlei Hinsicht Schwierigkeiten, nicht zuletzt in Ihren Beziehungen. Oder, um diese Empfehlung anders auszudrücken: Seien Sie aufgeschlossen und versuchen Sie nach besten Kräften, anderen eine zweite Chance zu geben, besonders dann, wenn Sie Neues über sie in Erfahrung bringen.

5. Fünfen haben meist Schwierigkeiten, anderen zu vertrauen, sich emotional zu öffnen und auf die eine oder andere Weise zugänglich zu sein. Ihr Vorgefühl, daß es in ihren Beziehungen Probleme geben könnte, wirkt wie eine sich selbst erfüllende Prophezeiung. Sie dürfen nie vergessen, daß Konflikte mit anderen nichts Ungewöhnliches sind und daß es gut und richtig wäre, sich damit auseinanderzusetzen, statt einer Bindung an andere auszuweichen und sich lieber zu isolieren. Einen oder zwei gute Freunde zu haben, denen Sie genug vertrauen, um auch Konflikte mit ihnen auszutragen, wird Ihr Leben ungemein bereichern.

6. Versuchen Sie, mehr mit anderen zusammenzuarbeiten, statt ein Einzelgänger zu bleiben. Das mag Ihnen zwar gegen den Strich gehen, aber es dürfte sehr lehrreich für Sie sein, anderen Ihre Unterstützung und Ihr Mitgefühl zu gewähren. Geben Sie auch nach Möglichkeit anderen gegenüber ruhig einmal nach, ohne gleich das Gefühl zu haben, intellektuell Ihren

Meister gefunden oder Ihren Schwachpunkt preisgegeben zu haben.

7. Manche Fünfen schaffen es, anderen durch ihre Gegenwart Unbehagen zu bereiten. Da sie vollkommen in dem aufgehen, was sie interessiert, und ihre eigenen Ideen so faszinierend finden, vergessen sie meist die gesellschaftlichen Formen, die anderen den Umgang mit ihnen erleichtern. Wenn das auf Sie zutreffen sollte, denken Sie daran, daß Ihre intellektuellen Höhenflüge auf andere oft einschüchternd wirken (Sie sind wahrscheinlich stolz darauf und benutzen Ihre geistige Überlegenheit dazu, sich von anderen Menschen abzusetzen). Statt voller Interesse das Gespräch mit Ihnen zu suchen, fühlen sich Ihre Mitmenschen unnötigerweise in den Schatten gestellt.

8. Sie schauen leicht auf andere herab, die Sie für weniger intelligent als sich selbst halten. Doch auch wenn diese Menschen nicht ganz so klug sind wie Sie, heißt das nicht automatisch, daß sie dumm sind und ihre Ideen nichts taugen. Versuchen Sie, die intellektuelle Beschränktheit anderer zu tolerieren, ohne in Ihrem Urteil zynisch oder verletzend zu sein. Vergessen Sie nicht, daß es verschiedene Arten von Intelligenz gibt und daß Sie, auch wenn Sie durch Ihre intellektuellen Fähigkeiten anderen überlegen sein mögen, kein Recht haben, irgend jemandem gegenüber herablassend oder abweisend zu sein. Nutzen Sie Ihre Begabungen für statt gegen andere.

9. Wenn andere anfangen, Sie zu schneiden oder sich Ihnen gegenüber feindlich zu verhalten, sollten Sie die Möglichkeit in Betracht ziehen, daß Sie – und nicht die anderen – mit den Feindseligkeiten begonnen haben. Gehen Sie in sich und finden Sie heraus, inwiefern Sie selbst zu den sozialen Konflikten beigetragen haben.

10. Sie besitzen eine außerordentliche Verstandeskraft. Überlegen

Sie sich Möglichkeiten, wie Sie auch mehr Mitgefühl für andere entwickeln können, um zu verstehen, was diese Menschen von ihrem Standpunkt aus durchmachen. Wenn Sie Ihr einsichtsvolles Verständnis für andere mitleidig und besorgt zum Ausdruck bringen, kommen Ihre zarteren Gefühle zum Tragen und glätten Ihre scharfen Kanten. Sie werden vertrauensvoller, entspannter und glücklicher sein, wenn Sie sich mit anderen Menschen identifizieren, statt sie aus der Ferne zu analysieren. Gebrauchen Sie nicht bloß Ihren Verstand – folgen Sie öfter Ihrem Herzen: So werden Sie als Mensch ausgeglichener.

EMPFEHLUNGEN FÜR PERSÖNLICHKEITSTYP SECHS

1. Denken Sie daran, daß es nichts Ungewöhnliches ist, ängstlich zu sein, da jeder ängstlich ist – und viel häufiger, als Sie vielleicht denken. Lernen Sie, von Ihrer Angst Gebrauch zu machen, sie zu erforschen, sich mit ihr anzufreunden. Gehen Sie schöpferisch mit Ihren Spannungen um, ohne Ihre Ängste durch übermäßigen Alkoholgenuß (oder andere Drogen) zu betäuben. In gewissen Grenzen kann Angst eine Kraftquelle sein, eine Art Lebenselixier, das Sie zur Produktivität anspornt und Ihnen bewußtmacht, was Sie tun.

2. Seien Sie nach Möglichkeit nicht so abweisend und gereizt. Sie werden leicht spitz, wenn Sie sich aufregen oder ärgern, und neigen dazu, andere zu kritisieren und ihnen die Schuld für Dinge in die Schuhe zu schieben, die Sie selber verursacht haben. Widerstehen Sie bei einer Anwandlung von schlechter Laune Ihrem Hang, zu jammern und negativ zu denken – und schließlich selbstzerstörerisch zu handeln. Machen Sie sich

klar, daß Sie oft selbst Ihr ärgster Feind sind und sich selber mehr schaden als andere.

3. Unter Streß und Angstgefühlen neigen Sechsen zu Überreaktionen. Versuchen Sie herauszufinden, warum Sie so übertrieben reagieren. Machen Sie sich auch klar, daß fast nichts von dem, was Sie bisher so sehr gefürchtet haben, eingetreten ist, außer wenn Sie diesem Gefürchteten selbst Vorschub geleistet und es ausgelöst haben. (Sollten die Dinge wirklich einmal so schlimm sein, wie Sie glauben, können Sie immer noch eine Möglichkeit finden, das Beste daraus zu machen, wenn Sie nur wollen.)

4. Üben Sie sich darin, Vertrauen zu gewinnen. Es gibt bestimmt einige Leute in Ihrem Leben, an die Sie sich halten können, denen Sie am Herzen liegen und die vertrauenswürdig sind. Falls nicht, geben Sie sich einen Ruck und suchen Sie sich einfach jemanden, dem Sie sich vertrauensvoll anschließen. Damit riskieren Sie zwar, abgelehnt zu werden und einige Ihrer tiefsten Ängste ans Licht zu bringen, aber dieses Risiko lohnt sich. Sie haben die Gabe, auf andere anziehend zu wirken, aber Sie sind unsicher und haben vermutlich Angst, sich zu verpflichten. Schaffen Sie also klare Verhältnisse in Ihren Beziehungen. Lassen Sie andere Menschen wissen, was Sie von ihnen halten.

5. Andere denken wahrscheinlich besser von Ihnen, als Ihnen bewußt ist, und nur wenige Menschen dürften wirklich etwas gegen Sie haben. Im Grunde sagen Ihnen Ihre Ängste mehr über Ihre eigene Einstellung zu anderen als über deren Einstellung zu Ihnen.

6. Übernehmen Sie auf angenehmere, reifere Weise Verantwortung. Menschen, die die Verantwortung für ihr Handeln tragen, besonders wenn sie einen Fehler gemacht haben, werden

geachtet. Wenn Sie sich an der Verantwortung vorbeimogeln, werden Sie sich damit nur Feinde machen, und man wird den Respekt vor Ihnen verlieren.

7. Sie wollen sich sicher fühlen, aber solange Sie nicht selbstsicher sind, wird das nie der Fall sein. Sechsen rutschen leicht in negative Denkmuster ab, die sie durch ihre Ängste und Sorgen aufrechterhalten. Sie müssen sich darauf konzentrieren, selbstbewußter zu werden – sie müssen zu einem realistischen Glauben an sich selbst und die eigenen Fähigkeiten kommen. Wenn Sie selbst schon nicht an sich glauben, werden andere Leute das wahrscheinlich erst recht nicht tun. Sie stehen letztlich vor der herausfordernden Aufgabe, sich gute Gründe vor Augen zu halten, an sich selbst zu glauben, damit Sie mit dieser Selbstüberzeugung nicht nur Ihre Ängste überkompensieren.

8. Seien Sie nicht so autoritätsgläubig nach dem Motto: "Ich befolge strikt Ihre Anweisungen." Sich bei Autoritätspersonen und Vorgesetzten einzuschmeicheln bringt Ihnen auf die Dauer nur Nachteile gegenüber Leuten, an die anzuschließen sich lohnen würde. Wenn jemand nach einem Mitspieler sucht, der alles zu tun bereit ist, was er sagt, sollten nicht Sie das sein. Er würde Sie sehr wahrscheinlich fallenlassen, sobald Sie entbehrlich geworden sind. Und vergessen Sie nicht, daß Sie bei dieser Art von ergebenem Mitmachen letztendlich weniger an Sicherheit und Selbstachtung gewinnen, als Sie gehofft hatten.

9. Was andere aufregt und Ihre Beziehungen untergräbt, sind die unbestimmten Signale, die von Ihnen ausgehen, die völlig unklaren Anzeichen Ihrer wahren Einstellungen und Wünsche. Seien Sie fair und sagen Sie anderen, was Ihnen im Sinn liegt, denn sonst wirken Sie unverständlich, unentschlossen

oder abwehrend. All das verursacht Konflikte und Spannungen im zwischenmenschlichen Bereich.

10. Es ist mutig, wenn Sechsen einmal den Mund aufmachen, insbesondere gegenüber Autoritätspersonen – etwa gegenüber dem Chef oder gegenüber jemandem, auf dessen Beistand und Wohlwollen sie angewiesen sind. Sechsen fällt es sehr schwer, Kritik und Ablehnung zu riskieren, aber manchmal haben sie keine andere Wahl. Sollten Sie einmal deutlich werden, dann fallen Sie möglichst nicht ins andere Extrem und werden heftig oder ausfallend. Vermutlich haben Sie große Schwierigkeiten, gelassen zu bleiben, aber das wäre ein Zeichen für wirkliche innere Reife.

EMPFEHLUNGEN FÜR PERSÖNLICHKEITSTYP SIEBEN

1. Seien Sie nicht so impulsiv. Gewöhnen Sie sich lieber an, erst einmal abzuwarten, statt gleich dem ersten Impuls nachzugeben. Das bedeutet für Sie, die Mehrzahl Ihrer Impulse einfach zu ignorieren, bis Sie schließlich besser beurteilen können, welchen Sie folgen sollten. Je mehr Sie der Versuchung widerstehen, aus einem Impuls heraus zu handeln, um so mehr Kontrolle erhalten Sie über sich selbst, und um so fester können Sie sich auf das konzentrieren, was wirklich gut für Sie ist.

2. Lernen Sie, anderen zuzuhören. Oft handelt es sich um interessante Leute, und Sie werden manches erfahren, das Ihnen neue Horizonte eröffnet. Sie sollten sich auch darin üben, Stille und Einsamkeit zu genießen: Sie brauchen sich nicht durch die andauernde Geräuschkulisse von Funk und Fernsehen zu zerstreuen (und sich vor Ihrer Angst zu schützen).

Indem Sie lernen, mit einer geringeren Zahl von äußeren Reizen auszukommen, werden Sie auch Selbstvertrauen gewinnen. Sie werden glücklicher sein, als Sie meinen, denn Sie werden in allem, was Sie tun, Befriedigung finden, selbst wenn Sie weniger tun als vorher.

3. Sie brauchen nicht alles auf einmal und im gleichen Augenblick. Der neueste Hit, der Ihnen so verlockend in die Augen sticht, wird höchstwahrscheinlich auch morgen noch erhältlich sein (zumindest, was Nahrungsmittel, Alkohol und andere allgemeine Genußgüter betrifft – Eiskrem zum Beispiel). Die meisten guten Gelegenheiten ergeben sich noch einmal – und dann können Sie freier entscheiden, was wirklich das Beste für Sie ist.

4. Ziehen Sie immer die Qualität der Quantität vor, besonders was Ihre Erfahrungen betrifft. Erfahrungen von hoher Qualität zu machen ist etwas, das Sie nur lernen können, wenn Sie dem, was Sie tun, Ihre ungeteilte Aufmerksamkeit widmen. Wenn Sie Erfahrungen einfach begierig "konsumieren", ohne sie in sich aufzunehmen, berauben Sie sich der Möglichkeit, je befriedigt zu werden.

5. Stellen Sie sicher, daß das, was Sie wünschen, auch auf längere Sicht wirklich gut für Sie ist. Nicht ohne Grund heißt es "Seid wachsam beim Beten", denn das Gebet könnte ja erhört werden. In gleicher Art sollten Sie an die langfristigen Folgen dessen denken, was Sie sich ersehnen, denn vielleicht stellen Sie fest, sobald Sie es haben, daß es Sie unglücklich macht.

6. Glücksgefühle stellen sich meist auf indirektem Wege ein, wie nebenbei, und zwar dann, wenn man sich voll und ganz einer lohnenden Sache widmet. Ein Glücksgefühl haben wir, wenn wir etwas richtig machen. Haben sie sich die richtigen Priori-

täten gesetzt, werden die Menschen glücklich, ohne die Glückssuche zu ihrem Hauptziel zu erheben. Machen Sie deshalb nicht das Glücklichsein zu Ihrem Hauptlebensinhalt, da es Sie auf Abwege bringt, wo Sie wieder anmaßend und selbstbezogen werden.

7. Hüten Sie sich vor Ihrer Neigung, die Beherrschung zu verlieren. Das passiert Ihnen immer wieder, da Sie sich von Natur aus schnell begeistern lassen. Sie haben eine Menge Energie und einen Riesenappetit auf allerlei. Die größte Angst Ihres Typs ist die, zu kurz zu kommen, aber wenn Sie sich nicht in manchem beschränken, wird Ihnen das ersehnte Glücksgefühl und noch vieles mehr versagt bleiben.

8. Sie können sehr komisch und unterhaltsam sein. Ihr Sinn für Humor, Ihr Witz und Ihre unbekümmerte Art machen Ihnen selbst und anderen Spaß. Passen Sie jedoch auf, was Sie sagen. Reißen Sie sich nach Möglichkeit etwas zusammen, um nicht beleidigend zu sein oder sich etwas herausrutschen zu lassen, was eine andere als die beabsichtigte Wirkung auf Ihre Mitmenschen hat. Einzig um eines witzigen Einfalls willen oder weil Sie das letzte Wort haben müssen, verletzen Sie andere leicht und schaden Ihren Beziehungen. Es lohnt sich nicht, Freundschaften kaputtzumachen und andere zu verletzen, nur um seinen Spaß zu haben.

9. Suchen Sie nach Möglichkeiten, wie Sie geben können, statt zu nehmen. Sie sollten sich ruhig einmal das Sprichwort "Geben ist seliger denn Nehmen" durch den Kopf gehen lassen. Materielle Güter werden Sie aus verschiedenen Gründen nie ganz zufriedenstellen, weil Sie per Definition nie alles haben können, was Sie sich wünschen, und wenn doch: Wie könnte jemand durch irgendein Ding Erfüllung finden? Menschen sind keine Gegenstände, materielle Güter werden Ihnen

also nie die ersehnte Befriedigung verschaffen. Das einzige, was für einen Menschen wirklich befriedigend sein kann, ist die Beziehung zu einem anderen Menschen. Wenn Ihre Lust am Materiellen dieser tieferen Quelle der Befriedigung im Weg ist, haben Sie die falsche Richtung eingeschlagen.

10. Sie besitzen im Grunde die psychische und spirituelle Größe, sich freuen und tiefe Dankbarkeit empfinden zu können für alles, was Sie haben. Vergessen Sie nicht, dankbar zu sein und sich vom Dasein begeistern zu lassen: Ihre Fähigkeit zum Staunen über die Schönheit und Kostbarkeit des Lebens wird Ihnen ganz unerwartete Bereiche eröffnen. Lassen Sie sich überraschen!

EMPFEHLUNGEN FÜR PERSÖNLICHKEITSTYP ACHT

1. Auch wenn es Ihnen gegen den Strich geht: Handeln Sie maßvoll! Sie besitzen wirkliche Macht, sofern Sie davon Abstand nehmen, auf andere loszugehen, selbst wenn es berechtigt wäre. Ihre wahre Macht liegt in Ihrer Fähigkeit, andere zu inspirieren und aufzurichten. In Hochform sind Sie, wenn Sie sich für andere einsetzen und ihnen durch eine Krise hindurchhelfen. Nur wenige werden Ihre Güte mißbrauchen, und Sie werden sich die Loyalität und Ergebenheit anderer eher sichern, wenn Sie Milde walten lassen, statt rohe Gewalt anzuwenden.

2. Sie sind nicht der einzige Mensch auf dieser Welt. Andere haben die gleichen Rechte wie Sie, und ihre Bedürfnisse und Rechte dürfen nicht übergangen, geschweige denn verletzt werden. Wenn Sie darüber hinwegsehen, ist es unvermeidlich, daß die Leute Sie fürchten (was Sie oft wollen), aber auch den

Respekt vor Ihnen verlieren und Sie schließlich sogar hassen. Wenn Sie andere unfair behandeln, haben Sie allen Grund zu der Befürchtung, Ihr Unrecht heimgezahlt zu bekommen.

3. Obwohl es Menschen vom Typ acht schwerfällt, sollten Sie doch lernen, wenigstens ab und zu auf andere zu hören. Häufig genug steht im Grunde nichts auf dem Spiel, so daß Sie andere ruhig auf ihre Weise vorgehen lassen können, ohne befürchten zu müssen, in Ihrer Macht oder Ihren wahren Bedürfnissen beschnitten zu werden. Das Verlangen, immerfort und überall zu dominieren, ist ein Anzeichen dafür, daß bei Ihnen eine Egoinflation einsetzt – eine Warnung, daß unweigerlich weitere schwere Konflikte mit anderen bevorstehen.

4. Achten wollen üblicherweise völlig selbständig sein und von niemandem abhängen. Aber wie das Leben so spielt, sind sie von vielen Menschen abhängig. Sie mögen zum Beispiel denken, Sie wären nicht von Ihren Angestellten abhängig, weil diese beruflich auf Sie angewiesen sind. Sie könnten sie jederzeit entlassen und andere Arbeitswillige einstellen. Jeder ist entbehrlich in Ihrem kleinen Reich – außer Ihnen selbst. Dabei sind in Wahrheit Sie darauf angewiesen, daß andere Ihre Anordnungen ausführen, besonders dann, wenn Ihr Unternehmen über das hinausgewachsen ist, was Sie allein managen könnten. Doch wenn Sie nach und nach jeden in die Flucht schlagen, der zur Zusammenarbeit mit Ihnen bereit ist, werden Sie am Ende gezwungen sein, höchst unterwürfige und unzuverlässige Leute einzustellen, um Ihre Anweisungen auszuführen. In dem Fall haben Sie allen Grund, an deren Loyalität zu zweifeln und um Ihre Dominanz zu fürchten. Tatsache ist, daß Ihre Unabhängigkeit weitgehend reine Illusion ist, sei es im Geschäfts- oder im Privatleben.

5. Geld wird von Achten typischerweise als Quelle der Macht

überbewertet. Ihr Reichtum gestattet ihnen, zu tun, was ihnen gefällt, sich bedeutend zu fühlen, gefürchtet zu sein und Gehorsam erwarten zu können. Aber das alte Wort "Geld allein macht nicht glücklich" hat immer noch Gültigkeit, denn Sie werden nur Ihres Geldes wegen umschwärmt, aber nicht als Mensch geliebt, ebensowenig wie Sie diese Leute lieben und achten. Das ist unter Umständen der Pakt mit dem Teufel, den Sie abgeschlossen haben, aber Sie müssen auch den Preis dafür bezahlen, denn aller Reichtum muß letztlich bezahlt werden. Es bleibt nur abzuwarten, wie hoch der Preis sein wird.

6. Lernen Sie, höhere Ziele zu verfolgen als reine Eigeninteressen. Im Leben der meisten Menschen bieten Familie und andere zwischenmenschliche Beziehungen dafür die Möglichkeit. Von Partner und Kindern geliebt zu werden und diese Liebe zu erwidern ist dieses Höhere, das den meisten Menschen hilft, über sich selbst hinauszuwachsen und ihrem Leben einen Sinn zu geben. Wenn hingegen alles darauf ausgerichtet ist, nur den eigenen Interessen zu dienen, ist die Möglichkeit vertan, über sich selbst hinauszuwachsen – und damit auch die Gelegenheit für tiefgreifende Glücksgefühle, eine spirituelle Weiterentwicklung und vieles andere mehr. Übermäßige Egoinflation ist für viele Achten der einzige Ausweg aus der Sinnlosigkeit – einer Sinnlosigkeit, für die sie letztlich selbst verantwortlich sind.

7. Sollte Gott existieren, gibt es jemanden, dem Sie sich unterwerfen müssen, und Sichunterordnen ist etwas, das Achten äußerst schwer fällt. Falls Sie nicht an Gott glauben, beruht Ihr Unglaube dann auf echten intellektuellen Überzeugungen oder bloß auf der Tatsache, daß Sie Ihr Ego und alles, woran Sie Freude haben, nicht aufgeben wollen? Vieles mag von Ihrer Antwort auf diese Frage abhängen.

8. Wenn Sie skrupellos gewesen sind oder anderen Schmerzen und Wunden zugefügt haben, wenn Sie Ihre Mitmenschen zum Vergnügen oder aus Profitgier mißbraucht haben (kurz: wenn irgendeins der typischen Vergehen durchschnittlicher bis gestörter Achten auf Sie zutrifft), haben Sie allen Grund, Ihr Leben vollkommen umzukrempeln, solange Ihnen das noch möglich ist. Ein Leben auf der untersten Stufe des Menschseins – auf gleicher Stufe mit den wilden Tieren – beschwört das gleiche herauf, was auch andere Tiere erleiden – ein letztlich sinnloses Dasein und einen einsamen Tod.

9. Einer Ihrer größten Vorzüge ist Ihre Fähigkeit, anderen neue Möglichkeiten zu eröffnen. Wenn Achten ihre Macht dazu benutzen, anderen Menschen Hoffnung zu geben und sie zu Wohlstand zu bringen, werden sie geachtet und als die Wohltäter gewürdigt, die sie in Wahrheit auch sind. Sollten Sie also in einer Machtposition sein und die vielen Möglichkeiten, die Ihnen zur Verfügung stehen, großmütig nutzen, brauchen Sie niemanden zu fürchten. Statt sich Feinde zu machen, werden Sie glühende Anhänger gewinnen. Statt die Loyalität anderer anzweifeln zu müssen, können Sie sich fest auf deren Treue verlassen. Und selbst wenn Sie von irgend jemandem übervorteilt würden, wären Ihre Leistungen doch so großartig, daß sie nie ausgelöscht oder vergessen werden könnten. Wenn Sie einen Blick für die Nöte anderer Menschen haben, werden diese auch Ihre Bedürfnisse respektieren.

10. Überlegen Sie einmal, welchen Schaden Sie anderen zufügen könnten; und dann überlegen Sie sich, was Sie Gutes tun könnten. Woran soll man sich in Verbindung mit Ihrem Namen erinnern?

1. Es würde sich lohnen, einmal die Neigung Ihres Typs unter die Lupe zu nehmen, sich anderen anzuschließen und zu tun, was sie verlangen, einzig um des lieben Friedens willen und weil Sie nett sein wollen. Ergibt sich tatsächlich die Art von zwischenmenschlichen Beziehungen, die Sie wahrhaft befriedigend finden, wenn Sie sich stets stillschweigend den Wünschen anderer fügen? Vergessen Sie nicht, daß Sie unmöglich andere lieben können, wenn Sie ihnen gar nicht wahrhaft gegenübertreten. Das heißt, Sie müssen erst ganz Sie selbst und (paradoxerweise) unabhängig sein, um wirklich für andere dasein zu können, wenn Sie gebraucht werden.

2. Gehen Sie aus sich heraus. Zwingen Sie sich dazu, dem, was um Sie herum vorgeht, Aufmerksamkeit zu schenken. Schweben Sie nicht auf einer Wolke, schalten Sie nicht ab und ergehen Sie sich nicht in Tagträumen. Bemühen Sie sich lieber, Ihre Aufmerksamkeit darauf zu konzentrieren, aktiv am Leben dieser Welt teilzunehmen. Versuchen Sie, geistig und gefühlsmäßig wacher zu werden.

3. Machen Sie sich klar, daß Sie auch Aggressionen, Ängste und andere Empfindungen haben, mit denen Sie sich auseinandersetzen müssen. Negative Gefühle und Impulse sind ein Teil von Ihnen und beeinflussen Sie seelisch und körperlich, ob Sie es merken oder nicht. Außerdem kommen Ihre negativen Gefühle oft versehentlich zum Ausdruck und stören den Frieden und die Harmonie, die Sie sich in Ihren Beziehungen ersehnen. Am besten bringen Sie das, was Ihnen auf der Seele liegt, erst einmal auf den Tisch, zumindest in der Form, daß Sie sich Ihre Gefühle überhaupt eingestehen.

4. Falls Ihre Ehe geschieden worden ist oder Sie Probleme mit

Ihren Kindern haben, dürfte es sehr schmerzhaft für Sie sein, zu untersuchen, inwieweit Sie selbst zu diesen Problemen beigetragen haben, aber tun Sie es trotzdem. Sich mit gestörten Beziehungen auseinanderzusetzen wird äußerst schwierig für Sie sein, da Ihnen die Betroffenen am Herzen liegen. Aus den Gefühlen, die Sie für andere hegen, schöpfen Sie weitgehend Ihre Identität und Selbstachtung. Aber wenn Sie andere wirklich lieben, können Sie im Grunde nichts anderes tun, als herauszufinden, welche Rolle Sie bei allen Konflikten gespielt haben mögen, die aufgetreten sind. Letzten Endes haben Sie nur die eine Wahl: zugunsten des (langfristigen) Seelenfriedens echter Beziehungen Ihre Gemütsruhe (kurzfristig) zu opfern.

5. Machen Sie regelmäßige Körperübungen, damit Sie sich Ihres Körpers und Ihrer Empfindungen bewußter werden. (Manche Neunen gehen über die Straße, um Einkäufe zu machen, und meinen, damit genug getan zu haben.) Ein regelmäßiges Training ist eine gute Art von Selbstdisziplin und wird Ihr Gespür für Ihre Gefühle und andere Sinneseindrücke schärfen. Ein besser entwickeltes Körperbewußtsein wird es Ihnen leichter machen, Ihre Aufmerksamkeit auch auf andere Lebensbereiche auszudehnen und zu konzentrieren. Körpertraining ist außerdem eine gute Möglichkeit, mit den eigenen Aggressionen in Berührung zu kommen und sie abzureagieren.

6. Auf die Unterdrückung Ihrer Gefühle werden Sie körperlich reagieren – mit unerklärlichen Kopfschmerzen, Rückenschmerzen, Übelkeit und anderen Beschwerden. Plötzlich auftretende Migräne, Weinkrämpfe, Panikanfälle und Platzangst sind Beispiele für physische und psychische Probleme, die durch unterdrückte Emotionen hervorgerufen werden. Es dürfte Ihnen schwerfallen, emotionale Hilfe zu suchen, aber

es wird notwendig sein. Haben Sie keine Angst. Ihr Leben wird dadurch nur reicher, und Sie werden endlich mit sich im Frieden sein, wenn Sie es tun.

7. Nehmen Sie keine Tranquilizer, höchstens in Zeiten einer tiefen Krise. Solche Beruhigungsmittel dämpfen zwar Ihre Angst, aber auf Kosten Ihrer Wahrnehmungsfähigkeit und Ihrer Fähigkeit, mit dem umzugehen, was sich bei Ihnen entwickeln soll. Das Einnehmen von Tranquilizern ist für Neunen so, als würde man "Eulen nach Athen tragen" – sie brauchen sie eigentlich gar nicht, sondern wollen sich nur ihr Unbehagen vertreiben. Sich mit Krisen auseinanderzusetzen wird nicht nur Ihre Selbstachtung heben, sondern darüber hinaus für andere ein Zeichen sein, daß Sie echte Stärke besitzen und sie sich im Falle eigener Lebenskrisen vertrauensvoll an Sie wenden können.

8. Tragisch ist bei Neunen, daß sie ihr individuelles Menschsein oft ein Leben lang verdrängt haben, um an ihrem Ende festzustellen, daß sie nie richtig gelebt haben. Es ist so, als hätte jemand anders ihr Leben gelebt. Unter Umständen geht ihnen (wenn auch vielleicht nur dumpf) auf, daß sie die meiste Zeit über "geschlafen" haben. Führen Sie kein solches Leben. Nehmen Sie Ihr Leben an, und entwickeln Sie ein Gefühl dafür, wie großartig es ist, lebendig zu sein. Natürlich kann es angsterregend sein, aber uns dessen bewußt zu sein, daß wir lebendig sind, ist etwas, das uns von den Tieren unterscheidet. Wenn Sie dieses Bewußtsein aufgeben, geben Sie einen Großteil Ihres Lebens auf.

9. Trauen Sie sich, Ihre Ängste und Sorgen vor dem Partner oder vor Freunden zur Sprache zu bringen. (In Gegenwart anderer seine Gefühle auszudrücken ist für viele Persönlichkeitstypen eine erschreckende Vorstellung, Sie sind also nicht allein.)

Haben Sie Vertrauen, daß Sie Ihre Beziehungen keineswegs kaputtmachen, wenn Sie sich offenbaren. Denken Sie daran, wie tröstlich das Wissen ist, daß Ihre Beziehungen fest begründet sind, daß Ihre Angehörigen und Freunde zu Ihnen halten und Sie ganz Sie selbst sein und als Mensch wachsen können. Auf dieser Grundlage erfahren Sie echte Bestätigung und Trost.

10. Einer Ihrer größten Vorzüge ist Ihre Offenheit für Ihre Mitmenschen: Andere fühlen sich in Ihrer Nähe wohl, sicher und angenommen. Aber Sie werden noch mehr geliebt werden und noch begehrter sein, wenn die Leute auch das Gefühl haben, daß Sie Verständnis für sie haben und auf ihre Bedürfnisse eingehen. Hören Sie Ihren Mitmenschen gut zu und lernen Sie sie so kennen, wie sie wirklich sind. Um so aufrichtiger und kostbarer wird die Liebe sein, die Sie für die anderen empfinden – und die anderen für Sie.

EMPFEHLUNGEN FÜR PERSÖNLICHKEITSTYP EINS

1. Lernen Sie, sich zu entspannen. Nehmen Sie sich Zeit für sich selbst, ohne das Gefühl zu haben, alles liege auf Ihren Schultern und wenn Sie sich nicht einsetzten, würden Chaos und Kastastrophen die Folge sein. Barmherzigerweise hängt die Rettung der Welt nicht allein von Ihnen ab, auch wenn Sie das manchmal meinen.

2. Sie können anderen eine Menge beibringen und sind wahrscheinlich ein guter Lehrer, aber erwarten Sie nicht von Ihren Mitmenschen, daß sie sich sofort ändern. Was für Sie offensichtlich ist, mag für andere nicht so klar sein, besonders dann nicht, wenn sie keine solche Selbstdisziplin aufbringen und

sich nicht so objektiv betrachten können wie Sie. Sicherlich wollen viele Menschen wie Sie das Rechte tun und sind im Prinzip einer Meinung mit Ihnen, können sich jedoch aus den verschiedensten Gründen nicht so schnell ändern. Daß andere sich nicht gleich Ihren Vorgaben gemäß ändern, heißt nicht, daß sie sich auch in Zukunft nicht verändern werden. Ihr Zuspruch und vor allem Ihr Vorbild wird mehr ausrichten, als Ihnen bewußt sein dürfte, auch wenn es vielleicht länger dauert, als Sie dachten. Fassen Sie sich also in Geduld.

3. Angesichts von angeblichen Vergehen anderer steigern Sie sich leicht in helle Wut. Und manchmal stimmt es ja auch, daß Unrecht getan wird. Aber warum regen ausgerechnet Sie sich so auf? Denken Sie einmal an das Sprichwort vom Splitter im Auge des anderen und vom Balken im eigenen Auge! Sie sind selbst nicht ohne Fehler und Mängel, also hören Sie auf, andere unter die Lupe zu nehmen, und richten Sie den Blick lieber auf die eigenen Versäumnisse.

4. Es ist wichtig für Sie, Zugang zu Ihren eigenen Gefühlen zu bekommen, besonders zu Ihren unbewußten Impulsen. Vielleicht merken Sie, daß Ihnen Ihre Empfindungen und Ihre sexuellen und aggressiven Impulse unangenehm sind – kurz, all die "schmutzigen" allzumenschlichen Dinge, die uns erst menschlich machen. Vielleicht nützt es Ihnen, ein Tagebuch zu führen oder irgendeine Art von Gruppentherapie oder Gruppenarbeit in anderer Form mitzumachen, um zum einen Ihr Gefühlsleben besser zu verstehen und zum anderen festzustellen, daß Sie anderen gar nicht verdammenswürdig erscheinen, nur weil Sie menschliche Bedürfnisse und Grenzen haben.

5. Ihre Achillesferse ist Ihr selbstgerechter Zorn. Sie werden leicht wütend und ärgern sich über alles, was in Ihren Augen

als böswillige Weigerung anzusehen ist, das Richtige zu tun –
nach Ihrer Definition. Versuchen Sie einmal, einen Schritt
zurückzutreten und einen Blick dafür zu gewinnen, daß Sie
sich meist als Richter aufspielen, stets den Zeigefinger erheben und anderen Moralpredigten halten, häufig ohne große
Wirkung. Ihr Zorn wird Ihnen letztes Endes womöglich ein
Magengeschwür oder hohen Blutdruck eintragen und ist ein
Warnsignal dafür, daß Schlimmeres bevorsteht.

6. Mit am schwierigsten ist es für Menschen von Typ eins,
anderen zu erlauben, so zu sein, wie sie nun einmal sind, und
ihnen Entscheidungsfreiheit zuzugestehen. Es ist verlockend,
anderen Menschen zu sagen, was sie Ihrer Meinung nach tun
sollten – unter Umständen haben Sie ja auch recht, aber Ihre
weisen Ratschläge werden nicht viel ausrichten, da Sie selbst
nicht gerade klug handeln. Zu klugem Handeln gehört das
Wissen, wieviel man wann sagen darf und was der Zuhörer
an- und aufzunehmen vermag. Die weisesten Gedanken nützen nichts, wenn andere nicht aufnahmefähig dafür sind.
Lassen Sie sich deshalb von Ihrer Klugheit leiten und nicht
von Ihrer "Rechthaberei".

7. Hören Sie auf andere: Ihre Mitmenschen haben auch oft recht.
Zumindest ist bestimmt ein Körnchen Wahrheit in dem, was
sie äußern. Indem Sie anderen zuhören, erfahren Sie nicht nur
eine Menge, sondern werden auch ein kenntnisreicherer, fein-
fühligerer Lehrer. Wenn Sie dann den Mund aufmachen,
wissen die anderen, daß Sie ein Mensch sind und keine Denk-
maschine.

8. Perfektionisten treiben andere in den Wahnsinn. Wahrscheinlich gibt es für nichts nur eine einzige, absolut richtige Vorgehensweise – ob es sich nun um Abwaschen oder Hemden-
bügeln handelt oder um die Anlage eines Gartens und andere

354

Lebensaktivitäten. Verschiedene Dinge können auch unterschiedlich behandelt werden, ohne daß irgend etwas besonders darunter leiden würde. Außerdem untergräbt ein Perfektionismus, der nichts weiter ist als nutzlose Pedanterie, das Vertrauen anderer in Sie, was Sie nachteilig zu spüren bekommen, wenn Sie wirklich einmal etwas Wichtiges mitzuteilen haben. Kurz: Sie müssen unbedingt unterscheiden lernen, wann Perfektion angebracht ist und wann nicht.

9. Gestörte Menschen von Typ eins neigen zu Zwanghaftigkeit in Denken und Handeln, und selbst durchschnittliche Einsen zeigen Tendenzen zu solchem Verhalten. Gehen Sie nach Möglichkeit gegen diesen Hang an, sobald Sie ihn bei sich bemerken; zwanghaftes Denken und Handeln führt zu immer zerstörerischeren Verhaltensweisen. Halten Sie insbesondere ein Auge auf Ihre Ordnungssucht und Ihr Verlangen, Ihre Umgebung unter Kontrolle zu bringen, da beides Vorzeichen für andere, gravierendere Störungen sind. (Hinter einem übertriebenen Ordnungssinn verbirgt sich oft die Angst, in irgendeinem anderen Lebensbereich die Kontrolle zu verlieren.) Versuchen Sie herauszufinden, was Ihnen wirklich Sorgen macht, und nehmen Sie diese Probleme in Angriff; verschwenden Sie Ihre Energie nicht an die tausend Kleinigkeiten, mit denen Sie sich meistens verausgaben.

10. Man braucht nicht perfekt zu sein, um gut zu sein. Verschaffen Sie sich die echte Befriedigung, ganz Mensch zu werden, statt unmenschlich perfekt zu sein.

9 Persönlichkeit, wahres Wesen und Spiritualität

Von einem bestimmten Blickwinkel aus beschreibt das Ennea-gramm eine schreckliche, einwärts drehende Spirale in immer destruktivere Fixierungen des jeweiligen Persönlichkeitstyps. Aus einem anderen Blickwinkel betrachtet, ist die Spiralbewe-gung nach außen gerichtet und geht, sobald die schwierige Auf-gabe der Selbsttranszendenz angenommen ist, über die Persön-lichkeit hinaus zu immer weiterer Integration.

In meinem Buch *Die neun Typen der Persönlichkeit* habe ich die Einwärtsbewegung beschrieben. Wie Virgil den Dichter Dante durch das Inferno hindurchgeleitet, habe ich den Leser Schritt für Schritt auf eine Reise mitgenommen, die "abwärts" in Zustände hineinführte, die von immer stärkerem Eingeschnürtsein und Selbstzerstörung gekennzeichnet sind. So schmerzhaft diese Ein-blicke in die negativen Seiten eines jeden Typs auch sein mögen, haben sie doch ihren Wert – als psychologisches Äquivalent zu einer Höllenvision, die man einem Sünder vorhält, also als Ab-schreckung. Die Beschreibungen haben zum Teil deshalb eine emotionale Wirkung, weil der Leser mit vernichtender Klarheit sehen kann, zu welcher Hölle er sich persönlich verdammt, wenn er sich auf dem Kontinuum weiter abwärts zur Neurose hin entwickelt – wie verlockend und harmlos dieser Weg auch schei-nen mag.

Obwohl in den *Neun Typen der Persönlichkeit* auch eine Menge über eine gesunde Entwicklung gesagt wird, ist doch vieles eher düster und abschreckend, da selbst die durchschnittlichen Ent-wicklungsstadien zwangsläufig etwas Negatives haben – und sich die Stufen einer gestörten Entwicklung schonungslos als neuro-tische Fallstricke darstellen. Zwar wird auch die positive Bewegung zur Integration hin geschildert, aber sie gerät letztlich durch die Beschreibung der Entwicklung in Richtung Desintegration in den Hintergrund. So positiv das Bild auch sein mag, wird es immer überschattet vom möglichen Abstieg des jeweiligen Typs zur Neurose.

Das läßt sich nicht vermeiden, denn das Buch sollte nicht nur eine Einführung in die Psychologie des Enneagramms sein, sondern den Leser darüber hinaus auf einer tieferen Ebene so schockieren, daß er auf eine neue Wahrnehmungsebene anspringt. Es sollte ans Herz rühren und dem Betreffenden dadurch zur Wandlung verhelfen. Selbsterkenntnis ist ein Weg zur Selbstveränderung.

Ein Buch kann nicht alles behandeln, und so mußte ich dem Leser erst einen klaren, umfassenden Überblick über die einzelnen Typen verschaffen, so daß er sich schließlich von seiner Selbsterkenntnis über sein Ego hinaus leiten lassen konnte. Wer den Wert dieser Erkenntnis begreift, begreift auch, daß sie der Ausgangspunkt für das ist, was schließlich zur spirituellen Reise wird.

> Natürlich erfordert es jahrelange Arbeit an uns selbst, wenn wir etwas Wirkliches über uns herausfinden wollen; wir meinen vielleicht, wir würden eine Menge ausfindig machen durch Selbstbeobachtung und durch die Beherzigung der anderen Lehren und Techniken des Werks [Gurdjieffs Lehre] … Was wir über uns entdeckt zu haben glauben, ist zuerst eher oberflächlich, so daß wir erst nach Jahren geduldiger Anstrengung zu wahrer Selbsterkenntnis kommen. Aber eine solche Anstrengung ist in jeder Hinsicht äußerst lohnend, weil sie nicht nur uns verwandelt, sondern unser ganzes Leben für uns umwandelt; denn sowie sich unsere Seinsebene verändert, verändert sich auch unser Leben. Wir werden *innerlich* andere Menschen, und das spiegelt sich in der Art und Weise wider, wie das Leben *äußerlich* mit uns umgeht.

Das ist ein esoterisches Gesetz ... und erklärt, warum nur wir selbst irgend etwas wirklich Lohnendes aus unserem Leben machen können. Es taugt nicht, nach äußeren Faktoren oder Tätigkeiten Ausschau zu halten, die das an unserer Statt tun könnten. Solche Dinge können unsere Seinsebene nicht verändern, und so bleibt das Leben einfach, wie es vorher war, ganz abgesehen davon, was wir tun oder denken mögen. Nur wenn wir beginnen, wirklich an uns zu arbeiten und unsere gewohnte Art, zu denken und zu fühlen, verändern, kann uns etwas Wirkliches, Bleibendes widerfahren. Denn die Selbstveränderung ist die Grundvoraussetzung für äußere Veränderungen. Und eine Selbstveränderung vollzieht sich nur als Folge der Selbsterkenntnis und Arbeit an uns selbst. (Harry Benjamin: *Basic Self-Knowledge,* S. 163 f.)

Uns zu einer gründlichen Kenntnis unserer selbst zu verhelfen, ist das Anliegen meines Buches *Die neun Typen der Persönlichkeit,* wie es auch das Anliegen des Enneagramms ist. Darin wird uns die Lektion erteilt, daß Egoinflation reine Verschwendung ist. So wertvoll diese Lektion auch ist, gibt es darüber hinaus noch viel mehr zu sagen: Das Enneagramm kann uns auch in spirituelle Dimensionen führen, indem es uns hilft, über die Persönlichkeit hinauszugehen. Ich habe bereits angedeutet, daß wahre Erfüllung (wie sie in erster Linie innerhalb eines spirituellen Rahmens gefunden wird) in unserer Fähigkeit begründet liegt, über uns selbst hinauszuwachsen.

Wir müssen bereit und fähig sein, unser Ich zu transzendieren, um etwas Höheres zu erreichen, einen Wert, der außerhalb von uns selbst liegt. Selbstüberwindung ist schwierig und löst Angst aus, da sie verlangt, daß wir uns auf unbekanntes Terrain begeben und Dinge fühlen, tun oder in der Beziehung zu anderen Menschen leben, die unserer

Persönlichkeit fremd sind, die unseren vergangenen Gewohnheiten widersprechen, die unseren alten Vorstellungen und unserer früheren Identität zuwiderlaufen. Das kann geschehen, sobald wir einmal begonnen haben, die Fesseln unserer Kindheit abzustreifen. In gewissem Sinn ist es eine Art von Wiedergeburt, die Entstehung eines neuen Menschen, der lernt, das Alte hinter sich zu lassen und sich mutig in eine neue Welt vorzuwagen ...

Das Ich zu überwinden heißt im Grunde nichts anderes als lieben zu lernen. Nur Liebe hat die Kraft, uns vor uns selbst zu retten. Wenn wir nicht lernen, uns selbst und andere wirklich zu lieben, gibt es keine Hoffnung auf dauerhaftes Glück, Frieden oder Erlösung. Und weil wir uns selbst nicht wirklich lieben, verlieren wir uns leicht in den vielen Illusionen, die uns das Ego vorgaukelt. (*PT,* S. 501f.)

Die Illusionen aufzuführen, "die uns das Ego vorgaukelt", ist der Sinn meiner Beschreibungen. Jetzt ist es Zeit, daß wir unsere Aufmerksamkeit auf den anderen Weg richten – den Weg zu etwas Höherem, das sich uns eröffnet, sobald wir unser Ich transzendiert haben, die Aufwärtsspirale, auf der wir über das Ich hinaus zum wahren Wesen gelangen.

Das "wahre Wesen" zu beschreiben ist viel schwieriger, als Persönlichkeitstypen zu erklären, und zwar aus einem fundamentalen Grund. Die meisten Ichzustände, wie sie in den *Neun Typen der Persönlichkeit* beschrieben sind, entspringen der Unfreiheit; sie sind bis zu einem gewissen Grad zwanghaft, sind dadurch bedingt, daß wir uns in Illusionen und automatischen Reaktionen verlieren. Da es sich um relativ feste Zustände ("Fixierungen") handelt, sind sie auch verhältnismäßig leicht zu beschreiben, sobald man weiß, worauf man achten muß. Die Selbsttranszendenz hingegen führt zu Zuständen, die durch *Freiheit* gekennzeichnet und als solche dynamisch und ständig in Entstehung begriffen sind – sie sind nicht nur Ausdruck des Lebens, sondern im wahrsten Sinne lebenspendend. Wenn wir die Eigenschaften eines wahrhaft freien Menschen, eines Menschen, der in einem Zustand der Freiheit lebt, analysieren können, werden wir mehr über das "wahre Leben" erfahren.

> Die Verwirklichung des wahren Wesens wird zum Lebensprozeß. Das Leben ist nicht länger eine Folge voneinander getrennter Erfahrungen von Freude und Leid, sondern es ist im Fluß, ein Strom von Lebendigkeit. Ein Aspekt nach dem anderen manifestiert sich, eine Dimension nach der anderen, eine Fähigkeit nach der anderen. Verstehen, Einsicht, Erkenntnis und verschiedene Stadien des Seins bilden einen unaufhörlichen Strom. (A. H. Almaas: *Essence,* S. 178.)

Das klingt vertraut; wir befinden uns auf festem Boden, auf einem Territorium, das wir schon kennen. Das Enneagramm zeigt ja die Integrationsrichtung eines jeden Typs an. Jetzt erkennen wir einen tieferen Sinn darin: die eigene wahre Natur, das Leben aus dem wahren Wesen heraus, kann erreicht werden, indem wir unserer Integrationslinie folgen.

Wenn wir uns zu mehr Gesundheit entwickeln, indem wir unsere charakteristischen Ängste überwinden und unseren berechtigten Bedürfnissen entsprechend handeln, durchlaufen wir allmählich die Entwicklungsstufen nach oben. Stufe 1 zu erreichen, die Stufe der Befreiung, heißt für uns, mit unserer wahren Natur, unserem wahren Selbst, unserem eigentlichen Wesen in Berührung zu kommen. Aber nur, wenn wir in Richtung Integration weitergehen und über uns selbst hinauswachsen, leben wir wirklich aus unserem wahren Wesen heraus und verwirklichen unser wahres Selbst.

Das kann jedoch nicht auf einmal geschehen, als könnten wir uns damit ein für allemal von allen Nöten unseres Menschseins befreien. Wir bewegen uns zum jeweils nächsten Typ auf unserer Integrationslinie und den damit verbundenen Möglichkeiten – und das heißt, daß wir in einen anderen Ichzustand eintreten, allerdings einen gesunden. Unsere Befreiung vollzieht sich also schrittweise und in Grenzen, wenn auch mit jedem neuen Zustand neue Fähigkeiten erwachen. Wie Almaas schreibt: "Ein Aspekt nach dem anderen manifestiert sich, eine Dimension nach der anderen, eine Fähigkeit nach der anderen." Wir überwinden nicht unser Menschsein, sondern die damit verbundenen, höchst störenden Begrenzungen. Wirklich leben heißt demnach, das Ich zu transzendieren und dadurch das wahre Selbst zu entdecken und zu verwirklichen. Die Suche nach dem wahren Wesen, nach Selbsttranszendenz ist keine Flucht vor dem Leben, sondern im Gegenteil eine Verpflichtung aus der Tiefe unseres Seins heraus, an der eigenen Schöpfung teilzunehmen.

DAS WAHRE WESEN UND DIE STUFEN DER ENTWICKLUNG

Die Beziehung zwischen dem wahren Wesen und den Entwicklungsstufen kann man sich folgendermaßen bildlich vorstellen: In dem Maße, in dem ein Mensch eine "Abwärtsentwicklung" nimmt in Richtung Neurose, entfernt er sich von seinem wahren Selbst. Umgekehrt nähert sich ein Mensch, der eine "Aufwärtsentwicklung" durchmacht, in dem Maße seinem wahren Wesen, wie sich das Gewicht von einer gestörten zu einer durchschnittlichen und schließlich gesunden Entwicklung verlagert. Unserem wahren Wesen gemäß können wir nur leben, wenn wir den Weg zur Integration einschlagen und uns die gesunden Entwicklungsstadien zu eigen machen, um Stufe um Stufe weiter aufzusteigen.

Manch einer ist auf den Gedanken gekommen, aus dem wahren Wesen heraus zu leben hieße, seine Persönlichkeit vollkommen abgelegt zu haben. Das ist aber nicht der Fall, denn Persönlichkeit und wahres Wesen bedingen sich gegenseitig, da sie die zwei Seiten einer Medaille sind – des ganzen Selbst.

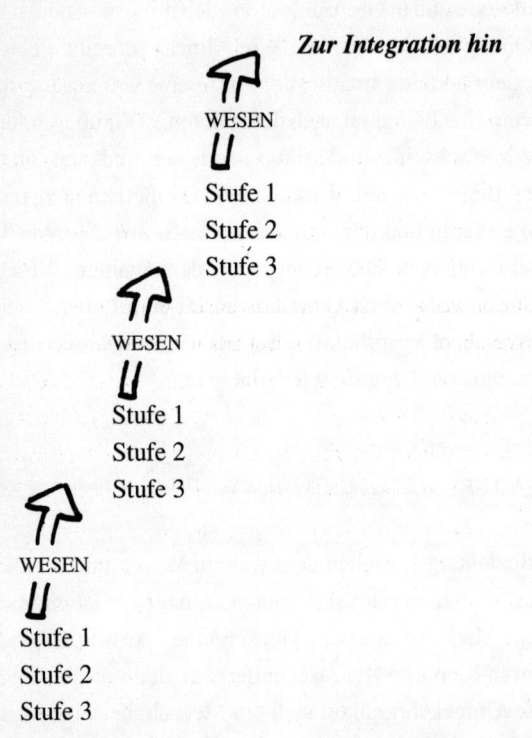

Zur Integration hin

WESEN

Stufe 1
Stufe 2
Stufe 3

WESEN

Stufe 1
Stufe 2
Stufe 3

WESEN

Stufe 1
Stufe 2
Stufe 3

Wahres Wesen und Stufen der Entwicklung

In der besten aller möglichen Welten würden die erworbenen Gewohnheiten der Persönlichkeit der eigenen wahren Natur zur Verfügung stehen und einem helfen, in dem sozialen Rahmen, in dem man lebt, richtig zu funktionieren, und das ist bei einem verwirklichten Menschen zweifellos der Fall. Dem gewöhnlichen Sterblichen fehlt jedoch leider die Fähigkeit, sich kraft seiner Persönlichkeit sein wahres Verlangen zu erfüllen. Was wesentlich ist, kann sich nur in den einfachsten instinktiven Verhaltensweisen und in primitiven Emotionen manifestieren …

Damit ist nicht gesagt, daß die wahre Natur stets edel und schön ist, die Persönlichkeit hingegen eine unerwünschte Kruste aus lästigen kulturellen Gepflogenheiten. Laut Gurdjieff ist "die wahre Natur eines Menschen in der Regel entweder primitiv, wild und kindlich oder einfach nur dumm". Vielfach ist die wahre Natur tot, obwohl die Betreffenden anscheinend ein normales Leben führen. Das Heranreifen der wahren Natur zu einem Zustand, in dem sie alles in sich schließt, was wahr und wirklich ist am Dasein eines Menschen, hängt davon ab, ob man an sich selbst arbeitet, und die Arbeit an einem selbst hängt von einem Gleichgewicht zwischen einem relativ gesunden Kern und einer Persönlichkeit ab, die nicht erdrückend ist …

Beide sind für die Entwicklung des Selbst notwendig, denn ohne die Beteiligung der Persönlichkeit bestände kein Verlangen nach höheren Bewußtseinszuständen, keine Unzufriedenheit mit dem Alltagsleben; und gäbe es die wahre Natur nicht, wäre jeder Entwicklung die Basis entzogen. (K. R. Speeth: *The Gurdjieff Work,* S. 48f.)

Während man sich allmählich von den negativen Aspekten der Persönlichkeit befreit, entwickelt sich das wahre Wesen. Oder, um es treffender auszudrücken, das Gleichgewicht zwischen wahrem Wesen und Persönlichkeit verlagert sich von der Persönlichkeit zum wahren Wesen hin, bis man zu einem größeren Teil aus seinem wahren Wesen heraus lebt (und damit authentisch, aus den Tiefen seines Seins), während die Persönlichkeit weiterhin als nützliches, notwendiges Werkzeug zur Verfügung steht, allerdings nur als Erweiterung und Ausdruck des eigentlichen, wahren Selbst – eines Ichs, das aus seinem wahren Wesen heraus lebt und daher immer unergründlich sein wird. Ohne die Persönlichkeit, durch die sich das Selbst im Alltagsleben ausdrückt, könnten wir nicht miteinander kommunizieren, und dann würde letztlich unser wahres Wesen verlorengehen oder unterentwickelt bleiben.

Was wir suchen, ist die volle Reife und Verwirklichung des wahren Selbst, und das wird nicht im luftleeren Raum erreicht. Da wir nicht ohne Form leben können, muß sich unser menschliches Wesen durch die Formen unseres Persönlichkeitstyps ausdrücken, ebenso wie sich Begabungen im Handeln ausdrücken müssen, wenn sie weiterentwickelt werden sollen. Ein Meistertänzer wird in seiner Kunst nicht so vollkommen, daß er aufgrund seiner Meisterschaft nicht mehr zu tanzen brauchte. Das Tanzen wird nicht etwa aufgegeben, weil der Beweis der Vollkommenheit erbracht wäre: Im Gegenteil, die Meisterschaft kommt erst zum Ausdruck, wenn das Selbst im Tanz verloren wird.

Die Persönlichkeit ist also ebenso wichtig wie das wahre Wesen und wird zum Leben in dieser Welt gebraucht, zu der sie das ihre beiträgt. Die guten Seiten der Persönlichkeit, die unser wahres Wesen offenbaren, sind die *gesunden* Charakteristika, die sich bei jedem Typ in den Entwicklungsstadien 1 bis 3 vorfinden. Zudem entwickeln sich diese Persönlichkeitsmerkmale weiter, um unserem Wesenskern auf dem Wege zur Selbstverwirklichung immer feinere Ausdrucksmöglichkeiten zu bieten. Haben wir einmal begonnen, uns zu integrieren und gewohnheitsmäßiger unserer wahren Natur entsprechend zu leben, werden wir allmählich Herr über unser Ego und können uns immer freier und angemessener ausdrücken. Das Ego hat keine Kontrolle mehr über uns: Unser wahres Wesen spricht aus unserer Persönlichkeit.

Das heißt nicht, wie in manchen Lehren vertreten wird, daß der Mensch das wahre Selbst allezeit realisieren müßte, daß er es als kostbarstes Gut festhalten müßte. Viele Lehren sind auf das wahre Selbst ausgerichtet, konzentrieren sich darauf, identifizieren sich damit und verherrlichen es. Dadurch kommt es natürlich zum Anhaften, und das Anhaften zeigt sich als Persönlichkeit, selbst wenn es ein Anhaften am wahren Selbst ist.

Geschehen muß folgendes: Dieser Aspekt der wahren Natur muß freibleiben, ein Haltepunkt werden, dauerhaft zur Verfügung stehen, so daß er da ist, wenn er gebraucht wird. Darum müssen alle Fragen im Zusammenhang mit Identität und Individualität erkannt und verstanden werden, einschließlich des Bedürfnisses nach oder des Anhaftens an einer Identität. Das wahre Selbst bringt alle Mißverständnisse und Konflikte um Identität und Individualität ans Licht. Werden die mit dem wahren Selbst verbundenen Fragen beantwortet, erübrigt sich alle Identifikation; oder vielmehr: Die Identifikation wird zu einer freien, bewußten Bewegung. (A. H. Almaas: *Essence,* S. 170.)

Jeder Schritt zur Integration hin schult uns für den nächsten Schritt in Richtung Befreiung, so daß wir wieder durch Selbstüberwindung mehr Freiheit gewinnen und uns unseres wahren Wesens fester versichern. So gesehen erstreckt sich diese Bewegung von einem Bewußtseinszustand zum anderen, aber anders gesehen wird die Bewegung immer freier und löst sich von ebendiesen Formen.

Das Leben bleibt eine schöpferische Entdeckungsreise. Lernen, Sichentfalten und Sichausdehnen hören nie auf. Das wahre Wesen entfaltet sich weiterhin, neue Dimensionen eröffnen sich, neue Erfahrungs- und Einsichtsmöglichkeiten bieten sich an, neue Fähigkeiten entstehen.

... Die Identitätsverlagerung von der Persönlichkeit zum wahren Wesen ist nichts anderes als die Verwirklichung des wahren Selbst, des höchsten Selbst der inneren Natur ...

... Das praktische Handeln wird zum Handeln des wahren Wesens. Effizient, ökonomisch, einfach, direkt. Man lebt ganz in der Welt, bleibt jedoch immer mit dem Jenseitigen verbunden, der höchsten Wirklichkeit. (A. H. Almaas: *Essence,* S. 179.)

Einigen wird dennoch die Bewegung in Richtung Integration von einer Bewußtseinsebene zu einer anderen wie ein Zurückfallen ins Ego vorkommen und daher überhaupt nicht wie eine echte Befreiung. Es ist aber nicht so, obgleich es paradox klingt, denn Menschen sind keine körperlosen Geister, die zu einem bestimmten "wahren Zustand" befreit würden. Wir lassen unser jeweiliges Leben, unsere Vergangenheit, unsere Erinnerungen, ja alles, was zusammen das ganze Selbst ausmacht, nicht hinter uns. Auf unserem Weg zum wahren Wesen flüchten wir nicht etwa vor uns selbst, sondern wir lösen uns immer mehr von den Aspekten unserer selbst, die uns unserer Freiheit beraubt und uns Leiden unterworfen haben. Der Übergang zum wahren Wesen ist etwas außerordentlich Positives – keine Verleugnung unserer Individualität, sondern eine Gelegenheit, ganz und gar lebendig zu werden und uns selbst in Besitz zu nehmen. Darauf habe ich schon in den *Neun Typen der Persönlichkeit* hingewiesen:

Das eigentliche Ziel ist es, sich rings um das Enneagramm zu bewegen und das zu integrieren und aktiv zu leben, was jeder Typus symbolisiert. Das Ideal besteht darin, ein ausgeglichener, tatkräftiger Mensch zu werden; jeder der Typen des Enneagramms symbolisiert verschiedene wichtige Aspekte der Eigenschaften, die wir dazuerwerben müssen. Es ist also letztlich unwichtig, mit welchem Persönlichkeitstypus man das Leben beginnt. Entscheidend ist, wie man mit seinem Persönlichkeitstypus umgeht und wie gut (oder schlecht) man ihn als Ausgangspunkt für eine Entwicklung zu einem vollständigen, integrierten Menschen nutzt. (*PT,* S. 66.)

Wenn wir das Ziel eines erfüllten, glücklichen Lebens voller wohlgenutzter Erfahrungen erreichen wollen, bedeutet das, daß jeder von uns im Grunde ein Paradoxon bleibt – frei und doch eingeschränkt von der Notwendigkeit; klug, aber doch unschuldig; offen für andere, aber doch eigenständig; stark, aber doch fähig nachzugeben; erfüllt von der Liebe zu den höchsten Werten und doch fähig, Unvollkommenheit zu akzeptieren; realistisch, was das Leiden anbelangt, das die Existenz uns auferlegt, und doch voller Dankbarkeit für das Leben, wie es ist.

Das Zeugnis der großen Menschen, die auf dieser Welt gelebt haben, zeigt uns, daß der Weg zu der Erfüllung unserer Möglichkeiten über die Selbstüberwindung führt. Wir müssen lernen, über die Ich-Zentriertheit hinauszugehen, um in uns Raum für andere zu schaffen. Wenn man sich selbst überwindet, wird die Qualität unseres Lebens dafür Zeugnis ablegen. Man wird dann – wenn auch nur für Augenblicke – eine Transparenz und eine Ausstrahlung haben, die daher rührt, daß wir sowohl bei uns selbst sind als auch über uns selbst hinausgehen. Darin liegt das Versprechen und die Beglückung der Selbsterkenntnis. (*PT,* S. 72f.)

Die Lebensqualität ist die Bestätigung dafür, daß man im Augenblick der Selbstüberwindung zu seinem wahren Wesen gefunden hat – dem tiefsten, wahrsten Selbst. Die Transparenz und Ausstrahlung, die sich durch ein Leben aus der eigenen Mitte einstellen, sind ein Zeichen dafür, daß das wahre Wesen nicht nur wünschenswert ist, sondern auch erreichbar. Der Zustand der

"Transparenz" – der Offenheit und selbstlosen Bewußtheit – macht das wahre Wesen anderen zugänglich. Und die "Ausstrahlung", die das Hinauswachsen über das eigene Ich mit sich bringt – Selbstbeherrschung und ein tiefes Glücksgefühl –, ist der Widerschein der vielen Eigenschaften der Liebe.

> Die Erleuchtung ist nicht an ein bestimmtes Lehrsystem gebunden. Sie muß die eigene Situation lösen und klären. Die Realisation muß das Herz erfreuen und erfüllen, statt den Normen irgendeines Systems zu entsprechen. Die Befreiung muß von einem selber kommen, ganz persönlich von einem selbst …
>
> Die geistige Suche bringt keine Verbesserung oder Vollkommenheit. Sie bringt Reife, Menschlichkeit und Weisheit mit sich. (A. H. Almaas: *Essence*, S. 181 f.)

Das trifft auf die Grenzen aller Lehren zu, darunter auch auf die Grenzen des Enneagramms. Almaas schreibt zwar, "die geistige Suche bringt keine Verbesserung oder Vollkommenheit", leugnet jedoch auch nicht, daß "Reife, Menschlichkeit und Weisheit" Verbesserungen unserer Verfassung sind. Noch wichtiger aber erscheint mir, daß Almaas offenbar stillschweigend davon ausgeht, daß Vollkommenheit gar nicht zur Debatte steht, außer vielleicht bei den größten Heiligen – und selbst sie gestehen nur dem Absoluten Vollkommenheit zu. Vollkommenheit (auch die Vollkommenheit, die wir in uns selbst suchen) bleibt immer ein Ideal. Vollkommenheit liegt nicht in der menschlichen Natur, sie ist Gott vorbehalten.

Wem "Leben aus dem wahren Wesen heraus" zu esoterisch klingt, dem kann das Enneagramm zu einer klareren Vorstellung verhelfen. Vom heutigen Gefühl her ist das Ziel, "wesentlich" zu leben, eher sonderbar und befremdend. Aber wenn wir das

Enneagramm als Bezugsrahmen nehmen und dieses "wesentlich Leben" damit gleichsetzen, ein voll funktionsfähiger, integrierter Mensch zu werden, stehen wir nicht mehr vor einem Rätsel. Das Ziel ist *nicht*, das Ego zu stärken, sondern darüber hinauszuwachsen, und dabei werden wir nicht nur immer gesünder, sondern leben auch immer mehr aus unserem wahren Wesen heraus.

Welche Fähigkeiten werden wir wohl in uns entdecken, wenn wir uns zur Integration hin bewegen und beginnen, unserem wahren Wesen gemäß zu leben, wie immer wir dieses auch nennen mögen?

Die charakteristischen Merkmale für Gesundheit (und wahres Wesen) sind bei allen Persönlichkeitstypen zu finden, allerdings nur im Bereich der gesunden Entwicklungsstufen.

Im Enneagramm auf der folgenden Seite sind einige der wichtigsten Gesundheitsmerkmale eines jeden Typs dargestellt. Dies sind nur einige Stärken, die wir voneinander lernen können; sie sind typenspezifisch und doch universell erreichbar. Denken Sie immer daran, daß noch viel mehr gesunde Züge existieren, auf die Sie auf Ihrem eigenen, einzigartigen Weg über sich selbst hinaus treffen werden.

Indem wir über das positive Bild nachdenken, das das Enneagramm von der menschlichen Natur zeichnet, können wir uns zu einer gesünderen Entwicklung inspirieren lassen. Uns der Merkmale gesunden Verhaltens bewußt zu werden kann uns helfen, diese Züge in uns zu entdecken, so daß unsere Reise zur Integration hin leichter und sicherer wird. Wir können allerdings nicht einfach die gesunden Charakterzüge auflisten, die wir bei jedem Typ finden, und den Leuten empfehlen, sie möglichst zu erwerben. Die Möglichkeiten einer gesunden Entwicklung, wie sie im Enneagramm (oder einer anderen Typologie) symbolisiert sind,

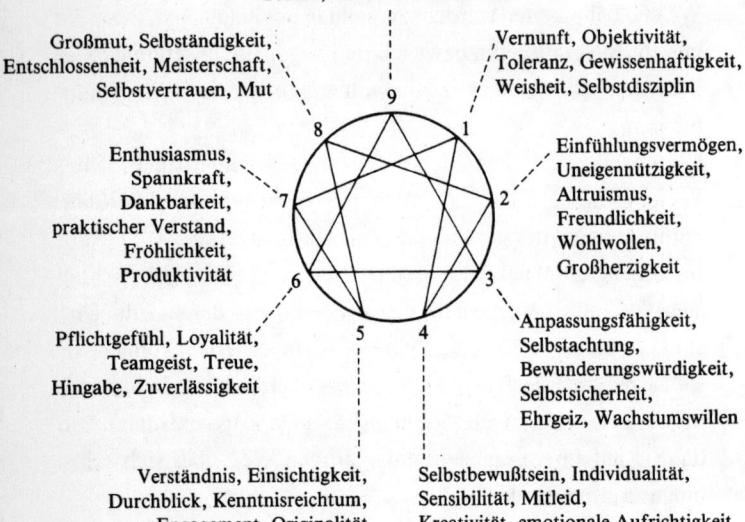

Akzeptanz, Selbstbeherrschung,
Gleichmut, Empfänglichkeit,
Geduld, selbstlose Bewußtheit

Vernunft, Objektivität,
Toleranz, Gewissenhaftigkeit,
Weisheit, Selbstdisziplin

Großmut, Selbständigkeit,
Entschlossenheit, Meisterschaft,
Selbstvertrauen, Mut

Einfühlungsvermögen,
Uneigennützigkeit,
Altruismus,
Freundlichkeit,
Wohlwollen,
Großherzigkeit

Enthusiasmus,
Spannkraft,
Dankbarkeit,
praktischer Verstand,
Fröhlichkeit,
Produktivität

Anpassungsfähigkeit,
Selbstachtung,
Bewunderungswürdigkeit,
Selbstsicherheit,
Ehrgeiz, Wachstumswillen

Pflichtgefühl, Loyalität,
Teamgeist, Treue,
Hingabe, Zuverlässigkeit

Verständnis, Einsichtigkeit,
Durchblick, Kenntnisreichtum,
Engagement, Originalität

Selbstbewußtsein, Individualität,
Sensibilität, Mitleid,
Kreativität, emotionale Aufrichtigkeit

Das Enneagramm der Verwirklichung des wahren Wesens

sind keine Liste von Vorzügen, die Stück für Stück erworben werden könnten wie die Tugenden in einer Tabelle, wo einmal etwas aus der einen und das andere Mal etwas aus der anderen Spalte ausgewählt wird. Die Entwicklung der Persönlichkeit ist viel komplexer und setzt dynamische Integration und Ausgeglichenheit voraus. Während wir uns in Richtung Integration bewegen, bildet eine Stärke das Gegengewicht zur anderen, kommen neue Möglichkeiten ins Spiel und ergeben sich neue Fähigkeiten, um die Harmonie derer zu sichern, die bereits vorhanden sind.

Es genügt zum Beispiel nicht, sich der Umgebung anpassen zu können (ein Charakterzug des gesunden Typs drei), da die Anpassung auf eine Weise geschehen kann, hinter der sich die eigene Identität verbirgt. Anpassungsfähigkeit allein ist kein ausreichendes Kriterium für die psychische Gesundheit, denn unter gewissen Umständen steht das Anpassungsvermögen nicht unbedingt für psychisches Wachstum, sondern im Gegenteil für stumpfsinnige Konformität. So wünschenswert Anpassungsfähigkeit auch sein mag, sie muß durch andere Eigenschaften *ausgeglichen* werden. Im Fall einer Drei auf dem Wege zur Integration wird sie durch unerschütterliches Pflichtgefühl aufgewogen, einen Zug der gesunden Sechs, dem Typ auf der Integrationslinie der Drei. Wir stehen vor der Aufgabe, die Charakterstärken aller Typen ins Gleichgewicht zu bringen, während wir unser wahres Selbst zu verwirklichen suchen. Bemerkenswerterweise gibt das Enneagramm für jeden Typ den richtigen Weg für diese ausgeglichene Entwicklung an. Da sehen wir zum Beispiel, daß das Geltungsbedürfnis der gesunden Acht durch das Einfühlungsvermögen der gesunden Zwei aufgewogen werden muß. Aber sich in andere hineinversetzen zu können allein genügt nicht, wenn es nicht in Sentimentalität ausufern soll. Das Einfühlungsvermögen der Zwei muß sein Gegengewicht in der aufrichtigen Selbsteinschätzung der Vier finden. Aufrichtige Selbsteinschätzung allein ist jedoch auch nicht genug, da sie leicht in zu große Selbstbezogenheit übergeht. Das Selbstbewußtsein der Vier muß durch die Objektivität der Eins in der Waage gehalten werden - und das reicht wiederum nicht, kann doch Objektivität zu starrer Logik verkommen. So könnten wir rund um das Enneagramm fortfahren und herausstellen, wie die jeweiligen charakterlichen Vorzüge eines Typs durch die charakterlichen Vorzüge anderer Typen aufgewogen werden müssen.

Wir können auf dem Weg zur Integration nur Fortschritte machen, wenn wir unsere starken Seiten und sich mehrenden Tugenden miteinander ins Gleichgewicht bringen. Die gesunden Charaktereigenschaften unseres Typs zu erwerben ist folglich zwar notwendig, aber ihr Besitz allein ist noch nicht ausreichend für ein erfülltes, ausgewogenes Leben. Im Laufe der Entwicklung zu einem Leben aus dem wahren Wesen heraus treten viele verschiedene Fähigkeiten zutage. Es gibt nicht *die* gesunde Verfassung, die jedem vor Augen gehalten werden könnte, wie es auch keinen allgemeingültigen Zustand der Gesundheit gibt, den schließlich alle erreichen – es gibt nur einen individuell verschiedenen Wachstums- und Entwicklungsprozeß.

Der Wachstumsprozeß, wie immer er auch genannt werden mag – Leben aus dem wahren Wesen, Weg der Tugend oder Bewegung zur Integration hin – schreitet fort in einer spiralförmigen Aufwärtsbewegung, die nie abgeschlossen ist, denn alle Tugenden zu besitzen hieße, Gott zu werden – ein Ding der Unmöglichkeit. (In einem religiösen Rahmen sind wir gefordert, "Gott gleich" zu werden – ein gewisses Maß der Tugenden zu gewinnen, die nur Gott in einem absoluten Maß besitzt.) Wenn manche dieses nie endende Streben nach Tugendhaftigkeit (oder persönlichen Stärken) als frustrierende Jagd nach einem unerreichbaren Ziel ansehen, so deshalb, weil sie nie die tiefe Erfüllung erlebt haben, die der Selbsttranszendenz entspringt. Denkt man sich die Integration lediglich als eine Reihe von unnützen Tugenden, die gesammelt werden wie Fußballtrophäen, dann ist dieses Unterfangen natürlich unbefriedigend.

In Wahrheit ist die Situation aber ganz anders. Mit jeder Charakterstärke einer Tugend, die man erwirbt, bekommt die Persönlichkeit eine neue Größe. Durch tugendhaftes Handeln und ein "Leben aus dem wahren Wesen" wird der Mensch in die Lage versetzt, voller und bewußter als Herr über sein Selbst zu leben. Das Schaffen innerer Möglichkeiten, die Erfahrung unserer selbst als größer, fähiger und kreativer, ist ungeheuer befriedigend. So gesehen erhält das Sprichwort "Die Tugend ist ihr eigener Lohn" einen neuen Sinn: Der Lohn der Tugend ist das Glücksgefühl, das die Erkenntnis mit sich bringt, dem eigenen wahren Wesen gemäß zu leben und dadurch mehr von sich selbst zum Leben zu erwecken.

Die Wahrheit ist und bleibt jedoch, daß der Mensch nur im innersten Herzen Einsicht in den Wert der Selbsttranszendenz gewinnen kann. In dem Augenblick, in dem wir über uns selbst hinausgehen, entdecken wir, daß uns die Selbsttranszendenz außer mit der Befreiung vom Ego auch noch dadurch im Innersten belohnt, daß sie in uns die Fähigkeit und das Verlangen nach mehr davon weckt.

Indem wir den Weg der Integration gehen, wählen wir dauernd das Leben in immer größerer Fülle. Und nichts im Leben ist beglückender, als beim Schöpfungsprozeß mitzuwirken. Menschen auf dem Weg zur Integration werden Mitschöpfer des größten und doch verschwiegensten Geheimnisses, des menschlichen Geistes.

Selbst von einem rein psychologischen Blickwinkel aus verleiht die Fähigkeit, Mitschöpfer sein zu können, der menschlichen Natur eine enorme Würde. Aber von einem religiösen Standpunkt aus hat diese Fähigkeit noch einen viel tieferen Sinn, denn das Leben in immer größerer Fülle zu wählen heißt, auf das reine Sein zuzugehen. Und bei jedem Schritt, den wir auf das Sein zu machen, merken wir, daß uns das Sein in unserer Suche unterstützt. Am Ende gipfelt unsere Suche nach dem Selbst und seinem tiefinnersten Wesen in unserer Begegnung mit dem Göttlichen.

Für Informationen über Seminare und Vorträge
von Don Richard Riso wenden Sie sich bitte an:

Elisabeth Auspurg
Enneagramm Seminare
Ilanzhofweg 4
CH - 8057 Zürich
Tel./Fax: (00 41) 01 - 3 62 16 23

Bibliographie und Literaturhinweise

Almaas, A. H.: *Essence: The Diamond Approach to Inner Realization,* Samuel Weiser, York Beach, Me., USA 1986.

Anthony, Dick / Ecker, Bruce/Wilber, Ken (Hg.): *Spiritual Choices: The Problem of Recognizing Authentic Paths to Inner Transformation,* Paragon House, New York, USA 1987.

Bayrak al-Jerrahi al-Halveti, Skeikh Tosun: *The Most Beautiful Names,* Threshold Books, Putney, Vt., USA 1985.

Benjamin, Harry: *Basic Self-Knowldege,* Samuel Weiser, York Beach, Me., USA 1971.

Bennett, John G.: *Gurdjieff. Der Aufbau einer neuen Welt,* Aurum, Freiburg/Br. 1976.

–: *Enneagram Studies,* Samuel Weiser, York Beach, Me., USA 1983.

Capps, Donald: *Deadly Sins and Saving Virtues,* Fortress Press, Philadelphia, USA 1987.

Danner, Victor: *The Islamic Tradition,* Amity House, New York, USA 1988.

–: *Diagnostic and Statistical Manual of Mental Disorders,* revid. 3. Aufl. *(DMS III-R),* American Psychiatric Association, Washington, D. C., USA 1987.

Faucett, Robert / Ann, Carol: *Personality and Spiritual Freedom,* Doubleday, New York, USA 1987.

Fine, Reuben: *A History of Psychoanalysis,* Columbia University Press, New York, USA 1979.

Frings Keyes, Margaret: *Transformiere deinen Schatten. Die Psychologie des Enneagramms,* Rowohlt, Reinbek 1992.

Frosch, James P. (Hsg.): *Current Perspectives on Personality Disorders,* American Psychiatric Press, Washington, D. C., USA 1983.

Glasse, Cyril: *The Concise Encyclopaedia of Islam,* Harper & Row, San Francisco, USA 1989.

Horney, Karen: *Neurose und menschliches Wachstum,* Fischer, Frankfurt/M. 1988.

–: *Unsere inneren Konflikte. Neurosen in unserer Zeit – Entstehung, Entwicklung und Lösung,* Fischer, Frankfurt/M. (o. J.).

Jaxon-Bear, Eli: *Die neun Zahlen des Lebens,* Knaur, München 1989.

Leary, Timothy: *Interpersonal Diagnosis of Personality,* Ronald Press, New York, USA 1957.

Lilly, John / Hart, Joseph: "The Arica Training" aus: *Transpersonal Psychologies* (Hg. Tart, Charles T.), Harper & Row, New York, USA 1975.

Macquarrie, John: *In Search of Humanity,* Crossroad, New York, USA 1985.

Maslow, Abraham: *The Further Reaches of Human Nature,* Viking Press, New York, USA 1971.

Metzner, Ralph: *Know Your Type: Maps of Identity,* Doubleday, New York, USA 1979.

Millon, Theodore: *Disorders of Personality,* John Wiley, New York, USA 1981.

– u. Klerman, Gerald L. (Hg.): *Contemporary Directions in Psychopathology: Toward the DSM-IV,* Guilford Press, New York, USA 1986.

Nicholi, Armand M. (Hg.): *The Harvard Guide to Modern Psychiatry,* Harvard University Press, Cambridge, USA 1978.

Nicoll, Maurice: *Psychological Commentaries on the Teaching of Gurdjieff and Ouspensky,* Shambhala, Boulder, USA 1984.

Palmer, Helen: *Das Enneagramm. Sich selbst und andere verstehen lernen,* Knaur, München 1991.

Ouspensky, P. D.: *Auf der Suche nach dem Wunderbaren,* Scherz,
    München 1978.

Riordan, Kathleen: "Gurdjieff" aus: *Transpersonal Psychologies*
    (Hg. Tart, Charles T.), Harper & Row, New York, USA 1975.

Riso, Don Richard: *Die neun Typen der Persönlichkeit und das Ennea-
    gramm,* Knaur, München 1989.

Shapiro, David: *Neurotic Styles,* Basic Books, New York, USA 1965.

Shushud, Hasan: *Masters of Wisdom of Central Asia,* Coombe Springs
    Press, Moorcote, GB 1983.

Speeth, Kathleen Riordan: *The Gurdjieff Work,* And/Or Press, Berke-
    ley, USA 1976.

– u. Friedlander, Ira: *Seeker of the Truth,* Harper & Row, New York,
    USA 1980.

Tart, Charles T. (Hg.): *Transpersonale Psychologie,* Walter, Olten
    1978.

–: *Hellwach und bewußt leben. Wege zur Entfaltung des menschlichen
    Potentials – die Anleitung zum bewußten Sein,* Scherz, München
    1988.

Waldberg, Michel: *Gurdjieff: An Approach to His Ideas,* Routledge &
    Kegan Paul, London, GB 1981.

Webb, James: *The Harmonious Circle,* G. P. Putnam's Sons, New
    York, USA 1980.

Astrologie

Knaur® Howard Sasportas

Astrologische Häuser und Aszendenten

Vorwort von Liz Greene

Esoterik

(4165)

Knaur® Howard Sasportas

Uranus, Neptun, Pluto im Transit

Esoterik

(4243)

Knaur® Brigitte Hamann

Die zwölf Archetypen

Tierkreis und Persönlichkeitsstruktur

Esoterik

(4253)

Knaur® Thomas Schäfer

Gesichtsdeutung und Astrologie

Esoterik

(86050)

Knaur® Wolfgang Reinicke

Praktische Astrologie

So stellen Sie Ihr Horoskop selbst

Esoterik

(86039)

Knaur® Michael Roscher

Astrologie und Psychosomatik

Horoskopkonstellationen aus medizinischer Sicht

Esoterik

(4280)

Schicksalsdeutung

Golmyn

**Das Schicksal
in den Zahlen**

Lebenshilfe durch Numerologie

Esoterik

(86011)

Marlies Burghardt

**Tarot und
Lebensbaum**

Esoterik

(86028)

Dorothée Koechlin
de Bizemont

Karma-Astrologie

Das Horoskop als Spiegel
vergangéner Leben

Esoterik

(4131)

Marie Louise Lacy

Das Farborakel

Die psychologische und
spirituelle Bedeutung der Farben

Mit 28 Farbkarten

Esoterik

(4260)

Nathaniel Altman

**Die Praxis
des Handlesens**

Ein Ratgeber zur
psychologischen Handanalyse

Esoterik

(4166)

Ursula von Mangoldt

**Erkenne dich selbst
im Bild deiner Hand**

Ein Lehrbuch

Esoterik

(4240)